会计工程:信息共享的全球共用会计系统研究

中国情境下的XBRL分类标准及技术扩散研究

吴忠生　刘勤　张天西／著

图书在版编目(CIP)数据

中国情境下的XBRL分类标准及技术扩散研究/吴忠生,刘勤,张天西著.—上海:立信会计出版社,2018.8

ISBN 978-7-5429-5936-2

Ⅰ.①中… Ⅱ.①吴… ②刘… ③张… Ⅲ.①可扩充语言—应用—会计信息—财务管理系统—研究 Ⅳ.①F232

中国版本图书馆CIP数据核字(2018)第192420号

策划编辑　张巧玲
责任编辑　张巧玲
助理编辑　胡　越
美术编辑　周崇文

中国情境下的XBRL分类标准及技术扩散研究

ZHONGGUO QINGJING XIA DE XBRL FENLEI BIAOZHUN JI JISHU KUOSAN YANJIU

出版发行　立信会计出版社
地　　址　上海市中山西路2230号　　邮政编码　200235
电　　话　(021)64411389　　传　　真　(021)64411325
网　　址　www.lixinaph.com　　电子邮箱　lixinaph2019@126.com
网上书店　http://lixin.jd.com　　http://lxkjcbs.tmall.com
经　　销　各地新华书店

印　　刷　上海盛通时代印刷有限公司
开　　本　710毫米×1000毫米　1/16
印　　张　21　　插　　页　4
字　　数　376千字
版　　次　2018年8月第1版
印　　次　2018年8月第1次
书　　号　ISBN 978-7-5429-5936-2/F
定　　价　65.00元

前　言

当今世界，新兴信息技术的发展日新月异，已对传统的会计行业产生深远影响，对会计的职能定位也有了更高的要求。会计人员不再只是过去的账房先生，而是要成为企业领导者的军师参谋。财务报告作为提供经营管理决策参考的主要载体，正在被赋予更多的信息化特征和功能。

正是在这样的背景下，诞生了XBRL（eXtensible Business Reporting Language，可扩展商业报告语言）技术。XBRL是一种基于互联网的新型商业报告语言，是目前全球最先进的财务信息呈报技术，自1998年诞生以来，已在全球50多个国家和地区的多个领域得到广泛应用。XBRL技术的发展应用和有效扩散对提升全球会计信息化工作水平、改善资本市场财务信息的质量水平都具有重要意义。目前，XBRL在中国的应用和扩散尚处于发展的初期，其有效扩散会是一个长期而复杂的过程，未来的技术扩散过程和路径并不清晰。因此，对于XBRL技术创新的有效扩散研究就显得非常迫切，这将在一定程度上影响我国会计信息化工作的发展方向和水平。

本书围绕着“XBRL分类标准及XBRL事业在中国推进路径”展开一系列研究。全书的主要内容包括两个方面。

（一）XBRL分类标准研究

XBRL分类标准是任何一个XBRL项目中非常重要的组成部分，其作用类似企业会计准则，重要性不言而喻。XBRL分类标准制定的质量将会直接影响 XBRL 项目应用的效果甚至成败。但是，由于 XBRL 技术具有跨学科的特征，属于比较新兴的网络财务报告技术，既具有先进性，也有一定的复杂性。因此，需要创建科学且合理的 XBRL 分类标准的设计思路和实施方案。

同时，XBRL 分类标准的作用并不局限于财务报告层面，以 XBRL 技术为基础，构建涵盖企业内部和外部信息的 XBRL 报告信息链，将最大化发挥 XBRL 的作用，可以进一步促进不同环节信息之间的集成，促使 XBRL 技术融入企业信息化管理当中，从而提升企业采纳 XBRL 技术的积极性。因此，对于 XBRL 分类标准的研究应当建立在整个报告信息链视角上，需要分别考虑两方面的问题。一方面，国际 XBRL 账簿分类标准的中国适应性有待评价，以什么样的方式引入国际 XBRL 账簿分类标准需要深入研究。另一方面，财政部已明确了“通用分类标准→行业扩展分类标准→企业扩展分类标准”的三层架构，未来将制定更多的行业扩展分类标准，是否有更高效的行业分类标准扩展方式，同样值得期待。

（二）XBRL 技术扩散研究

在实施 XBRL 项目时，人们往往只期待运用 XBRL 技术所带来的价值，而忽视了要取得价值所需要付出的努力，以为各方只是需要一段时间去适应 XBRL 技术。因此有观点认为，政府部门应当采用果断并且有力度的行政推动措施，就能够完成 XBRL 技术的推广扩散。然而，在 XBRL 技术不稳定不成熟的情况下（任何一项技术在应用初期都是不稳定不成熟的，不能天真地期望技术一经出现就到达成熟状态），XBRL 技术的相对优势可能会变得比较脆弱，并不一定能促成其技术成功扩散，政府强制推动措施甚至可能导致技术扩散的失败。因此，在充分了解技术发展和企业需求的前提下，研究竞争环境下企业动机博弈机制，分析企业的策略选择，政府机构将制定更为科学合理的 XBRL 技术推动措施。

同时，在 XBRL 技术扩散过程中，财务数据集成和财务报告数据质量控制问题都值得研究。财务数据集成能够实现财务数据的连贯性，打破信息之

间的壁垒，促进企业信息的集成有效性，有助于XBRL技术价值最大化。财务报告数据质量控制研究，则是为了解决XBRL项目的“最后一公里”问题，确保XBRL数据质量的可靠性和有用性，这样市场才能够真正接受XBRL数据，从而能够实现XBRL项目的良性循环。

围绕这两个方面存在的问题，我们展开了一系列开创性的研究，并形成了逻辑严密的有机整体。

上海国家会计学院较早成立了XBRL教研团队，同时在2010年开创性成立了上海国家会计学院XBRL体验中心。2013年11月，经财政部有关领导批示，该体验中心获准冠名为“XBRL中国地区组织体验中心”。体验中心的成立为推动我国XBRL的知识普及和应用能力的建设作出了颇多贡献，很大程度上也为本书的成稿提供了良好支撑。本书还是著者之一吴忠生的博士和博士后学术生涯的科研小结。吴忠生博士先是在上海交通大学张天西教授引领下认识、学习和研究XBRL，并以XBRL为主题完成博士论文写作，后又在上海国家会计学院和我一起开展XBRL事业在中国推进路径的研究，完成了他的博士后研究工作报告。其间，吴忠生博士以XBRL为主题先后申请到中国博士后科学基金面上一等资助（项目资助编号：2014M560321）和国家自然科学基金青年项目资助“中国情境下XBRL技术扩散研究：影响因素、企业行为选择与政府干预”（项目批准号：71502102）。可以这么说，本书凝结了著者团队多年来对XBRL研究和对中国XBRL事业的深刻思考和持续努力，这也是XBRL中国地区组织体验中心的重要成果。

本书能够顺利出版离不开社会各方的大力支持和帮助。感谢上海国家会计学院李扣庆院长、立信会计出版社窦瀚修社长的关心、支持和帮助。立信会计出版社的张巧玲编辑更是为本书的出版付出良多，由衷钦佩和感谢她的耐心和专业。本书还得到了国家自然科学基金项目：“XBRL信息环境下会计账簿数据与财务报告数据的整合与实现研究”（项目批准号：71372104），以及教育部哲学社会科学研究后期资助重点项目："面向信息共享的全球通用会计账簿研究"(项目批准号：11JHQ006)的资助。

在专著写作过程中，上海国家会计学院的四位学生进行了 XBRL 相关的学术研究，分别是戴璐玮、程少文、王佳、王金霞，他们对本书的形成亦有重要贡献。在此一并表示感谢！

最后，祝愿中国的 XBRL 事业发扬光大，未来在各行各业中 XBRL 都能够真正得到广泛应用和有效推广。不仅是会计行业的人，希望越来越多的人能够感受到信息技术为人类社会所带来的变革和惊喜！

刘勤

2018 年 5 月

目　录

第一章

绪 论

第一节 研究背景

人类社会迄今为止的每一次巨大发展,无不与重大的技术创新紧密联系在一起。在会计领域,1998 年美国注册会计师查尔斯·霍夫曼首先阐述了如何利用 XML(eXtensible Markup Language,可扩展标记语言)技术对财务报告信息进行结构化表示,提出 XBRL(eXtensible Business Reporting Language,可扩展商业报告语言)的构想,并于 1999 年在 *Journal of Accountancy* 期刊上详细阐述了这一构思(Hoffman 等,1999)。随着技术的发展改进以及应用的广泛推广,XBRL 俨然已成为最新一代的网络商业报告技术,成为基于互联网、跨平台操作,专门用于商业报告编制、披露和使用的计算机语言,其目的在于实现数据的集成与最大化利用,促使会计信息数出一门,信息共享。

一、国际 XBRL 的应用发展进程

在近二十年的发展进程中,第二代网络财务报告——XBRL 格式的财务报告已在世界各国和多个组织得到广泛应用,并已取得一系列瞩目的成绩。目前已有超过 50 个国家开展相关的 XBRL 应用项目,每年创建的 XBRL 文档超过百万份。

（一）XBRL 在财务报告层面的应用

1. XBRL 在美国的应用

美国是 XBRL 技术的发源地，同时也是 XBRL 技术发展和应用的中心。2001 年 2 月，摩根士丹利（Morgan Stanley）成为第一个向美国证券交易委员会（Securities and Exchange Commission，SEC）提交 XBRL 财务报告的公司。2002 年 3 月，微软（Microsoft）成为第一个采用 XBRL 技术进行财务信息披露的科技公司。自 2005 年 2 月起，SEC 开始启动 XBRL 自愿披露计划（Voluntary Filing Program，VFP），鼓励上市公司采用 XBRL 技术进行信息披露。历年实施的企业统计结果显示，2005 年有 4 个行业的 9 家公司参加自愿报送，2006 年有 18 个行业的 35 家公司参加自愿报送，2007 年有 22 个行业的 67 家公司参加自愿报送，2008 年加入 XBRL 自愿披露计划的公司则超过了 120 家。根据趋势分析，可以发现参与 XBRL 自愿报送的公司数目呈现逐年增加的态势。在 XBRL 自愿披露计划之后，SEC 于 2008 年 5 月通过一项阶段渐进式的提案，正式要求所有的上市公司在三年内逐步完成 XBRL 年报的报送工作：

（1）采用美国公认会计原则（US GAAP）报送财务报告且全球资本市值达 50 亿美元以上的约 500 家上市公司，在 2008 年 12 月 15 日后结束的会计年度内开始率先以 XBRL 格式报送报告。

（2）其他采用美国公认会计原则的大型加速申报（即市值达 7 500 万美元以上）的约 1 300 家上市公司，在 2009 年 12 月 15 日后结束的会计年度内开始以 XBRL 格式报送报告。

（3）所有其他采用美国公认会计原则的小型公司和采用国际财务报告准则的公司约 10 000 家，在 2010 年 12 月 15 日后结束的会计年度内开始以 XBRL 格式报送报告。

2. XBRL 在日本的应用

（1）2003 年日本央行（Bank of Japan）开始启动其 XBRL 项目，该项目于 2006 年正式上线。日本央行是负责监管日本金融服务业的机构，监管对象包括主要银行、地区银行、外资银行和证券公司在内的 560 家金融服务公司。实施 XBRL 项目之后，日本 560 多家金融机构的日报、周报、月报和年报均采用 XBRL 系统向日本央行报送，日本央行因此大大减轻了数据验证等工作的负担，

即使是在刚使用 XBRL 的几个月中，数据验证成本也降低了 30%～40%。

(2) 2008 年 4 月日本金融厅(Financial Services Agency，FSA)启动了新的 EDINET(Electronic Disclosure for Investors' NETwork)系统，新系统要求包括年报、半年报、季报、证券登记表在内的财务报表都必须以 XBRL 格式的形式提交。在新系统中大约有 5 000 家公司和 3 000 多家投资基金参与了报送。

(3) 东京证交所(Tokyo Stock Exchange，TSE)和纽约证交所、伦敦证交所被称为世界三大证交所，其证券交易量超过全日本总交易量的 90%，也是世界上第一家全面应用 XBRL 技术的交易所。1998 年，TSE 建立了 TDnet(Timely Disclosure Network)，这个系统通过数据库提供信息，可以更广泛、更及时地发布公司信息。2003 年，TSE 对 TDnet 进行了升级，并发起了一个试验项目，使其能够处理 XBRL 数据，并开始使用它来收集、存储和发布公司的 XBRL 格式的财务数据。这个尝试能够展示 XBRL 在企业财务报告中的用法与优势，其目的还在于促进投资者、公司以及社会大众对 XBRL 技术的理解与认可。试验项目的实施为 TSE 于 2008 年全面要求所有上市公司应用 XBRL 披露企业财务报告奠定了基础。

3. XBRL 在其他国家和机构的应用

除了美国和日本，XBRL 在世界上其他国家和地区也得到了应用与推广。越来越多国家的参与使 XBRL 的应用更加广泛，它正逐渐成为新一代的网络财务报告格式。以下列举部分国家的应用情况予以说明。

在新加坡，2007 年新加坡商业注册局(Accounting & Corporate Regulatory Authority，ACRA)对符合一定条件的公司强制要求报送 XBRL 数据。2013 年 10 月，新加坡开启新一阶段的 XBRL 应用进程：所有股份有限公司(除非获得豁免权)都需要通过 ACRA 新的商业财务信息申报端口——BizFinx 披露完整的 XBRL 格式财务报告。

在英国，2007 年英国工商局(Companies House)与英国皇家税务与海关总署(HM Revenue and Customs，HMRC)就已分别启动相应的 XBRL 服务。2009 年 9 月，英国工商局与英国皇家税务与海关总署发布联合声明，接受在线报送公司决算报告统一方法。自 2011 年 4 月起，所有公司都必须使用 Inline XBRL(iXBRL)格式向英国皇家税务与海关总署在线提交纳税申请表。其中纳税申请表包括了完整的财务报表以及公司所得税额计算。

在西班牙，2008 年 2 月西班牙的 BOE JUS/206/2009 法案要求所有的公司以 XBRL 格式报送年度财务报表。西班牙在 XBRL 实例文档的数量与运用方面已位居世界前列，其中 2009 年年度财务报表约 67 万份，2008 年年度财务报表约 60 万份。

在澳大利亚，政府联合澳大利亚税务局（Australian Taxation Office, ATO）、澳大利亚审慎监管局（Australian Prudential Regulation Authority, APRA）、澳大利亚证券投资管理委员会（Australian Securities and Investment Commission, ASIC）、澳大利亚统计局（Australian Bureau of Statistics, ABS）等多个机构开展了标准商业报告（Standard Business Reporting）项目，通过理清各机构要求企业填报的信息，合并其中的重要部分，统一了企业需报送的报告，并借助于先进的软件工具，为企业提供了一对多的信息报送平台。SBR 项目的应用，不仅简化了企业的报送行为，减少了企业 70%的信息负担，还为政府节约了大量成本，至少在 50 种政府报告中减少了所要求的特定数据元素，将数据元素数量从 9 648 个减少到 2 838 个。

在荷兰，荷兰财政部（Ministry of Finance）、司法部（Ministry of Security and Justice）、总务部（Ministry of General Affairs），以及经济、农业、创新部（Ministry of Economic Affairs, Agriculture and Innovation），也一起共同开展了标准商业报告（SBR）项目，企业根据各部门的不同报送要求上报不同版本、不同内容的报告项目，并且不同部门能够对报告项目进行独立评估和符合性检验。SBR 项目实施以后，每个企业都只需要编制一份 XBRL 商业报告，不同的部门自动从这单一报告文件中获取相应的内容。2015 年 11 月，荷兰议会向荷兰商务部递交了商业报告申报资料的强制要求。2016 年，小型公司开始开展 XBRL 申报工作，中型公司于 2017 年开始申报工作，最终至 2019 年，标准商业报告项目工作覆盖所有的私营实体。

国际会计准则委员会基金会（International Accounting Standards Committee Foundation，IASCF）也迅速地启动了国际财务报告准则（International Financial Reporting Standards，IFRS）分类标准的制定工作。这也是源于 XBRL 在全球的快速推广态势，IASCF 为了促进和保障 IFRS 在全球范围内的一致采用而做出的反应。IASCF 在 2002 年 11 月发布了第一份 IFRS 分类标准征求意见稿。2008 年 3 月，IASCF 发布了 IFRS 分类标准 2008。至此，IASCF 开始了建立分类标准制定与准则制定工作协调进行的模式，也就是每年新的 IFRS 准则发布以后，IASCF 的 XBRL 团队随即启动相关分类标准开发工作，至第二年新版 IFRS 合订本发布后，与之配套的分类标准也紧随其后发布。IFRS 分类标准已在采用 IFRS 的国家中得到广泛采用。

（二）XBRL 在企业内部的应用

除财务报告层面，XBRL 在企业内部管理也得到了应用。已有企业采用 XBRL 技术对内部数据进行标准化，尝试将 XBRL 技术融入内部管理中。

2003 年，日本的一家服装生产商华歌尔（Wacoal）成为世界上第一个应用 XBRL 账簿技术①的企业。尽管当时华歌尔采用的技术只是基于 XBRL 账簿分类标准 2.0，但其中的经验仍值得借鉴。最终华歌尔建立了一个以 XML 和 XBRL 技术为核心的数据转换平台，新平台能够将现有的业务系统与新的财务系统很好地连接在一起。它为 36 家分公司合并财务报告，将月底结算周期缩短了 2 天，并通过实时现金管理提高了管理报告的质量。

2006 年，XBRL 账簿技术第一次在政府机构得到了应用。美国住房与城市发展部门（Housing and Urban Development, HUD）下属的联邦住房局（Federal Housing Agency, FHA）使用 XBRL 账簿技术，通过对其多个分散系统采用 XBRL 账簿分类标准化，建立起系统之间的互动性。

2008 年，富士通采用 XBRL 和 SOA（Service Oriented Architecture，面向服务架构）相结合的方式，通过 XBRL 账簿技术表示运营系统、业务系统和会计系统的细节信息，并以 XBRL 和 XML 作为不同系统之间的标准数据交换格式。实施结果显示，基于 XBRL 账簿分类标准的新系统除了能够支持外部报告，还能促进 ERP（Enterprise Resource Planning，企业资源计划）集成。

二、我国 XBRL 的应用发展进程

在中国，中国证券监督管理委员会（以下简称证监会）最早介入 XBRL 技术的研究与应用。2003 年，证监会开始《上市公司信息披露电子化规范》标准的制定工作，该标准是为了进一步规范我国上市公司的信息披露文件，促进上市公司信息共享和互操作。随后，深圳证券交易所、上海证券交易所（以下分别简称深

① XBRL 账簿技术是 XBRL 国际组织颁布的另一项披露技术，提供对企业内部数据的标准化标记。

交所、上交所)在此基础上开展了一系列的XBRL应用。

(一) XBRL在外部财务报告层面的应用

2003年5月,深交所成立"XBRL与上市公司信息披露电子化标准"项目小组,并率先提出采用XBRL标准制定"上市公司信息披露电子化规范"的构想。2005年1月,深交所发布基于XBRL的"上市公司定期报告制作系统新版1.0",并要求全部深市上市公司利用该系统制作2004年年度报告,并直接生成XBRL实例文档。2007年2月,深交所完成了符合新会计准则的一般企业、商业银行、保险公司、证券公司四个行业的财务报表及其附注、定期报告全文及部分临时报告分类标准的制定。2008年12月,深交所开始要求所有深市上市公司披露年度报告相关的XBRL实例文档。

2003年10月,上交所成立XBRL工作小组。同年年底,选定50家上海本地上市公司进行应用试点。2004年3月,上交所在沪市上市公司中全面推广XBRL标准化报送系统,共有730余家上市公司采用标准化报送系统报送2004年第一季度季报正文,占当时沪市上市公司总数的90%以上。2005年9月,上交所开发的上市公司信息披露分类标准获得XBRL国际认证。2008年12月,在试行多年之后,上交所正式发文要求所有沪市上市公司披露年度报告的XBRL实例文档,并要求上市公司准备在PDF文件中披露的内容均应在XBRL实例中完整、准确地填报。

作为全国会计工作的主管部门,财政部同样关注到XBRL技术的应用潜力,并希望利用信息化技术推进我国会计信息化建设。2008年11月,财政部牵头组织工业和信息化部、中国人民银行、国务院国有资产监督管理委员会(简称国资委)、国家税务总局、原中国银行业监督管理委员会(简称原银监会)、中国证券业监督管理委员会(简称证监会)、原中国保险监督管理委员会(简称原保监会)等①九部委共同成立会计信息化委员会暨XBRL中国地区组织。2009年4月,财政部发布了《关于全面推进我国会计信息化工作的指导意见》,明确将XBRL作为会计信息化标准体系建设的重要内容,以XBRL技术为先导展开了一系列的研究和应用工作,在包括分类标准制定、分类标准实施,以及协调资源

---

① 2018年3月,根据第十三届全国人民代表大会第一次会议批准的国务院机构改革方案,将中国银行业监督管理委员会和中国保险监督管理委员会的职责整合,组建中国银行保险监督管理委员会,不再保留中国银行业监督管理委员会和中国保险监督管理委员会。

等方面都做出了一定的成绩。

(1) 在分类标准制定方面。财政部首先在 2010 年 10 月颁布了 XBRL 财务报告通用分类标准(该标准已在 2012 年 12 月通过 XBRL 国际组织 Acknowledge 认证),还先后于 2011 年 12 月、2012 年 12 月颁布石油和天然气行业扩展分类标准、银行业扩展分类标准。并于 2016 年 9 月发布了《企业会计准则通用分类标准保险业和证券业扩展部分及公式链接库》。

(2) 在分类标准实施方面。自 2011 年 1 月起,财政部组织开展了通用分类标准的实施工作,并在首批 13 家企业和 12 家会计师事务所率先施行。2013 年,实施范围已覆盖 13 家国有大型企业、18 家银行(包括所有 16 家上市银行)、5 家保险公司(全部上市保险公司),以及 169 家地方企业。同时已有企业开展 XBRL 在企业内部管理的应用尝试,进行了积极探索。2014 年则是共计 242 家企业实施通用分类标准(14 家大型企业、18 家银行、5 家保险公司和 205 家地方国有企业)。地方国有企业向财政局报送 XBRL 财务报告,由财政部备案并提供技术支持,实施范围逐年扩大,实施质量进一步提升。

(3) 在与其他机构协调方面。原银监会于 2011 年 12 月发布《银行监管报表可扩展商业报告语言(XBRL)扩展分类标准》,国资委于 2014 年 9 月发布《国资委财务监管报表 XBRL 扩展分类标准》,这些监管报表 XBRL 标准能够更大地发挥与财政部 XBRL 通用分类标准的协同作用。

(4) 在推动 XBRL 实施方面。财政部于 2013 年在上海国家会计学院成立了 XBRL 中国地区组织体验中心,在上海财经大学成立了 XBRL 中国地区组织应用研究中心。在普及 XBRL 知识上,2014 年财政部会计司编写了 XBRL 知识手册,介绍 XBRL 相关知识、原理和应用情况。

可以说,在 XBRL 外部报告层面,中国 XBRL 的研究和应用已在包括财政部、证监会、原银监会、上交所、深交所在内的多个监管部门逐步展开,对 XBRL 外部报告应用的重视程度可见一斑。

(二) XBRL 在企业内部的应用

在企业内部应用方面,国内包括中国石油天然气集团有限公司(以下简称中国石油)、中国东方航空集团有限公司、华能国际电子股份有限公司、北京中科金财科技股份有限公司、昆仑银行股份有限公司、上海浦东发展银行股份有限公司、中国石油湖北销售分公司在内的多家企业已进行富有成效的探索,研究的领域涉及企业数据横向挖掘和共享，XBRL 数据如何与 ERP 相融合，XBRL 数据如何与企业内部控制相融合等。XBRL 技术在企业内部的应用可以帮助企业完成多个业务系统之间的高效数据转换，改善企业的“信息孤岛”困境，能够真正将 XBRL 应用融入企业管理中去，继而提高国内企业对 XBRL 应用的积极性和主动性。

XBRL 在部分企业也取得了应用性进步，如中国航空器材集团有限公司组织实施了 XBRL 实例文档全级次报送；中国宝武钢铁集团有限公司将 XBRL 技术内嵌于自身信息系统；中国船舶工业集团有限公司搭建了基于 XBRL 标准的成本数据分析平台，加强船舶制造企业成本管控；中国石油天然气集团有限公司建立了 XBRL 年金数据分析平台，提高年金数据处理的效率和准确性。中国石油湖北销售分公司启动了“XBRL＋大数据”项目，涉及历史数据约 8.6 亿条，整理并初步设计 309 个实元素、22 个维度项和 509 个指标，可完成指标预测、风险防控和专题分析等22 个模型建设，该系统以业务驱动为核心，初步实现预算自动推导生成、精准锁定异常 IC 卡交易、损耗异常和多维度的数据经营分析等功能。

综上，不管是 XBRL 外部财务报告层面或是企业内部应用层面，中国的 XBRL 应用都进行了创新性的探索，并已取得积极进展和不俗成绩。

第二节　相关概念

为了更好地阐述本书的内容，以下对一些基本的概念进行解释和说明。

一、XBRL 财务报告

XBRL 财务报告包括两个部分：XBRL 财务报告分类标准（Taxonomy）和 XBRL 财务报告实例（Instance）。这里需要强调的是，XBRL 是一种数据表达技术/格式，其应用范围可以很广泛，涵盖了财务报告、内部账簿数据，以及税务报表等领域。本书研究的对象主要是财务报告层面，即特指 XBRL 财务报告。以下如非强调说明，XBRL 分类标准即指 XBRL 财务报告分类标准，XBRL 实例文档即是 XBRL 财务报告实例文档。

XBRL 分类标准整体相当于商业信息的“词典”。XBRL 实例文档则是企业根据这一“词典”，以相应的数据信息对元素进行赋值所创建的 XBRL 特殊格式的报告文档，并且 XBRL 报告实例要符合 XBRL 分类标准的语法约束（张天西等，2010）。XBRL 的工作机制如图1-1 所示。

XBRL 的工作机制是一个数据输入—数据处理—数据输出的过程：输入企业商业信息，经过 XBRL 机制处理，最终输出 XBRL 报告实例。其中的 XBRL 机制处理主要是 XBRL 分类标准的作用，后续将具体介绍分类标准的相关知识。

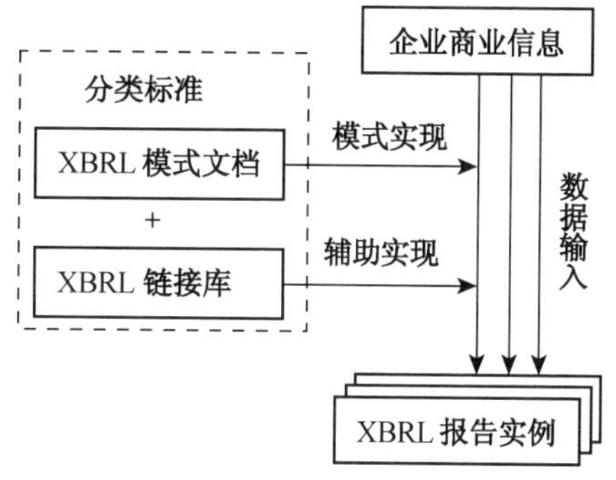

图 1-1　XBRL 的工作机制

二、XBRL 财务报告分类标准

XBRL 财务报告分类标准一般由相关权威部门制定和颁布，并要求各相关单位依据该标准进行 XBRL 报告实例报送。例如，上交所颁布的《上市公司信息披露分类标准》、深交所颁布的《上市公司信息披露电子化规范》、财政部颁布的《企业会计准则通用分类标准》，都是权威部门为了满足不同对象的信息披露需求而制定的。

从分类标准的组成部分来看，XBRL 分类标准包含模式文档（schema）和链接库（linkbase）两个部分。模式文档为企业报告中的每个信息概念进行元素定义，链接库则描述元素存在的关系信息，主要的链接库形式包括标签链接库（label linkbase）、展示链接库（presentation linkbase）、引用链接库（reference linkbase）、计算链接库（calculation linkbase）、定义链接库（definition linkbase）、公式链接库（formula linkbase）。

XBRL 财务报告分类标准的核心是 XBRL 元素。XBRL 元素包含两个层面，分别是语义层面（即财务信息元素）和语法层面（即 XBRL 语法元素）。

（一）财务信息元素

财务信息元素是财务信息领域的知识表达，可以提供对该领域的共同认知，是对财务领域概念化的表达。张天西（2006）首先提出了财务信息元素概念，认为财务信息元素是企业利用有关概念、术语、数字和短语等，对企业已经发生的交易或事项、执行的会计政策与制度、企业的财务环境等单独和综合性状况进行描述，从而能够传递出某种有用财务信息的最小语义构成单位。在此基础上，李争争(2013)将财务信息元素理论进行扩展，并从广义和狭义的角度区分信息元素理论。其中广义财务信息元素的范围比狭义财务信息元素要广，狭义财务信息元素集合则是将结构信息元素从广义财务信息元素集合中剔除之后的元素集合。

财务信息元素的含义可以从两个方面理解。从抽象角度理解，一个财务信息元素即是一个财务概念，是规范的概念定义。抽象的财务信息元素并不涉及具体的交易或事项，并且与具体的会计政策与制度、企业的财务环境等信息无关。而从具体角度理解，财务信息元素应该归属于某一特定的空间和时间范畴，能够表达某一具体的交易或事项，或者阐述某一具体的会计政策与制度，或者描述企业的某一财务环境，从而能够传递出一定的财务信息。

（二）XBRL 语法元素

财务信息元素需要通过具体的语言进行描述，才能够加以运用。在 XBRL 技术中，财务信息元素采用 XBRL 语法进行描述，即通过 XBRL 语法元素进行构建和定义。

简单地说，凡是符合 XBRL 语法表示的都可称为 XBRL 语法元素，即有一个 XML 起始标签表示该语法元素的开始，同时有一个 XML 结束标签表示该语法元素的结束。XBRL 语法元素是功能类型元素，它可以是描述事实，用于传递数据信息的语法元素，可以是其他语法元素的建模基础，还可以是组织结构的语法元素，表示若干语法元素之间的结构关系(张天西等，2010)。

XBRL 语法元素都包含一系列属性，部分重要属性如下：

(1) 名称(name)属性。名称属性指定了概念在模式文档中的名称，这个名称的取值可以是英文、中文汉字或者是中文拼音。

(2) 标识(id)属性。为了将每一个财务信息元素与其他的财务信息元素区分开，模式文档中通过标识属性对每一个财务信息元素界定了一个唯一的标识。在 XML 模式中，标识属性必须是唯一的，模式文档中的标识属性是为了简化链接库中对元素的定位和引用。XBRL 国际组织在财务报告分类标准架构(Financial Reporting Taxonomy Architecture，FRTA)1.0 文件中推荐使用“命名空间前缀＋下划线＋元素名称”作为财务信息元素的标识属性，例如片段 id＝"cas_BankBalancesAndCash"，其中“cas”为命名空间前缀，“BankBalancesAndCash”为元素名称，中间用下划线连接。

(3) 抽象(abstract)属性。抽象属性的取值可以是 true 或者 false。如果元素的抽象属性值为 true,那么该元素是虚元素,不能出现在实例中;否则为实(concrete)元素,可以出现在实例中。实元素比较常见,我们正是利用实元素来披露事实,而虚元素则往往是用来组织结构关系。

(4) 是否可为空(nillable)属性。是否可为空属性指是否可以以显式的方式将空值赋予元素。如果是否可为空属性值为 true,该元素在实例中就可以有 nil 属性,并且 nil 属性值为 true,显式的赋予该元素空值;否则该元素在实例中不能有 nil 属性。FRTA 规则要求所有的概念的是否可为空属性都应该为 true。尽管虚元素本身就不能出现在实例中,但为了保持一致性,还是要求虚元素的是否可为空属性值为 true,但并无特别的含义。

(5) 时间类型(periodType)属性。如果元素用于表达存量概念,例如,资产负债表中的财务信息元素描述的是报告日公司所拥有的资产类别和价值,那么该类元素的时间类型属性取值为 instant(时点),语法表示为 xbrli:periodType="instant"。如果元素用于表达流量概念,如利润表反映的是公司一段时期的利润构成,那么该类元素的时间类型属性取值为 duration(期间),xbrli:periodType="duration"。虚元素并没有存量或流量的概念,XBRL 技术规范规定所有虚元素的时间类型属性取值为 duration,这仅是一种规定,并不具有流量概念的含义。

(6) 借贷(balance)属性。为了充分反映会计记录中复式记账的特点并将其优势表现在 XBRL 中,模式文档中的财务信息元素通过引入借贷属性来反映借/贷关系。借贷属性包括借(debit)和贷(credit)两类,对于资产类账户,比如应收账款,理论上其借方为正,因此通过 xbrli:balance="debit"来表现,借贷属性是在命名空间 xbrli 中已经定义的 XML 语法规则。

(7) 数据项类型(type)属性。财务报告中的财务信息元素有很多类型,有些反映资产价值的货币类型(monetaryItemType),例如“固定资产”,有些反映会计政策的字符串类型(stringItemType),例如“存货计价采用先进先出法”等。模式文档中通过数据项类型属性反映财务信息元素的数据类型,常用的类型包括 monetaryItemType(货币类型)、stringItemType(字符串类型)、dateItemType(日期类型)、decimalItemType(数值类型)、sharesItemType(股份类型)、booleanItemType(布尔类型)等。例如,当 type="xbrli:stringItemType",表示财务信息元素的数据类型为字符串型。通过数据项类型界定财务信息元素的属性，可以对其标准化，减少生成实例文档过程中由于数据类型的差异产生的差错。

如前所述，在编制财务报告实例文档时，分类标准中的可被赋予事实值的元素，被称为实元素，最常见的实元素数据类型是货币类型(monetaryItemType)和字符串类型(stringItemType)。虚元素的主要作用在于组织元素间的关系。下面列举了通用分类标准中部分重要虚元素的用法。

(1) 用于组织列报链接库中元素的展示层级的虚元素，抽象属性都应设为true，时间类型为duration(期间)，元素的数据项类型为stringItemType(字符串类型)。

(2) 域成员(member)元素。域成员元素的abstract类型应设为true，时间类型为duration，元素的数据项类型为domainItemType(域类型)。

(3) 轴(axis)元素和表(table)元素。轴元素和表元素的substitutionGroup(替换组)属性与其他元素不同，分别是dimensionItem(维度项)和hypercubeItem(超立方体项)。它们的元素数据项类型都是stringItemType(字符串类型)，时间类型都是duration。为满足不同企业的财务报告需求，通用分类标准定义了多种表元素，并在其下设置了与之相配的轴元素。一组表元素和轴元素可应用在多个扩展链接角色(ELR)的报表项(line items)中。

(三) XBRL语法元素示例

一个完整的XBRL实元素的定义如下面的XBRL语法代码所示：

```
<element name="BankBalancesAndCash" id="cas_BankBalancesAnd-Cash" type="xbrli:monetaryItemType" substitutionGroup="xbrli:item" abstract="false" nillable="true" xbrli:balance="debit"xbrli:periodType="instant"/>
```

该代码定义了名称为“BankBalancesAndCash”(货币资金)的XBRL实元素，并分别对abstract、type、substitutionGroup、nillable、id、xbrli:balance、xbrli:periodType等一系列属性进行了声明，进一步描述元素语法和语义信息。其中，abstract属性值为false，即为实元素；type属性值为xbrli:monetaryItemType，表示是货币类型的元素；xbrli:balance属性值为debit，表示其为借方余额；xbrli:

periodType 属性值为 instant，表示其为存量金额。

一个完整的 XBRL 虚元素的定义如下面的 XBRL 语法代码所示：

```
<element name = "CashAndCashEquivalentsAbstract" id = "cas_CashAndCashEquivalentsAbstract" type = "xbrli:stringItemType" substitutionGroup = "xbrli:item" abstract = "true" nillable = "true"xbrli:periodType = "duration"/>
```

该代码定义了名称为“CashAndCashEquivalentsAbstract”（货币资金[abstract]）的元素，并对 abstract、type、substitutionGroup、nillable、id、xbrli：periodType 等一系列属性进行了声明，进一步描述元素语法和语义信息。其中，abstract 属性值为 true，即为虚元素；type 属性值为 xbrli：stringItemType，根据 XBRL 语法规定，虚元素的 type 属性值都是 stringItemType（字符类型）。

以上两个元素都是关于货币资金的，它们的 XBRL 语法表示均摘自 2015 年财政部通用分类标准。两者的关键区别正如前文所述，在编制财务报告实例文档时，“BankBalancesAndCash”能够被赋予事实值，而“CashAndCashEquivalentsAbstract”则没有事实值，仅能用于组织相关元素之间的关系。

三、XBRL 财务报告实例文档

根据货币资金实元素的定义以及企业自身货币资金的实际数值，对“BankBalancesAndCash”进行赋值，如下面的 XBRL 代码所示：

```
< BankBalancesAndCash contextRef = "instant_20111231" unitRef = "U_CNY" decimals = "2">1000000.00</ BankBalancesAndCash>
```

该代码说明了该企业货币资金实际值为 1 000 000.00 元，属性 contextRef、unitRef、decimals 分别表示该实际值发生的背景信息、单位信息、小数点信息。contextRef 属性值为 instant_20111231，unitRef 属性值为 U_CNY，decimals 属性值为 2，这些信息能够共同传递一个完整的财务信息。

编制 XBRL 实例文档的核心是对 XBRL 元素进行事实赋值，但这并不是全部工作，还包括表达 XBRL 元素之间的关系，也即编制 XBRL 链接库。XBRL 模式文档是 XBRL 分类标准的核心，其中的 XBRL 语法元素是重点。由于 XBRL 链接库并非本书研究的重点，同时不加以详细介绍并不影响读者对本书的理解，因此这里不再详细介绍 XBRL 链接库的语法表示。

四、XBRL 财务报告分类标准扩展

权威部门颁布的分类标准可能无法满足使用者的全部披露需求，XBRL 提供了使用者自行定义财务信息元素和扩展分类标准的功能。分类标准的扩展同样包括财务信息元素的定义以及元素关系的定义。

以 2010 年度东方航空 XBRL 财务报告中的“航材消耗件[member]”扩展元素为例，该扩展元素的 XBRL 代码，如下所示：

```
<element name = "ConsumableFlightEquipmentMember" id = "ceair_ConsumableFlightEquipmentMember" type = "nonnum:domainItemType" substitutionGroup = "xbrli:item" abstract = "true" nillable = "true" xbrli:periodType = "duration"/>
```

通用分类标准并没有专门创建关于航材消耗件的元素，因此东方航空在进行信息披露时需要进行分类标准扩展。同样对 abstract、type、substitutionGroup、nillable、id、xbrli:periodType 等一系列属性进行了声明。其中，abstract 属性值为 true，为虚元素；id 属性值为 ceair_ConsumableFlightEquipmentMember，该 id 属性值的前缀是“ceair”。“ceair”正是东方航空命名空间“http://www.ceair.com/cas/2010-12-31”的前缀。

同样这里省略了关于 XBRL 分类标准的链接库扩展部分，并不会影响读者对本书的理解。

第三节　研究问题及意义

信息技术的飞速发展是 21 世纪的主要特征，在会计领域，XBRL 是最新的

网络财务报告技术，代表了21世纪会计信息化发展的方向。然而，如果新技术没有得到很好的推广与扩散，那么它便不可能有其经济影响。因此，结合我国的信息化水平、当前的市场竞争环境与XBRL的技术特性，本书旨在为推进中国XBRL事业提供更为科学、合理的路径方案。

一、研究问题

通常，技术在满足一定的相对优势、兼容性、可试验性等条件下，就具备了快速扩散的可能(Rogers，1995)。但是，现实中技术快速扩散的形成要复杂得多，技术的相对优势并不一定促成其技术推进。新技术更好并不意味着一定能替代原技术，因为技术的"好"在面临风险性、选择主体意志的差异性等因素影响时往往变得很脆弱，导致新技术不被市场所接受。

尽管已有市场证据显示XBRL具有一定的价值优势，但与现实反馈情况存在某种程度的反差：当前的XBRL技术应用大多带有强制性，而作为具体实施者的企业，它们主动参与的积极性并不高，普遍认为XBRL增加了其披露成本(Chasan，2012；Janvrin等，2013)。2009年财政部发布的《关于全面推进我国会计信息化工作的指导意见》中提出力争在5～10年之内建立健全会计信息化法规体系和会计信息化标准体系，其中就包括可扩展商业报告语言(XBRL)分类标准。可以说，当前XBRL的应用现状与最初预计的目标还有一定的差距。因此，本书围绕着"XBRL分类标准及XBRL事业在中国推进路径"的目标展开的一系列研究，主要分为XBRL分类标准研究和XBRL技术扩散研究。

(一) XBRL分类标准研究

由于XBRL属于比较新兴的网络财务报告技术，它在具有先进性的同时也有一定的复杂性。XBRL分类标准的设计思路和实施方案与XBRL技术推进的难易程度有较为紧密的关系。因此，本书首先重点分析了XBRL分类标准的创建模式，评价已有应用案例的XBRL分类标准的设计思路和实施方案。这对于我国基于特定的应用目标选择相应的XBRL分类标准创建模式将有启示作用。

其次，本书以XBRL报告信息链为视角，尝试提升分类标准的质量以及促进信息之间的集成，以促使XBRL技术融入企业信息化管理当中，从而提升企业采纳XBRL技术的积极性，这对于XBRL能否真正得到应用和广泛采纳尤为关键。尽管 XBRL 财务报告的应用取得了很大的成绩，但是企业并未切身体会到披露 XBRL 财务报告所带来的益处，反而认为 XBRL 增加了企业的披露成本(Janvrin 等，2013)。因此企业并不主动采纳 XBRL 技术，而这并不利于 XBRL 在各国的发展。

XBRL 报告信息链上的分类标准仍亟待改进。一方面，国际 XBRL 账簿分类标准的中国适应性有待评价，以什么样的方式引入国际 XBRL 账簿分类标准需要深入研究。另一方面，财政部于 2010 年颁布了《企业会计准则通用分类标准》，又先后于 2011 年和 2012 年颁布了两个行业扩展分类标准，但仍然不能充分满足企业的披露要求。标准的不完善使得报告披露和分析过程复杂化，这抑制了信息提供者和使用者的热情。

如何改进信息链各报告环节的分类标准，就需要对现有报告环节的分类标准分别进行针对性分析。信息链分类标准的改进包括两个层面：会计账簿层面与财务报告层面，两层面分类标准所面临的问题不尽相同。依据不同的研究对象，将其细分为两个子问题"XBRL 账簿分类标准的改进研究"以及"XBRL 财务报告分类标准的改进研究"。

第一，XBRL 账簿分类标准的改进研究。XBRL 国际组织于 2010 年颁布了新版本的 XBRL 账簿分类标准，并将其定位在全球标准的高度，不再局限于某一特定国家。全局(全球)统一的 XBRL 账簿系统的目的在于使信息表示更具一致性，从而各国的信息交互更趋便利。XBRL 国际组织希望各国都能够采用 XBRL 账簿分类标准，同时提供了分类标准的可扩展性：当某个国家由于国情制度的需求，在现有的 XBRL 账簿分类标准的基础上，可以新增其特定的国家模块。然而现有 XBRL 账簿分类标准是否真正适用于中国的国情制度，是否仅需在已有标准上增加一个中国模块，这一切都亟待检验。本部分研究尝试对现有 XBRL 账簿分类标准进行中国适应性评价，并在此基础上对该标准在中国的应用进行改进。

第二，XBRL 财务报告分类标准的改进研究。2010 年，财政部根据不同的创建思路和建模方式颁布了 XBRL 财务报告国家通用分类标准。紧接着依据兼容不同行业、不同部门来扩展监管要求的思路，在国家通用分类标准的基础上，财政部又先后颁布了石油和天然气行业扩展分类标准，以及银行业扩展分类标准。未来将制定更多的行业扩展分类标准，然而上市公司的行业分类比较多，

如果逐一进行扩展，那么分类标准的行业扩展就会比较缓慢，扩展的效率也会比较低。依据行业信息披露的特征，本部分研究尝试一种提升行业分类标准扩展效率和扩展质量的标准创建方案。

（二）XBRL 技术扩散研究

在 XBRL 技术扩散方面，当前政府监管部门是 XBRL 技术的主要推动力量。一方面，XBRL 是对财务会计信息的结构化表示，而财务会计信息的供给与私人产品不同，它是由多个主体的决策需求决定的，具有公共产品的属性（陈国辉和李长群，2000）。在公共产品的技术开发、组织及推进等方面，政府往往会扮演重要的引导角色。另一方面，XBRL 作为统一的数据报送格式，将使监管机构减少重复监督和监管成本，提升机构的监管效率（Locke 和 Lowe，2007），因此，政府监管部门能够直接从中受益，也就有推动技术扩散的动力。在职责和利益的双重力量作用下，政府监管部门很早就介入 XBRL 的技术推广中。尽管政府监管部门已在积极推动 XBRL 技术，但是在市场竞争的环境下技术推进还与技术成本、技术复杂性，以及企业的准备程度有关。在这些因素的综合影响下，XBRL 技术的相对优势可能会变得比较脆弱，并不一定促成其技术成功扩散，政府强制推进甚至可能导致扩散的失败。因此，就出现了当前政府积极而企业消极的 XBRL 应用局面。政府试图打破这一僵局，然而信息披露工作首先是企业行为，政府应当了解竞争环境下企业的博弈机制，分析企业的策略选择，在此基础上再对技术推进加以引导。因此，本书还讨论了竞争环境下 XBRL 技术扩散，以及政府如何利用好市场机制的问题，分析技术扩散与信息披露企业的竞争特征之间的关系、政府的最优补贴策略，以及政府行为对技术扩散的影响作用。进而，结合竞争博弈机制和中国 XBRL 的应用现状，对当前中国 XBRL 事业存在的问题进行分析，并对 XBRL 事业在中国的推进提出一些具体的建议。

在 XBRL 技术扩散过程中，企业会计账簿数据不能"直通"XBRL 财务报告，割裂了财务数据的连贯性。企业的 XBRL 应用大多集中在对外财务报告，尚未将 XBRL 格式数据融合到企业内部管理当中。从这种角度分析，XBRL 财务报告反而显得与企业的信息化管理脱节。目前，XBRL 账簿数据与 XBRL 财务报告并未实现有效贯通，两者之间存在一定程度的数据割裂。XBRL 技术仅停留在对外财务报告，在企业内部的应用则仅有少数企业在参与，尚未提升到同一标准的高度，这不利于 XBRL 技术的广泛应用以及未来 XBRL 数据的集成。同时，XBRL 财务报告端存在不同标准的财务报告，这使得财务信息难于共享与交互。以此为背景，本书研究 XBRL 报告信息链下的数据集成，包括 XBRL 账簿数据与 XBRL 财务报告的数据集成以及 XBRL 财务报告间的数据集成两个方面。

在 XBRL 技术扩散过程中，XBRL 数据质量是技术扩散能否顺利完成的“最后一公里”问题。自 1998 年 XBRL 这一概念提出至今，已有许多国家采用 XBRL 标准进行财务报告报送，在中国沪深交易所于 2008 年将这一项目正式运用到资本市场信息披露时，已经要求全部上市公司进行 XBRL 财务报告报送。然而，由于 XBRL 财务报告的数据质量无法得到有效保证，使得 XBRL 项目的推广周期以及实施成本都大幅度增加。目前尚未有完整的 XBRL 财务报告的数据质量控制方案，也并不明确在不同阶段应当采取什么样的数据质量控制手段。因此，关于 XBRL 技术扩散中的财务报告数据质量控制，也是非常值得研究的一个问题，需要对我国的 XBRL 项目中涉及的数据质量提出明确的改进方向，从而能够推动我国 XBRL 项目的应用和发展。

二、研究意义

当今世界，经济全球化、互联网与信息技术以及知识经济的浪潮风起云涌，新的科学技术和经济形势已不可阻挡，这也为会计的潜能发挥带来了新的机遇与挑战。在会计环境的变化尤其是越来越高的信息需求的推动下，作为提供决策有用相关信息的主要载体，财务报告也随之不断地推陈出新，并显现出鲜明的信息化时代特征。

在理论意义层面。一方面，本书以信息链为视角，基于财务信息元素理论，构建了 XBRL 报告信息链模型。基于本模型，本书提出的 XBRL 信息的集成框架。这些理论研究为具体的 XBRL 分类标准改进及数据集成研究提供了研究框架和理论基础。另一方面，本书从技术扩散的角度进行研究是促进 XBRL 技术发挥其潜力的有效途径。通过对竞争博弈机制的研究，本书更接近现实地研究了企业采纳 XBRL 技术的行为，以及政府行为能够产生的具体影响和作用。

在实践意义方面。一方面，本书将 XBRL 应用推广到企业的内部管理方面，为 XBRL 技术融入企业内部管理提供方向，从而促进企业的 XBRL 应用主动性。同时,对 XBRL 报告分类标准的改进研究可以提高分类标准的质量水平,而 XBRL 信息的集成研究能够提高 XBRL 信息的效率。本书能够改善 XBRL 信息的披露水平,提高企业披露的财务信息的精确度,在一定程度上可以防止企业利用财务信息造假,提高中国资本市场的财务信息质量,具有一定的现实意义。另一方面,XBRL 技术在中国发展的时间还不长,对我国政府监管部门而言,如何促进 XBRL 技术扩散并没有现成的经验和模式可循。在技术扩散的初期阶段,政策和方法上的细微差别都有可能引起结果的很大不同。本书期望通过对中国 XBRL 技术扩散的研究,为政府科学地制定 XBRL 技术推进政策提供有益参考。

总体而言,结合我国的信息化水平与 XBRL 的技术特性,本书旨在针对我国实际情况,研究 XBRL 分类标准与技术扩散过程中的一系列问题,从而为确定比较合理的、科学的中国 XBRL 事业推进方案奠定坚实基础。

第四节　研究内容及方法

以下介绍本书的研究内容及研究方法。

一、研究内容

本书总共十章。

第一章是绪论。介绍了本书的研究背景,并提出研究的理论及现实意义,同时阐述了本书的研究内容及其逻辑关系,从而使读者对全书有概括性的认识。

第二章是相关研究述评。包括 XBRL 分类标准和 XBRL 数据的相关综述,以及 XBRL 技术推进策略的演化综述。

第三章是发达国家 XBRL 分类标准的创建及应用启示。它是主要研究内容之一。该章首先分析了当前的 XBRL 分类标准的创建模式,包括分类标准的层级架构以及表格建模,紧接着以美国证券交易委员会和日本金融厅的 XBRL 应用经验为例,分析发达国家 XBRL 分类标准的创建模式,并对这些案例的 XBRL 分类标准的扩展水平进行评价,最终从这些案例经验中得到应用启示。

第四章是基于 XBRL 分类标准的报告信息链构建与分析。本章以报告信息链为视角，构建了 XBRL 报告信息链框架，为后续的研究提供必要的理论框架。首先，详细介绍了当前 XBRL 标准的创建流程与模式。其次，分别介绍了 XBRL 信息链模型下的 XBRL 财务报告分类标准和 XBRL 账簿分类标准。由于信息特征的差异性，这两种分类标准所采用的技术建模方式不同。同时，介绍了影响 XBRL 报告信息链采纳的技术因素，由此引出后续的研究内容。

第五章是 XBRL 账簿分类标准的改进研究。主要是对已有国际 XBRL 账簿分类标准的中国适应性进行评价，并给出改进建议。该章首先介绍了 XBRL 账簿分类标准适应性评价的方法；然后根据这一方法对 XBRL 账簿分类标准的中国适应性进行评价，同时给出中国开发 XBRL 账簿分类标准的具体建议以及分类标准草稿。

第六章是 XBRL 财务报告分类标准的改进研究。中国 XBRL 财务报告分类标准的行业扩展势在必行，也相当迫切。该章按照两个步骤对 XBRL 财务报告分类标准的行业扩展进行研究：①对 2011 年 815 家沪市上市公司的财务报告进行分析，对各行业的信息披露情况进行实证研究，发现不同行业在分类标准使用上存在显著的行业差异，但差异并非在所有行业之间都存在。②通过聚类分析方法进一步研究，根据各报表项目的披露情况，将 21 个行业大类划分为 7 类，并为制定未来中国分类标准的行业扩展提供建议。

第七章是基于竞争博弈的 XBRL 技术扩散机制。该章通过构建市场竞争博弈模型并加以分析，同时分析政府行为因素对竞争博弈的影响作用。该章还基于竞争博弈机制，分析对中国 XBRL 事业的启示，分析中国 XBRL 分类标准的创建模式，以及当前中国 XBRL 事业所面临的问题，同时在竞争博弈机制的基础上，提出推动中国 XBRL 事业的一些具体建议。

第八章是 XBRL 技术扩散中的财务数据集成。首先，该章分析了 XBRL 数据集成的研究背景，当前 XBRL 数据呈分散状况，因此数据集成就有其现实意义。其次，该章分析了 XBRL 数据集成的理论基础，即信息集成理论，XML 技术与本体论。这些理论为 XBRL 数据集成的具体应用提供方法论以及理论支撑。再次，该章分析 XBRL 会计账簿数据与 XBRL 财务报告数据的数据集成应用，具体研究了会计账簿与财务报告的连接模块，并设计了账簿数据到财务报告的数据集成示例。最后，该章分析了 XBRL 财务报告的数据集成应用，具体是基于财务报告领域本体，提出了 XBRL 财务报告的数据集成方案，以消除由于概念和语法的不同所带来的分歧，并以上交所 XBRL 报告实例为例进行数据集成案例分析。

第九章是 XBRL 技术扩散中的财务报告数据质量控制。首先，该章提出 XBRL 财务报告的数据质量控制框架，根据 XBRL 财务报告创建的各个阶段，分别对分类标准创建/维护阶段、分类标准实施阶段、分类标准/实例文档评价及反馈阶段进行分析，梳理相关关键步骤。其次，该章以英国 XBRL 项目为例，分析英国 XBRL 财务报告数据质量的综合控制方案。最后，该章对我国的 XBRL 项目进行综合分析，提出相关的改进建议。

第十章是结论与展望。

二、研究方法

本书在不同研究阶段采用了不同的研究方法，甚至是多种方法相结合：①在相关文献研究的基础上，把归纳法与演绎法相结合，对相关的研究进行了梳理和总结，并且通过案例研究分析了发达国家的 XBRL 分类标准的创建与应用经验，这一过程中还利用了信息科学的技术对 XBRL 分类标准的扩展水平进行评价。②通过理论研究构建了基于 XBRL 标准的报告信息链，并通过理论分析促进企业采纳 XBRL 技术的因素，借以找出 XBRL 技术在中国的推广方案。③通过信息技术中的元数据映射方法，评价国际 XBRL 账簿分类标准的中国适应性水平，并对适应性水平进行量化分析。进而采用归纳法和演绎法相结合的方法，对 XBRL 账簿分类标准在中国的应用提出开发思路和建议。④通过实证方法对不同行业的财务报告分类标准信息披露是否存在差异，以及这种差异是否在所有行业中普遍存在进行检验。进而通过统计方法中的系统聚类分析，根据行业分类标准的信息披露特征，对行业进行聚类，使得披露特征相近的行业归属为同一类。⑤通过竞争博弈模型构建 XBRL 技术推进机制，并详细分析各利益相关者的策略行为。最后基于竞争博弈机制的研究结论，通过规范研究对中国 XBRL 事业推进提出相关建议。⑥通过理论讨论与分析，构建了 XBRL 数据集成框架。再分别通过信息技术中的映射方法与领域本体方法，实现纵向 XBRL 财务报告数据集成应用与横向 XBRL 财务报告数据集成应用。⑦通过财务报告分类标准工程学理论，梳理和剖析 XBRL 财务报告创建的各个阶段。通过案例分析较为成功的 XBRL 项目的数据质量方案。

第五节　本章小结

本章作为本书研究的第一章，介绍了本书研究的背景，分析了 XBRL 研究和应用现状，紧接着围绕全面推进 XBRL 事业的终极目标，提出了本书的主要研究内容。这些研究内容层层深入，组成了本书研究的整体内容，同时给出了研究内容和研究方法。本章既是全书研究的概括性介绍，又提供了全书整体研究的框架。

第二章

相关研究述评

第一节　XBRL 价值优势

XBRL 的应用不应当仅关注财务报告层面的应用。本部分总结和评价 XBRL 在价值方面的研究成果，这有利于发现 XBRL 应用的新领域。

会计服务于经济和社会活动。在当今信息社会，会计目标的实现越来越依赖于信息的传递。而信息使用者对诸如可靠性、决策相关性和及时性等信息质量的要求也越来越高（葛家澍，1999）。XBRL 具有的改善会计信息质量的价值优势是其应用和发展的前提。XBRL 技术的应用包括信息链的两个过程，分别是财务报告与账簿报告，以下分别予以分析和评价。

一、XBRL 财务报告价值优势

1998 年，霍夫曼叙述了如何利用 XML 技术对财务报告信息进行结构化表示，提出 XBRL 构想，并于 1999 年在 *Journal of Accountancy* 期刊上详细阐述了这一构思（Hoffman 等，1999），同时预测这一技术将给会计领域带来革命。

这之后，许多学者围绕着 XBRL 在财务报告的应用进行了广泛的研究。Coffin（2001）、Carolyn 等（2001）、Higgins 和 Harrell（2003）、Rezaee 和 Turner（2002）、Weber（2003）、Willis（2003）和 CICA（2003）分别从不同侧面研究了 XBRL 的技术和应用优势。而 CICA（2003）则对 XBRL 的优势做了更全面的总结，分析 XBRL 对财务报告信息链上各利益相关者的具体影响。Baldwin 等

(2006)研究 XBRL 对各技术使用者的影响,并探讨 XBRL 财务信息的特点。他们认为 XBRL 能够提高信息的一致性、可比性、可靠性、相关性,以及信息透明度,并将简化信息披露,同时通过网络使得财务信息与使用者、分析师、监管者之间的传输更加便捷。下面分别对 XBRL 技术在信息的可比性、可靠性,以及信息透明度等方面的影响进行具体的分析。

(一) 可比性

采用确切定义的 XBRL 分类标准能够有效减少财务报表中与同义词相关的术语问题,从而促进信息标记的一致性水平,提高信息之间的可比性(Bovee 等,2005)。XBRL 技术允许企业进行分类标准扩展,而扩展的分类标准会降低信息的可比性。但随着分类标准的逐渐完善,分类标准的扩展也将随之减少,那么届时信息的可比性也将得到提高(Debreceny 等,2005)。Piechocki 等(2009)同样发现分类标准扩展将降低信息可比性,并结合欧洲银行监管委员会(CEBS)构建的通用分类标准平台案例,提出了"最大化数据模型"的方法,即仅允许删除而不允许扩展的方法。在同一分类标准平台中,XBRL 的建模及元素的定义都由同一监管机构主持,这能在很大程度上提升信息可比性。Vasarhelyi 等(2012)分析了 XBRL 对财务报告价值链的实施后果,认为随着 XBRL 得到越来越广泛的应用,对于 XBRL 的研究应当转移到其专有技术特性上。本质上,XBRL 是对电子数据进行标准化的一种工具,而标准化可以通过加强可比性和一致性来提高财务报告信息的有用性和易用性。

(二) 可靠性

由于 XBRL 能够作为财务数据的标准格式,当需要信息在不同系统进行传输时,可以减少信息的重复输入,从而降低信息交互的错误程度(Baldwin 等,2006)。从这一层面看,XBRL 可以提升信息的可靠性。然而 XBRL 技术本身无法确保输入信息的可靠性(Boritz 和 No,2008b,2009),由于 XBRL 的技术性和复杂性,使用者在应用初始普遍担心在财务数据的编制、传输和使用中可能会出错(Wagenhofer,2007)。为此,SEC 在正式强制企业披露 XBRL 财务报告之前,实施了 XBRL 自愿披露计划,而之后又采取了谨慎的阶段渐进式 XBRL 强制报送方案。应用结果却显示,不管是自愿披露计划期间或是强制信息披露期间,企业报送的 XBRL 报告都出现了大量的错误(Bartley 等,2011;Du 等,2013)。已

有许多学者提出要从信息审计的角度确保 XBRL 实例文档的可靠性(Boritz 和 No,2008a;Srivastava 和 Kogan,2010;高锦萍,2011;林琳和潘琰,2011),而随着 XBRL 应用的深入,XBRL 报告实例的鉴证也势在必行,这些措施能够提升 XBRL 信息的可靠性。

(三)信息透明度

比较多的研究结果显示,XBRL 标准能够提高公司透明度(张天西等,2006;沈颖玲,2004;Hodge 等,2004;Yoon 等,2011;Chen,2012)。张天西等(2006)结合美国萨班斯-奥克斯利法案(Sarbanes-Oxley Act)研究 XBRL 在监管机构对上市公司进行监管方面的优势,认为 XBRL 能够促使会计准则的国际趋同,加强公司内部控制,并且提高会计透明度。沈颖玲(2004)认为使用者采用 XBRL 能够将财务报告信息向下挖掘至企业交易事项,使得财务信息能够保持其原始状态,从而提高了信息的透明度。Hodge 等(2004)则采用实验方法研究 XBRL 对投资决策的影响,发现利用 XBRL 技术的人获取信息与整合信息的能力明显高于没有采用 XBRL 技术的人。研究表明,XBRL 技术通过提高企业财务报告信息和管理层决议的透明度,能够帮助财务报告信息使用者进行决策分析。Yoon 等(2011)利用韩国证券市场 550 家企业的数据进行实证检验,发现采用 XBRL 技术能够提高资本市场的信息透明度和企业信息质量,从而能够促进企业信息的传播。Chen(2012)通过案例比较方法研究 XBRL 成功实施的关键因素,发现信息透明和效率提升是推进 XBRL 实施的主要因素。并且通过案例分析发现,能实现何种程度的信息透明与监管机构的意图有关。例如,一方面,荷兰和澳大利亚的 XBRL 案例中由于过于注重信息的效率提升,而忽视了信息透明度;另一方面,美国由于其清晰的 XBRL 实施目的,因此在信息透明和效率提升这两个方面都比较重视,以实现两者的平衡。

随着 XBRL 财务报告应用的推行,学术界将更多的研究目光转向具体 XBRL 应用的市场反应。Kim 等(2012)研究了美国 428 家样本公司的 XBRL 强制披露在资本市场的效果,研究发现采用 XBRL 技术能够提升信息效率,降低事件回报的波动性以及股票回报的波动性。Yoon 等(2011)对 XBRL 在韩国证券市场的市场反应进行了实证检验,发现 XBRL 的采用确实能够减少市场信息的不对称。同样有相关文献介绍 XBRL 在其他国家的应用,包括:马来西亚的 XBRL 应用(Homayoun 等,2011),乌克兰的 XBRL 应用(Melashchenko,

2011)，荷兰的 XBRL 应用(Roos，2010)，南非的 XBRL 应用(Steenkamp 和 Nel，2012)，这些国家的 XBRL 案例普遍证实了 XBRL 的市场价值。国内学者赵现明和张天西(2010)基于事件分析法和回归分析法，研究 XBRL 格式年报的信息含量对沪深股市的反应。他们的研究发现，沪市 XBRL 年报的信息含量已经有所呈现。可以说 XBRL 已在越来越多的国家得到应用，其价值也更多地得到认可。

二、XBRL 账簿报告价值优势

在学术研究方面，目前以 XBRL 账簿分类标准为主题的研究成果并不多，研究方法以规范研究和案例研究等方法为主，这与 XBRL 财务报告初期的研究方法非常相似。

Hannon(2003)认为，一旦初始的会计信息也采用 XBRL 标记，那么这些信息就能够得到重复利用。拥有多个不同部门和不同财务信息系统的公司可以以 XBRL 账簿标准为中间件(middleware)，从而建立系统之间的连接。同时，XBRL 账簿标准能够便于财务信息的下钻和信息的共享。

Haseqawa 等(2004)详细介绍了 XBRL 账簿技术在日本华歌尔公司的应用情况。通过对比实施 XBRL 账簿技术前后的财务信息系统，发现系统应用后能够显著提升财务信息数据的质量；并且由于 XBRL 账簿技术能够提供不同系统之间的标准，使得系统之间信息的传输变得顺畅，从而能够提供最新的财务信息。同时，能够提供基础的实时环境，用于从分散的系统(包括采购系统、销售系统、存货系统等)中收集财务绩效信息。

Amrhein 等(2010)认为，传统的商业报告系统缺乏有效获取和传输关键财务和非财务信息的能力，而 XBRL 账簿技术能够便于系统之间的信息传输，并且整合内部报告与外部报告。进一步通过 REA(resources，events，agents)模型提升 XBRL 账簿分类标准的本体语义，从而使管理层能更好地理解组织结构，并且识别改进的时机。

Roohani 等(2009)认为，XBRL 账簿分类标准可以成为系统之间的数据转换格式的原因，包括：①能够提供内部共享信息的标准数据名称；②作为模板，能够节省设计成本；③在聚合和全球共享的基础上提供可扩展性；④能够保持系统之间的数据标准的一致性。

近几年，国内同样已有学者研究 XBRL 账簿报告的价值。沈颖玲(2004)认为，XBRL 账簿分类标准与 IFRS XBRL 展开协同运作，可以利用 XBRL 构建国际财务报告准则分类体系，从而实现会计的全球化。其全球化意义包括：①提高财务信息合并与分解的效率；②提高编报现金流量的准确性；③提高财务信息的透明度；④提高各国财务报告格式的转换速度。该研究同时给出了 XBRL 账簿分类标准与 IFRS XBRL 的协作案例。

潘琰和林琳(2006)认为，XBRL 账簿分类标准是实现网上报告流程化的重要基础，它能够规范交易层面的会计信息格式，并且可以连接不同的软件系统。同时认为，XBRL 账簿分类标准将对持续审计与会计国际化带来极为深远的影响。庄明来和汪元华(2011)认为，对财务信息和非财务信息的有效整合、综合开发，以及合理利用，将使企业更具市场竞争力，而由于 XBRL 账簿分类标准能够提供企业内部信息交流和共享的标准格式，将起到非常重要的整合作用。

刘勤(2006)在肯定 XBRL 技术具有处理多种技术平台能力的同时，还指出在企业范围内广泛应用 XBRL 技术还为时尚早，需要一些新的方法论，并且需要基于 XBRL 的信息系统开发等因素作为支撑。

同时，XBRL 账簿技术与企业内部控制及风险管理关系紧密，2009 开放合规及道德组织(Open Compliance & Ethics Group，OCEG)制定了风险管理分类标准(GRC-XML)测试版本，并于 2012 年 8 月进行了版本更新。Tabet(2009)认为，XBRL 账簿技术能够与 GRC-XML 分类标准高度整合，为内部控制直接提供有效的负载信息。

XBRL 的研究和应用已经取得一系列成果，但国内外都很少涉及 XBRL 财务报告与会计账簿数据的有效集成问题研究。随着 XBRL 在财务报告领域的应用逐渐成熟，XBRL 账簿应用的重要性就愈发显现出来。那么就应当在具备同一基本标准的水平上，将 XBRL 账簿应用融入企业内部信息管理当中，并且使之与 XBRL 财务报告对接。

第二节　XBRL 分类标准相关研究

分类标准对 XBRL 报告的披露起规范与指导作用，其质量直接决定 XBRL

报告信息的质量,并会影响利益相关者利用 XBRL 信息的程度,因此包括 XBRL 分类标准的创建与评价在内的相关研究显得尤为重要。

一、分类标准的创建

(一)创建的理论方法

分类标准由财务信息元素及其之间存在的关系组成,其制定是一个比较复杂的过程,会涉及多学科的交叉知识和方法。它的创建通常由权威部门牵头制定。例如,2010 年的《企业会计准则通用分类标准》即是由财政部牵头基于企业会计准则制定的。

本体论是创建 XBRL 分类标准的关键理论方法。将本体论运用在 XBRL 领域主要解决的问题是分类标准中元素的定义及其关系,包括信息元素(XBRL 本体)的定义及其特征、元素的类型、元素之间的关系。近年来,本体论研究还开始关注多个分类标准之间的关系等涉及分类标准扩展的基础性问题。王洪伟(2004)将本体思想引入到元数据(metadata)即元素模型的结构设计中并针对不同的语义描述能力及建模需求,采用描述逻辑建立了两种基于本体的元数据模型:基本元数据模型(包括简单元数据模型和复杂元数据模型)和扩展元数据模型。同传统的面向语法的元数据模型相比,基于本体的元数据模型更加面向语义并支持逻辑推理与一致性检验。Declerck 和 Krieger(2006)的研究对于利用本体理论研究 XBRL 具有基础性的贡献,他们的研究主要集中在比较基础的 XBRL 结构,例如报告元素及其上下文属性(context)的本体化表达。Lara 等(2006)从分类表中的 XML 复杂类型、元素(元组和项目)、链接库、上下文属性和单位等方面分析了分类标准本体化的方法。姚靠华和洪昀(2009)认为,XBRL 本体需要具备三个方面的特征:①可重用性;②知识发掘性;③可靠性。XBRL 本体内部还可以细分为不同的层级,低层次不能获取高层次信息,同等层次间可以相互交流,以便于处理。Spies(2010)的研究从本体论的角度说明了分类标准是需要扩展的,并且本体论就是分类标准扩展的重要理论基础之一。XBRL 比一般的本体要丰富,因为对于一个给定的报告 XBRL 实例文档可以采用多个分类标准。同时分类标准是有层次的,如果仅采用一个通用的分类标准是达不到 XBRL 的初衷的。基于概念层和集合层的关系,利用 UML、OMG、CWM 等模型与方法将 XBRL 和分类标准本体化。

Debreceny 等(2005)认为,分类标准的创建应当从报告信息使用者的需求出发,并且应当允许扩展分类标准来进一步满足使用者的信息披露要求。而关于分类标准的创建需要考虑诸多方面的因素,包括:①信息创建的经济性;②组织间或者信息链之间会计信息的传播与使用;③本体与元数据概念;④XML 和 XBRL 技术的知识;⑤分类标准设计;⑥分类标准制定;⑦分类标准扩展等。

创建 XBRL 分类标准的首要任务是要定义企业的基本财务数据,这就涉及 XBRL 财务信息元素的概念。XBRL 财务信息元素是组成 XBRL 分类标准的基本单位。张天西(2006)提出财务信息元素的概念,同时按照发生过程的不同,可以分为交易或事项发生过程引发的财务信息元素集、簿记系统记录过程引发的财务信息元素集、财务报告呈报过程引发的财务信息元素集。张天西等(2006)依据信息元素理论,对财务报告附注中的非标准化部分的信息进行元素建模,创建了一系列的叙述性信息元素。

其他学科的方法也运用在分类标准的创建过程。Piechock 和 Felden(2007)提出可以将 XBRL 分类标准的创建视为财务领域知识的传输,而最终以 XBRL 分类标准的形式进行编码。为了进一步确认分类标准开发过程的不同阶段,根据软件生命周期(Software Life Cycle)与本体生命周期(Ontology Life Cycle)的定义,他们提出了 XBRL 分类标准生命周期(XBRL Taxonomy Lifecycle),并将周期分为计划与分析阶段、设计阶段、开发阶段、测试阶段、公开阶段、认证阶段,以及使用与维护阶段。而这些阶段分别对应分类标准的需求报告、框架文档、工作草稿、征求意见稿、最终稿。Debreceny 等(2009)给出了分类标准工程学(Taxonomy Engineering)的规范定义,认为分类标准工程学是在 XBRL 分类标准设计、开发、使用和维护中采用的系统性、形式化、可量化的方法,并认为分类标准的制定应当具有普遍适用的 XBRL 分类标准工程学方法,同时结合欧洲银行监管委员会(CEBS)的 COREP(COmmon REPorting)项目和 FINREP(FINancial REPorting)项目,进行 XBRL 分类标准工程学分阶段说明。Chakraborty 和 Vasarhelyi(2010)设计了一种半自动构建分类标准的方法,从10-K 财务报表的附注信息中提取和重构,其中运用系统聚类方法(hierarchical clustering algorithm)构建分类标准结构,并从财富 500 强企业中随机选择 120 家企业,对它们的历史 10-K 文档进行分类标准构建尝试,研究发现构建的分类标准与美国 US GAAP 分类标准之间显示出一些差异。这也间接地说明了由历史数据所构建的分类标准能够为官方分类标准提供一些参考。

（二）分类标准的体系

国际上关于分类标准制定和扩展中元素遴选的主要模式分别是以国际财务会计报告准则分类标准为代表的准则法（standards approach）和以美国通用会计准则分类标准为代表的披露实务法（practice approach）。赵英吉（2010）认为，美国通用会计准则分类标准的主要特点之一就是其制定遵循"披露实务法"，即该分类标准是以公众公司向 SEC 报送的财务报告和其他相关资料为起点，从中识别出核心元素并加以定义而形成的。由于该分类标准以财务报告的这一会计系统运行结果为基础和出发点，除定义了反映美国公认会计准则相关规定的元素外，还包含了按照美国证监会监管要求和一些惯例披露信息定义的元素，因此是一种规则导向型的分类标准，即采用通用元素优先，具体元素扩展补充的模式。

财政部牵头制定的《企业会计准则通用分类标准》（包括 2010 年通用分类标准以及后续制定的行业扩展分类标准）也采用逐项准则法，严格依据我国企业会计准则制定。

（三）分类标准的扩展

权威部门颁布的分类标准可能无法满足使用者的全部披露需求，XBRL 提供了使用者自行定义财务信息元素和扩展分类标准的功能。分类标准的扩展同样包括财务信息元素的定义以及元素关系的定义，因此分类标准扩展的过程实质上也是一个分类标准的创建过程。

在分类标准扩展方面，Bovee 等（2002）对美国 2000 年版本的工商业分类标准的质量进行评价，选择了 10 个行业的 67 家样本公司进行人工匹配。研究发现，行业扩展能够提升分类标准的质量，可以更好地为企业信息披露服务，因此行业扩展是必要的。Debreceny 等（2005）研究发现，美国通用分类标准无法满足所有行业的披露要求，扩展是无法避免的；并将分类标准扩展分为行业扩展和公司扩展，行业扩展是通用分类标准在具体行业的延伸，同时是公司扩展的基础，否则将导致扩展得不规范。Bovee 等（2005）通过智能解析的方法，将分类标准与传统的10-K SEC 报告进行模式匹配，在此基础上对分类标准进行特定扩展。黄长胤和张天西（2011）研究发现，以国家通用分类标准为披露基础，公司自

愿性披露的元素比重较大，可达到总披露元素的46.65%，并且上市公司自愿性信息披露的程度在不同的行业门类间存在差异。李争争等(2013)以石油行业上市公司样本的财务信息为样本，对通过行业扩展和公司直接扩展模式创建的XBRL财务报告质量进行比较，发现行业扩展模式具有一定的可比性优势。

分类标准扩展的行为主体通常为企业个体，而个体的行为难以进行规范，由此产生的XBRL信息质量较差。Debreceny等(2011)对SEC从2009年4月份到2010年6月份的XBRL报告实例进行研究，发现报告实例中存在较大比例的不必要扩展，达到40%。实际上，这些扩展在SEC分类标准中都有对应的元素。当前，规范分类标准的扩展已成为提高XBRL分类标准与实例报告质量的迫切需要。

（四）创建的成本效益

同时，分类标准的创建应当考虑其成本与效率之间的关系。Cohen(2004)提出了分类标准创建过程中，会存在相互矛盾的现象，那应该自定义元素还是仅遵循已有的分类标准。自定义元素会增加信息披露的成本，且不便于信息分析。而已有的分类标准则不能够完全满足信息披露要求。同时他还指出由于创建的分类标准无法涵盖所有的披露要求，因此创建的分类标准应当具有一定的层次性。Piechocki等(2009)研究发现，尽管XML和XBRL技术规范为XBRL分类标准的创建提供了技术框架，但分类标准创建者仍然拥有过多的制定自主权，而由此带来的标准灵活性会给信息提供者带来挑战。同时他还指出，分类标准的制定过程中应当权衡多方面的因素，包括创建弹性、透明度、可靠性、成本。Debreceny等(2005)指出存在多种衡量分类标准充分性的因素，但这些因素可能会存在冲突。试图定义尽可能多信息元素的XBRL分类标准可能会陷入元素无边界的困境，而这极大降低了分类标准的易用性，也增加了分类标准的制定成本。

二、分类标准的评价

杨周南等(2010)指出了XBRL分类标准是XBRL应用中最关键、最核心、最重要的内容。一个国家或地区分类标准质量的好坏可以反映该国家或地区应用XBRL水平的高低。已有文献分别从不同角度对XBRL分类标准的质量进行评价：①准确性评价(Debreceny等，2005；何芹，2011；Bartley等，2011)。②合规性评价(王文礼等,2011)。③完备性评价(Debreceny 等,2005;Bovee 等,2002;高锦萍和张天西,2006;Zhu 和 Wu,2011;赵聪,2011;黄长胤和吴忠生,2011;张天西等,2011)。④相关性评价(Zhu 和 Wu,2011;赵聪,2011;黄长胤和张天西,2011b)。

另外,Debreceny 等(2005)建议可以从技术性、可用性、完整性、可获得性、一致性等方面来检验分类标准信息的质量。杨周南等(2010)提出了 XBRL 分类标准认证的必要性,认为 XBRL 认证应当是由第三方机构对分类标准和实例文档进行合格评定的活动,认证的结果是获得第三方给予的书面和电子的保证。在 XBRL 分类标准认证的过程中,认证类别、认证模型和认证方法三个要素之间的关系尤为关键。

以下分别对合规性指标、完备性指标以及相关性指标的评价进行研究述评。

(一) 合规性

在技术规范合规性层面,XBRL 技术规范 2.1 规定了一系列 XBRL 分类标准和实例文档的语法规则,而为了进一步规范文档的创建,XBRL 国际组织又分别颁布了财务报告分类标准架构(Financial Reporting Taxonomy Architecture, FRTA)和财务报告实例文档标准(Financial Reporting Instance Standards, FRIS)。其中 FRTA 规定了分类标准的推荐架构,同时制定了一系列规则和惯例。FRIS 则是规定了一系列报告实例的创建规则和惯例。在此基础上,各个国家还可以制定相应的分类标准规则。例如,2013 年 2 月,美国财务会计准则委员会(FASB)首次颁布了 XBRL 实施指南,帮助美国使用者正确认识和理解 XBRL 技术是如何构建信息披露的。除此之外,FASB 还颁布了定义要素与结构,详细介绍了分类标准的设计原理,以供使用者参考。

Debreceny 等(2005)研究了 XBRL 信息披露过程中的注意事项,其中着重提到创建 XBRL 报告时可能出现的潜在错误,并指出与财务报表相比较,XBRL 财务报表附注分类标准更为复杂,将其进行 XBRL 表示也将增加披露的困难性。王文礼等(2011)分别对国际财务报告准则分类标准和财政部《企业会计准则通用分类标准》进行了 FRTA 规范性检验,分析中美分类标准对 FRTA 规范的符合性水平。研究结果发现,为了满足校验结果的准确性,随着 XBRL 技术规范的更新,FRTA 规范的合规性校验机制也应当予以修改与维护。

（二）完备性

完备性水平指的是分类标准涵盖报告主体进行披露所需信息元素的程度水平。

Debreceny 等（2005）认为，如果元素的不充分性能够控制得足够小，那么 XBRL 实例编制者就会比较容易进行分类标准扩展，并认为标准的分类标准应当能够涵盖超过报送 SEC 文档的 90%以上的信息。

Bovee 等（2002）认为，如果推荐的分类标准不能与企业的披露实务相匹配，那么将导致信息的损失并且造成对分类标准的抵制。他们以 2000 版美国工商分类标准为评价模板，选择 67 家样本公司进行信息元素匹配，以此分析分类标准与披露实务之间的差异。研究发现，尽管从平均水平来看分类标准能够比较好地匹配实际的披露实务，然而不同行业之间的匹配数量与比例仍有较大的差异。

在 Bovee 研究方法的基础上，高锦萍和张天西（2006）同样对 2005 年上交所制定的分类标准——《中国上市公司信息披露分类》的完备性进行了检验，并采用分类标准与披露实务中的信息元素差异来衡量分类标准的完备性程度。与 Bovee 的研究不同的是，高锦萍和张天西（2006）选择的匹配对象是具有更多自愿披露信息的财务报表附注，选择 12 个行业的 117 家样本报告实例进行完备性匹配。研究发现，上交所分类标准与企业披露实务之间存在较大的差异，并且行业之间的差异并不显著。这也证实 Debreceny 等（2005）预测的分类标准制定的难点在于财务报表附注的观点。

Zhu 和 Wu（2011）对分类标准的完备性指标进行了形式化定义，同时认为，报告实例之间的互操作性（interoperability）也间接影响了分类标准的质量。与以往研究采用人工匹配不同，他们采用计算机程序的方法对报告实例进行查询、处理、分析，从而能够进行大样本信息匹配。对 481 家公司的 1 231 份 XBRL 报告实例（包括 266 份年报）进行信息元素匹配，结果显示，美国 2009 年版本的分类标准的平均完备性达到 86.78%，这说明使用者在进行报告实例编制时能够从分类标准找到绝大部分的信息元素。

赵聪（2011）同样采用信息元素匹配方法，从元素不足与元素冗余两个方面对中国财政部颁布的通用分类标准进行评价。研究结果显示，在完备性（元素不足）方面，在通用分类标准存在比较明显的元素不足的现象，平均每一企业需要扩展 1/5 的非通用分类标准元素。由于当时财政部尚未颁布具体的行业扩展分类标准，通用分类标准还不能满足企业全部的信息披露需求，这是导致通用分类标准完备性不足的重要原因。

黄长胤和吴忠生(2011)通过构造“企业扩展元素总数”，进一步完善了完备性的衡量指标。张天西等(2011)根据通用分类标准覆盖企业披露实务的程度，总结归纳出来分类标准的覆盖率。同时，为了更详细评价分类标准的完备性水平，还分别构造了一系列关于元素披露、复用，以及扩展的细致粒度指标。

（三）相关性

相关性是指分类标准与报告主体进行披露所需信息元素的相关性水平，或者说分类标准制定造成的元素冗余水平。冗余水平越低，则相关性水平越高。

同样，Zhu 和 Wu(2011)也对分类标准的相关性指标进行了形式化定义，并对美国 2009 版本分类标准的相关性水平进行评价。结果显示，尽管分类标准的完备性水平较高，但是相关性水平较低。这说明分类标准中的很多元素并未被实例编制者使用。

赵聪(2011)在相关性(元素冗余)方面的研究显示，现有通用分类标准元素的制定效果较好，但仍有超过 1/5 的信息元素从未被使用过。黄长胤和张天西(2011)认为，通用分类标准的相关性即是通用分类标准的复用率，是指通用分类标准中的元素被企业在披露实务中复用的比例。匹配结果显示，房地产业复用元素最少，而建筑业最多，并且行业之间的最大差异超过 1/3。

第三节　XBRL 数据的相关研究

本部分内容对 XBRL 数据的相关研究进行文献综述，主要从 XBRL 数据质量和 XBRL 数据集成展开。XBRL 数据与 XBRL 分类标准之间的关系是，监管机构创建 XBRL 分类标准后，各披露主体基于分类标准编制 XBRL 文档，也即是创建 XBRL 数据。通常，XBRL 分类标准与 XBRL 数据的研究并不能绝对分开，例如，对于分类标准的评价，往往是通过对所编制的 XBRL 数据进行分析来反映的。之所以将其归为 XBRL 分类标准研究，是因为最终的落脚点还是在 XBRL 分类标准。同样的，这里阐述的 XBRL 数据相关研究也无法脱离 XBRL

分类标准，但归根结底仍是对 XBRL 数据的分析，落脚点是在 XBRL 数据。

一、XBRL 的数据质量研究

（一）数据质量研究

国内外对数据质量的研究由来已久，近年来更是将数据质量的研究引入到信息、金融、统计、财务等各个领域。Lowry 和 Loch(1995)认为，数据质量是数据管理的重要步骤，然而当数据量呈几何式增长时，传统过窄的数据获取途径将导致对数据质量的控制力变弱，这使得获取高质量数据变得尤为困难。

Aebi 和 Perrochon(1993)提出应当在区分维度的基础上对数据质量加以分析，这些维度分别是完整性、一致性、准确性以及最小性。但是许多研究主要是从定性角度进行的，并没有从定量角度进行分析。针对数据质量的定量研究，文章提出了三种较为客观的算法，分别是简单比率运算、最大-最小运算以及加权平均运算，并且对其运算结果进行主观与客观的综合评价，对评价较低的数据质量进行分析，从而实现数据的质量控制。

韩京宇、徐立臻和董逸生(2008)提出，对于数据质量控制应当从两个方面进行考虑，首先进行数据规划，预防错误数据的产生，其次是通过特定算法进行数据的事后诊断。往往需要采用数据清洗的方式来提高数据实例层面的质量。刘永璋和朱胜(2010)指出，数据清理实质上是对错误数据进行检测和校正的过程，包括检测重复的数据和异常数据，处理缺失数据以及校正存在错误的数据。

其中，有效的数据质量控制的重要基础是建立合理的数据质量评价框架。叶少波(2011)认为对数据的评价可以从数据自身属性与数据产生过程这两个方面分别展开，提出采用模糊综合评价法进行相关评价，并最终通过建立相应的评价制度来完成对数据质量的评价。郑磊(2015)则提到对数据的评价可以从纵向维度进行分析，围绕着数据的产生、利用以及反馈等多个阶段构建动态的数据评价循环，在此基础上进行数据质量控制。李凡星(2017)则提出，对于政府数据质量的控制可以通过评价实施、政策推行、技术管理以及多方参与合作等方式进行，文中还设计出一种能够被广泛接受的数据应用平台。

上述文献提供了数据质量控制的角度和过程，并且大多数文献都强调了数据质量控制中关键的环节是需要构建一个数据评价框架，从评价出发展开全面的数据质量控制，再借助数据处理方法进行相关数据修正。

（二）XBRL 数据质量控制研究

为了确保 XBRL 的广泛应用，使之能够在各领域得到充分应用，很重要的一点就在于对 XBRL 数据质量的控制，甚至被称为决定 XBRL 项目能否成功的“最后一公里”问题。以 XBRL 财务报告为例，目前资本市场对 XBRL 财务报告可靠性和有用性的认可普遍不足，其中重要的原因在于 XBRL 财务报告的法律地位一直没有得到确认，使用者无法“没有后顾之忧”地使用相关数据进行分析。

事实上，实务界和学术界对 XBRL 数据质量控制的构想和研究早已有之，主要是集中在 XBRL 财务报告方面。根据 2017 年美国注册金融分析师协会（CFA Institute）的一项调查，77％的投资者希望 XBRL 财务数据能够得到独立审计，XBRL 财务数据质量能够得到有效保障，该报告强调监管机构和审计准则制定者应当注意到投资者的需求。由于，XBRL 财务报告是财务报告的 XBRL 表示，因此对 XBRL 财务报告数据质量的控制，除了具有传统财务报告的审计问题，还有 XBRL 技术特点可能带来的错误，包括 XBRL 财务报告是否可信的问题，XBRL 财务报告是否遵循了企业会计准则、XBRL 分类标准使用的准确性、扩展分类标准的准确性，以及 XBRL 财务报告与传统格式财务报告的一致性问题等（张天西和高锦萍，2007）。针对 XBRL 财务报告的特点，已有相关文献提出 XBRL 财务报告的审计程序（高锦萍，2010；Srivastava 和 Kogan，2010），也提出了具体的 XBRL 财务报告审计步骤：①确信 XBRL 实例是良构（Well-Formedness）的；②检查 XBRL 财务报告所遵循的分类标准，包括该标准是否是有效的，或者得到监管机构认可的；③检查扩展分类标准的准确性，包括元素和链接库扩展的准确性；④对传统格式财务报告中的原始数据与 XBRL 财务报告中的数据进行循环检查；⑤将 XBRL 实例文档与其遵循的分类标准进行相互验证及有效性测试；⑥从管理层获取责任声明（信函）并发布审计报告。

潘琰和林炎滨（2012）提出，XBRL 财务报告需要注意完整性、分类标准扩展水平、合规性程度等方面产生的数据质量问题，并认为数据质量控制应当结合实例文档的产生过程，文中最后还建立了相应的数据质量控制体系。李争争和张天西（2013）通过成本效益原则以及有用性原则进行数据质量分析，提出 XBRL 财务报告分类标准的创建和设立质量评价标准，综合比较和评价了对于分类标准的创建效率、语义相关性等质量情况。同时，研究还认为，评价模式的有效构

建能够对后期 XBRL 财务报告信息披露的完善和扩展提供有力支撑。

陈潇怡和欧阳电平(2016)对 XBRL 财务报告的信息风险提出了相应的优化控制措施,认为可以从两个途径提升 XBRL 数据本身的质量,其一是导入更加精确的语义机制使 XBRL 语言具有相关的形式化语义,以此提升计算机自动推理水平,加强数据质量的分析能力。这还能在一定程度上降低软件开发商的开发成本。其二则是循序渐进地引入外部审计,通过 XBRL 审计的独立性来加强 XBRL 财务报告数据的可靠性。李华(2017)提出,可以通过语义复查、语义分析、模板法以及事项法等多种方法,来保证多样化和个性化的 XBRL 财务报告质量,进而强化 XBRL 数据的相关性、可靠性以及可比性。

田高良和封华(2017)基于审计视角对 XBRL 财务报告在中国 A 股上市公司的实施效果进行研究,提出可以通过软件对数据勾稽情况的验证来确保 XBRL 财务报告数据的准确性,还可以通过提高公司的内部治理来提升 XBRL 财务报告数据质量,这能够有效降低审计成本。Liu,Luo 和 Wang(2017)认为,分类标准体系结构的缺陷以及由此引起的分类标准理解偏差,同时企业和审计师普遍缺乏追求高质量数据的动力,这些因素都会导致 XBRL 财务报告存在数据错误,并提出对 XBRL 财务报告的数据质量认证应当由文档级认证调整为数据级认证。

可以预计的是,对 XBRL 财务报告提供有效数据质量保证将是促进 XBRL 技术推进的关键因素,其中设计一套真正行之有效的 XBRL 财务报告审计机制将是一项极其重要并极具挑战的工作。

(三) Inline XBRL 技术选择

随着应用的不断深入,XBRL 技术也在持续改进优化。2008 年,XBRL 国际组织开始研发 Inline XBRL(网页集成式可扩展商业报告语言,iXBRL)技术规范,并于 2010 年发布推荐版 Inline XBRL 技术规范。iXBRL 结合了 HTML 和 XBRL 的特点,提供了将 XBRL 标记嵌入到 HTML 文档的机制,这使得同一份文档不仅是结构化、机器可读的,并且是人为可读的。iXBRL 与非 iXBRL 的主要区别在于,非 iXBRL 仅包含纯粹的数据,而 iXBRL 在纯粹 XBRL 数据的基础上,还增加了数据的展示方式。数据使用者不需要借助任何专业的 XBRL 软件,仅采用能够支持 HTML 语言的普通网络浏览器就能够查阅 XBRL 财务报告,这在很大程度上降低了 XBRL 财务报告使用的专业门槛(杜美杰等,2014)。

同时,iXBRL 技术也为 XBRL 财务报告数据质量保证提供更为简便有效的方式。

2009 年 9 月,英国皇家税务与海关总署(HM Revenue & Customs, HMRC)和英国工商局(Companies House)率先发布联合声明,宣布在线报送公司决算报告应采用 iXBRL 方法。在经历过数年的市场检验之后,目前英国大约有 190 多万家公司采用 iXBRL 技术进行财务信息披露和纳税申报,可以说 iXBRL 在英国已获得市场的普遍认可。XBRL 英国组织分享他们的成功经验,将很大的因素归功于选择了 iXBRL 技术,认为 iXBRL 技术具有这些优势:①提供了人为可读 XBRL 报告的简便方式;②极大降低了创建 XBRL 报告的成本和工作量;③协助改进 XBRL 使用的准确性;④支持更为灵活的 XBRL 引入方式,便于项目的阶段性推进;⑤简化或解决了 XBRL 应用过程中的诸多技术细节,能极大降低项目成本;⑥减轻 XBRL 软件的开发任务。鉴于 iXBRL 技术在英国的成功以及自身 XBRL 项目的停滞不前,更多的国家开始关注 iXBRL 技术,期望能够借助该技术改善 XBRL 财务报告的数据质量。

除了对于传统数据质量控制的研究分析外,分析关于 XBRL 财务报告的数据质量风险以及相关建议措施使得数据质量得以控制,是对于 XBRL 数据质量控制的核心。因此,尽管 iXBRL 在英国取得了较大成功,但是任刚和吴忠生(2018)认为,为促进 XBRL 技术的真正推广实施,并得到资本市场的认可,需要建立 XBRL 数据质量的整体解决方案,并且该解决方案需要平衡各方利益相关者的成本效益,而不仅仅是聚焦在某个技术细节上。同时,在建立 XBRL 数据质量的整体解决方案时,他们认为,应当明确数据质量控制的目标以及利益相关者(如 XBRL 数据生产者、数据管理者、数据审计方和数据用户等)、各方利益相关者承担的职能,最终形成相对一致的利益相关者目标,这能够为梳理各利益相关者的角色提供参考路线。而在 XBRL 数据质量控制领域中,还应当对数据质量控制的生命周期和业务流程进行梳理,强调从数据生成到使用各个阶段的协调和衔接。

二、XBRL 的数据集成研究

由于 XBRL 应用的初期缺乏全局业务规划,不同流程或部门可能采用不同格式的 XBRL 标准,使得这些信息存在一定程度的“割裂”。而经过多年实践,

XBRL 已在很多国家积累了巨大的存储数据，随着 XBRL 技术的进一步实施，未来这一数字还将继续增加。因此，XBRL 数据集成问题也成为 XBRL 研究不能回避并且亟待解决的重要问题。本部分分别从 XBRL 报告信息链和 XBRL 本体进行述评。

（一）XBRL 报告信息链

Williams 等(2006)认为，目前的很多商业报告研究缺少一种信息管理的视角，同时以在澳大利亚金融部门的 XBRL 研究和应用为契机，提出了一种能将信息及其相关信息工作可见的信息链视角，并且使得信息链实现数据集成。Amrhein 等(2010)认为，如果在商业报告信息链上的利益相关者的系统标准不能很好地相互兼容，在系统之间进行数据的收集和集成时，必将造成高昂的成本和极低的效率，而由于 XBRL 能够在整个信息链上提供同一种标准，将能够解决这一问题。文章同时阐述了信息链上实现财务与非财务信息传输的重要性，并以 XBRL 账簿分类标准为核心，构建了有效的信息处理框架。

Buys(2008)通过案例研究的方法，以南非金融部门的 XBRL 应用为例，研究 XBRL 技术对商业报告信息链的影响，发现 XBRL 能够使信息链上的利益相关者获利，并提出简化商业报告信息链就应当建立一种标准化的自动会计流程。但由于对 XBRL 标准理解的不一致，在商业报告信息链上的 XBRL 推广应用仍面临诸多困难。

Murthy 和 Groomer(2004)以 XBRL 账簿分类标准为数据中心(data hub)，构建企业内部会计信息系统与外部输出之间的联系。并且基于此，他们提出了持续审计网络服务机制(Continuous Auditing Web Service, CAWS)，CAWS 在审计端运行，能够对被审计端的业务进行持续审计。Du 和 Roohani(2007)指出，XBRL 能够改善整个商业报告信息链上数据交互的效率，并能实现持续审计。近几年，国内同样也有学者研究如何在商业报告信息链上应用 XBRL 技术(沈颖玲，2004；潘琰，2007)。

2010 年，欧洲会计师联合会(Fédération des Experts Comptables Européens, FEE)发表了题为“可扩展商业报告语言(XBRL)对会计师和审计师的影响”的 XBRL 政策声明，对会计师、审计师、其他利益相关者强调 XBRL 应当在财务报告信息链上得到充分运用。

2011 年，国际会计师联合会(International Foundation of Accountants, IF-

AC)发布的《集成商业报告供应链》(*Integrating the Business Reporting Supply Chain*),认为财务报告不能够提供充分的信息以帮助投资者了解现代商业活动的复杂程度,因此将集成对象由财务报告扩展为商业报告(business reporting);同时探讨了在金融危机之后,如何改进公司绩效、商业报告以及审计,提出了建立集成的商业报告模型(integrated business reporting model)的必要性,其中对于报告的格式就建议采用 XBRL 等新技术。

(二) XBRL 本体

诸多 XBRL 分类标准的存在,使得标准之间的数据集成开始受到关注。然而不同国家制定的会计准则不尽相同,导致 XBRL 分类标准之间存在差异,也使得分类标准之间的数据集成变得相当困难。XBRL 本体的构建能够提升 XBRL 的语义表达,通过提供统一的形式化表示,提高 XBRL 分类标准之间的互操作性,从而为 XBRL 分类标准之间的数据集成提供基础。

NÚÑEZ 等(2008)认为,不同国家的会计准则并不完全相同,使得定义的 XBRL 分类标准也不同,导致对不同分类标准异构信息的抽取变得困难。他们通过网络本体语言(Web Ontology Language, OWL)构建一个抽象层级,使得不同分类标准的 XBRL 信息能够进行比较和交换。GARCÍA 和 GIL(2009)以 SEC 的 XBRL 应用为例,建立 XBRL 文档与语义元数据之间的映射关系,分别将 XBRL 实例文档映射到资源描述框架(Resource Description Framework, RDF)、XBRL 分类标准映射到网络本体语言,从而完成 XBRL 信息的语义元数据表示,便于财务信息的有效集成和交叉查询。Spies(2010)分析了 XBRL 分类标准的逻辑原理以及分类系统,构建了基于 OWL 的 XBRL 本体表示,他们的研究结果显示,通过本体论方法对分类标准的数据模型进行构造,将有助于提升信息使用者的数据集成与数据分析能力。刘锋(2012)也做过类似的研究,构建了基于语义技术的 XBRL 模型,并对财政部《企业会计准则通用分类标准》进行应用实践。

O'RIAIN 等(2012)认为,XBRL 信息已成为财务信息集合的不可分割的一部分,应当通过关联数据的方法将 XBRL 与开放数据(open data)进行集成,同时采用 RDF 表达技术来描述信息的语义,促进 XBRL 与其他类型数据之间的交互作用。

第四节　XBRL 技术推进策略的演化

不同的技术推进策略可能导致截然不同的技术推进结果。在早期 XBRL 技术推进的过程中，由于缺乏科学的技术推进理论的指导，常常使得 XBRL 技术推进陷入僵局。因此，我们需要了解相关的技术推进理论，以及思考可以为 XBRL 技术推进带来的启示。

一、技术推进的理论基础

技术创新的重要性显而易见，它是推动社会进步和世界经济繁荣的重要力量。Joseph Schumpeter（约瑟夫·熊彼特）于 1934 年从技术与经济相结合的角度，探讨技术创新在经济发展过程中的作用，并开创性地提出了创新理论。之后，许多学科的众多研究学者对技术创新展开了一系列的研究。现代研究普遍将技术创新的整个演变过程划分为三个阶段：发明、创新和扩散。其中，发明是指新观点的创造以及使其实施成为可能的后续发展阶段；创新是指由企业家将一项发明商业化；扩散则是指随着时间的推移，创新在其潜在使用者中传播的过程。Reinganum（1981）通过对技术创新采纳的大量实证研究发现，在通常情况下，全面的技术创新采纳都会被延迟，并且企业之间也不会同时采纳技术创新。技术扩散作为技术创新过程中的一个后续过程，同样也是一个完整独立的技术与经济相结合的运动过程，其重要性也不言而喻。舒尔茨（1990）强调“没有技术创新的成功扩散，技术创新便不可能有其经济影响”。因此，这就引起了针对技术创新扩散的更为细致的研究。

一般而言，技术创新扩散是一个复杂的技术与经济相结合的过程。国内外学者对于技术创新扩散概念的理解并不相同，相关定义也各有特点。关于扩散的影响因素、机制、路径，学者们由于各自的角度不同，对这些问题的看法也不尽相同。20 世纪初 Schumpeter 在其经典的创新理论中将技术创新的大面积或是大规模的模仿视为技术创新扩散。他认为技术创新扩散实质上是一种模仿行为，其过程为：当某项可以大幅提高效率、大幅降低成本的技术创新在少数企业里率先实施后，由于其良好的示范作用，众多的企业纷纷加入模仿者的行列，然而，随着模仿高潮的结束，技术创新的扩散过程趋于饱和，经济又重新归于平静并开始走下坡路。经济学家 Stoneman(1989)将技术创新扩散定义为“一项新技术的广泛应用和推广”。他认为技术扩散过程是在模仿的基础上的一种学习过程。同时，企业是否采纳某一项技术创新应当考虑实施该项技术创新的成本与效益。当企业采纳技术所获得的效益高于企业的采纳成本时，企业就会选择采纳该项技术，技术创新扩散就由此形成了。中国学者傅家骥(1992)也给出了技术创新扩散的定义，它是指技术创新通过一定渠道在潜在使用者之间传播、采用的过程。他认为技术创新扩散可理解为由创新观点扩散、研究与开发技术扩散和技术实施扩散三部分组成。

(一) 技术扩散的过程观点

(1) 传播过程理论。传播过程的观点认为，扩散起始于最初的技术创新提出方，随着时间的推移，新技术逐渐被采用，新的采用者或变为潜在的新技术的供给者或对潜在采用者产生口头的交流作用，潜在采用者不断减少，直至为零，至此扩散过程结束(Rogers, 1995)。

(2) 替代过程理论。替代过程的观点认为，从技术创新的历史来看，扩散更多地表现为新技术对老技术的替代(盛亚，2002)。

(3) 学习过程理论。学习过程理论认为，技术扩散过程实质上是一个再创新的过程，需要不断地解决问题，不断地进行调整和创新(Mansfield, 1961)。

(4) 博弈过程理论。博弈过程理论认为，在技术扩散过程中，利益相关者在决策时不仅会考虑自身的利益关系，还会评价对其他利益相关者的影响(Reinganum, 1981)。

(5) 演化过程理论。演化过程理论是把扩散过程重新置于现实的环境当中，并对一系列复杂的相关过程包括环境的变化、产业的演化、技术与经济的发展，以及社会的变迁等进行全方位的考察(Nelson, 2009)。

(二) 影响技术创新扩散速度的因素

(1) 新技术的特性及创新企业的行为。不同类型的技术在不同空间(包括企业内部、企业之间及不同领域)中的扩散特性并不相同(Mansfield, 1961;赵新刚等，2006)。

(2) 采纳者的行为。技术采纳者的社会地位、认知偏好，以及学习能力等因

素都会影响技术扩散，这使得不同性质的采纳者对技术扩散的影响也是不同的（付晓蓉等，2011）。

（3）传播渠道（大众媒介和个人传播）。通过传播能够将技术提供者与采纳者相连接，因此传播渠道的通畅与否与技术扩散速度快慢也有紧密联系。传播渠道主要涉及技术扩散的网络结构、空间特性等（Rogers，1995；鲜于波和梅琳，2009）。

在技术扩散机制的研究方面。技术扩散机制是指促使技术扩散完成的各构成要素之间相互关联和作用的关系及功能。许多文献研究都认为技术扩散机制是由多种机制组合而成的，这些机制在扩散过程中相互协调、相互影响，共同发挥作用。傅家骥（1992）提出，技术扩散的机制由供求机制、计划机制、中介机制、激励机制，以及竞争机制组成，并且在扩散过程中这五种机制相互制约、相互协调、共同作用。朱李鸣（1988）提出了技术扩散导引机制的概念，他认为技术扩散导引机制是由技术扩散的动力机制、沟通机制、激励机制组成的自动系统。曹兴和柴张琦（2013）认为，动力机制是研究技术扩散的必要性和可行性的机制，而激励机制则是决定扩散的流向、速度和范围的机制。

在技术扩散模型的研究方面。技术扩散模型的研究一直是学者们关注的焦点。梁丹等（2005）根据研究的主要特点对技术创新扩散研究的发展阶段进行了划分，包括技术扩散研究的理论提出阶段、多学科融合发展阶段，以及理论深化修正阶段。每个发展阶段都有相应的代表性技术创新扩散模型。徐玖平、廖志高（2004）通过宏观和微观的视角将技术创新扩散模型分为速度模型与决策模型。速度模型反映扩散速度的时间过程，具有代表性的模型有Mansfield提出的S型扩散模型、Bass提出的Bass扩散预测模型。决策模型则是建立在对利益相关者决策行为分析的基础上，研究各利益相关者策略的过程，代表性模型有Reinganum的博弈扩散模型。技术扩散并不一定能够自发完成，或者尽管能够自发进行，但其扩散的速度会比较缓慢，而博弈模型能够较好地描述扩散过程中各方的策略及成本效益，通过对策略的选择与调整，能够加快技术扩散的速度。因此博弈论已广泛应用在新技术创新扩散研究中（Barua和Lee，1997；Zhu和Weyant，2003；姚芊和毕克新，2011；常悦和鞠晓峰，2013）。

二、监管机构主导的 XBRL 技术推进

由于 XBRL 能够作为统一的数据报送格式，基于统一的 XBRL 报送格式，监管机构可以减少重复监督和监管成本，提升机构的监管效率。同时，XBRL 的结构化数据表示方式，更有利于机构进行更有效的监管。因此 XBRL 作为新一代的财务数据标准，已经被越来越多国家的监管机构所接受（Dunne 等，2013；Bai 等，2013）。另外，在新技术的推广应用中，如果不同组织对于这项技术的采纳并没有取得一致，那么新技术的优势就有可能得不到发挥，甚至有被淘汰的可能（Lassila 和 Brancheau，1999；Patalas-Maliszewska 等，2012）。

XBRL 技术的推广需要强有力的机构的组织和协调，例如，XBRL 国际组织提供公开的技术规范、广泛征集市场的意见，定期召开国际 XBRL 会议。另外，由于各国所制定和颁布的会计准则存在差异，XBRL 国际组织也在积极推动各国家和地区加入 XBRL 国际组织，并对各成员的 XBRL 标准进行检验与认证（Doolin 等，2004）。

Hucklesby 和 Mcdonald(2002)指出监管机构能够对 XBRL 的技术采纳提供推动力，这与其他开源项目的终端用户拉动相反。Locke 和 Lowe(2007)指出监管者是 XBRL 技术采纳中最重要的一个群体，认为监管者既是潜在的用户群体，更重要的是由于监管机构具有行政权力去鼓励或是强制其监管对象采用 XBRL 进行信息披露，因此它们在技术采纳过程中具有很关键的影响能力。

Troshani 和 Rao(2007)通过访谈，分析了 XBRL 技术采用的影响因素，发现监管部门的强制要求对于 XBRL 技术的采用具有显著作用，能够加速企业的 XBRL 采纳进程。Cohen(2009)指出，XBRL 的初期应用推广离不开政府部门的强制要求，包括中国、美国、日本、新加坡、以色列、西班牙在内的多个国家都先后颁布强制披露 XBRL 的规定。而 Cordery 等(2011)研究发现，监管部门除了颁布 XBRL 规范以及督促企业采用 XBRL 技术之外，还应当加强对 XBRL 技术的普及教育，并尽可能提供良好的 XBRL 报送条件。在美国，包括 SEC、XBRL 美国组织、美国注册会计师协会和管理会计师协会等机构组织都在大力推广 XBRL 技术，为 XBRL 应用出谋划策。Bartley 等(2011)对 SEC 的 XBRL 自愿披露计划的有效性进行了检验，分别抽取了 2006 年度和 2008 年度的部分公司 XBRL 报告实例。研究发现，相对于 2006 年所出现的错误数，2008 年的 XBRL

报告实例错误数有了较大程度的减少。在自愿披露计划过程中，SEC、XBRL 美国组织，以及其他监管机构会根据自愿披露结果做出更正错误的调整，并不断改进 XBRL 技术和流程，这些工作起到了非常关键的协调作用。

Du 等(2013)对美国强制 XBRL 披露以来的前六个季度的 XBRL 报告实例的错误进行统计分析，发现尽管在强制披露的初期，XBRL 报告实例中出现了非常多的错误，但随着报告经验的增加，XBRL 错误数量出现了显著性的减少。这证明美国 SEC 推出的 XBRL 渐进性报告安排在 XBRL 报送过程中起到了很好的缓冲作用。文章同时指出监管机构在 XBRL 应用过程中应当继续扮演这样重要的角色，并鼓励 SEC、XBRL 报告编制者，以及社会团体支持新的 XBRL 强制措施。

在中国，曾建光等(2013)对基金公司采用 XBRL 披露年报进行研究，发现证监会强制基金公司采用 XBRL 进行信息披露，能够降低基金的代理成本，减少利益相关者之间的信息不对称水平，并且能够提升基金的绩效水平。

然而，监管机构在 XBRL 技术扩散过程中的作用也不应高估。Gray 和 Miller(2009)指出，尽管 SEC 能够强制企业采用 XBRL 技术进行信息披露，但是根据技术扩散理论，XBRL 技术的广泛采纳不一定因此实现，它取决于 XBRL 披露程序，以及 XBRL 所带来的优势与成本之间的比较关系。

三、多方协作的 XBRL 技术推进

XBRL 技术采纳涉及多方利益相关者，应当考虑使这些利益相关者能够从 XBRL 标准中获益，这些利益相关者包括：会计公司、投资者、股票交易所和监管者。因此，分析 XBRL 技术的采纳不能仅从单一机构的角度，而需要同时考虑多方利益相关者。已有文献从多方利益相关者视角对 XBRL 技术的采纳和扩散问题进行研究(Bergeron，2003；Deshmukh，2004；Jones 等，2003；Phenix，2004；吴忠生和刘勤，2015)。

已有文献在考虑了 XBRL 技术特点的基础上对 XBRL 技术采纳进行研究。在 XBRL 可以降低企业生产成本的前提假设下，赵现明等(2011)利用斯塔克伯格博弈模型研究了 XBRL 技术标准在利益相关者之间的采纳问题，发现采用 XBRL 技术标准的利益相关者，在交易价格、交易数量，以及最终利润上都优于没有采用 XBRL 技术标准的利益相关者。Pinsker 和 Li(2008)通过对商务经理

的问卷调查，发现影响 XBRL 技术采纳的关键因素包括：可获得的竞争优势、成本降低、机构对创新的承诺、财务报告透明度的提升，以及对于监管要求的合规；同时，还发现 XBRL 技术规范的不确定性和监管要求，以及采用新信息技术的风险都会影响 XBRL 技术的采纳。

还有文献采用社会学的研究方法对 XBRL 技术采纳进行研究。Doolin 和 Troshani(2007)利用半结构访谈，研究企业的 XBRL 采纳动机、XBRL 采纳的成本收益，以及在 XBRL 技术采纳的利益相关者之间的关系，并且其研究结果与技术采纳理论相一致，认为 XBRL 技术采纳应当在各种因素中找到平衡关系。Bonsón 等(2009)通过探索性研究发现 XBRL 技术采纳存在的影响因素包括对 XBRL 的深刻理解、机构的技术创新作用等方面。Premuroso 和 Bhattacharya (2008)通过研究自愿采用 XBRL 技术的公司，发现 XBRL 采纳与公司治理、流动性和公司规模是显著相关的。

同时，XBRL 应用结果也将反过来影响 XBRL 的进一步推广采纳。Boritz 和 No(2008a)选择了美国 VFP 项目中 74 家公司的 XBRL 报告(包括季报和年报)，通过对 XBRL 检验软件进行分析，发现大约 2/3 的实例文档存在错误，包括不完整性、不一致性等。而 Plumlee 等(2008)研究发现，XBRL 检验软件并不能检测出所有的错误，例如元素选择的恰当性以及取值的正确性。Bartley 等(2011)以实施自愿披露计划的美国上市公司 XBRL 财务报表为对象，发现由于分类标准过于复杂，在创建 XBRL 信息时容易产生错误，并将信息披露过程出现的错误分为六类，包括项目缺失、金额错报、数值符号错误、项目重复、项目错报、展示错误。何芹(2011)通过对上交所上市银行 2009 年 XBRL 实例文档和 PDF 文档的比较分析，发现实例文档中存在一定程度的错误，并在 Bartley 等(2011)的错误分类基础上进行了调整，增加合计金额错误类别，删除了项目重复类别。XBRL 实施过程中出现的错误与困难反过来抑制技术的进一步推广。Locke 和 Lowe(2007)通过比较 XBRL 与其他不同开放标准在技术采纳过程中所遇到的困难的异同点，发现 XBRL 的技术优势存在被过分夸大的现象，并分析了 XBRL 技术采纳的影响因素及其对策。

Janvrin 和 No(2012)在 SEC 强制要求上市公司披露 XBRL 财务报告的情况下，采用实地调查方法，分析上市公司是否已经做好 XBRL 披露准备，以及在 XBRL 报告报送过程中软件工具和指南是否准备妥当。他们还分析了企业在应

对监管机构强制要求时的策略行为，包括管理层支持与参与、实施方案、组织准备，以及 XBRL 报告过程中的控制行为。

越来越多的研究发现，目前 XBRL 在财务报告层面的应用更多的是为了满足监管机构的要求，而这并不能真正促使企业主动采纳 XBRL 技术。Locke 和 Lowe(2007)认为，为了实现在社会网络的广泛传播，XBRL 需要证明具有方便多方组织之间进行信息交换的能力，而不仅仅是将 XBRL 报告报送给监管机构，即单方信息交换。采用 XBRL 账簿技术能够便于多方组织之间进行信息交换，这就要求软件供应商提供相应的技术支持。否则，没有 XBRL 在企业数据的应用，XBRL 的真正价值将大打折扣。因此有必要找出一种激励机制鼓励企业在内部采用 XBRL 账簿技术。Henderson 等(2012)运用技术—组织—环境框架，分别研究企业内部和企业之间的 XBRL 采纳问题，并发现企业内部的推动因素与企业之间的存在差异，进而指出在考虑采纳 XBRL 技术时，需明确 XBRL 技术是在何种背景下使用。其中在企业内部推广 XBRL 的一个关键因素是需要确保企业具有采用 XBRL 技术的成本效益性。企业普遍担心在内部实施 XBRL 技术将替换或者修改已有的信息系统，从而带来过于复杂的兼容性问题(Cordery 等，2011)。

仅从监管机构的角度对 XBRL 技术的推广和采纳进行研究将造成决策的局限性，应当结合多方利益相关者的视角加以分析，才能够得到相对客观的结论。目前的 XBRL 应用和采纳正处于非常关键的阶段，未来的研究应当关注利益相关者在 XBRL 技术采纳中的成本效益，真正促进 XBRL 技术的推广采纳。

第五节　对研究现状的评价

在 XBRL 分类标准的创建与评价方面。关于这些方面的研究正逐渐完善，并已建立起量化的评价体系。然而在现实应用中，所建立的评价体系并未对 XBRL 分类标准的创建及使用起到正面引导作用，这就导致了理论研究与实际应用的脱钩。实际上，科学的评价体系应当为分类标准的创建和完善提供方向。

在 XBRL 数据质量和集成方面。现有的 XBRL 数据质量研究缺乏对 XBRL 数据质量的整体解决方案，需要围绕数据产生的生命周期和业务流程，提出符合中国实际的财务报告数据质量控制方案。而 XBRL 数据集成研究则是还没解决 XBRL 会计账簿与 XBRL 财务报告之间的数据集成问题。

在 XBRL 技术推进策略的演化方面。由于 XBRL 标准的执行都具有一定的强制性,更多的是满足监管者的需要,而不是满足其他利益相关者尤其是作为 XBRL 报告编制者的企业的需求,这种做法并不利于 XBRL 技术的采纳推广。另外,过分强调 XBRL 财务报告使得企业与 XBRL 技术明显脱节,因此亟需一种方法能够将企业与 XBRL 技术真正融合在一起,从而提高企业采纳 XBRL 技术的积极性。

第六节 本章小结

本书的研究目的在于找出一条更为科学的、合理的 XBRL 技术推进路径,以改善当前的应用局面,促进 XBRL 技术在中国的全面推进。由于 XBRL 具有一定的专业性和复杂性,所创建的 XBRL 分类标准的质量水平能够很大程度地决定信息披露的效率,这与 XBRL 技术推进的难易程度就有了很密切的联系。同时,不同的 XBRL 技术推进策略对推进进程也会有很大影响。因此,本章分别从 XBRL 价值优势、XBRL 分类标准的创建与评价、XBRL 数据质量和 XBRL 数据集成,以及 XBRL 技术推进策略的演化等方面,对相关的研究文献进行梳理与总结,这为后面的研究奠定了一定的理论基础,并指明了研究方向。

第三章

发达国家 XBRL 分类标准的创建及应用启示

第一节　发达国家 XBRL 分类标准的创建模式

自 XBRL 实施以来，许多国家都在积极探索 XBRL 应用的最佳实践。在美国，XBRL 技术推进曾有过一个良好的开端，但如今却受到了一定的阻力。在日本，XBRL 技术推进的现状则比较乐观。以下以美国、日本这两个 XBRL 应用比较有特色的国家为例进行介绍。

一、美国证券交易委员会的 XBRL 创建模式

（一）美国证券交易委员会的 XBRL 推进路径

可行性分析时期。2003 年，SEC 开始研究通过数据标记改进信息披露系统的可能性。同年 SEC 开始以标记格式收集证券交易法 16(a)要求的证券持有和交易报告。2004 年，SEC 对使用 XBRL 标记数据如何使投资者和 SEC 本身受益进行了正式评估。评估结果认为，为了更好地对 XBRL 数据标记技术进行检验和评价，应当鼓励企业采用 XBRL 进行财务数据报送，以此作为信息披露的补充。

自愿信息披露时期。2005 年 2 月起 SEC 开始启动 XBRL 自愿披露计划(Voluntary Filing Program，VFP)，鼓励上市公司采用 XBRL 技术进行信息披露。统计结果显示，2005 年有 4 个行业的 9 家公司参加自愿披露计划，2006 年有 18 个行业的 35 家公司参加自愿披露计划，2007 年有 22 个行业的 67 家公司

参加自愿披露计划，2008 年加入 XBRL 自愿披露计划的公司则超过了 120 家。参与 XBRL 自愿披露计划的公司呈现逐年增加的趋势。

强制信息披露时期。在 XBRL 自愿披露计划之后，SEC 于 2008 年 5 月通过一项阶段渐进式的提案，正式要求所有的上市公司在之后 3 年内逐步完成 XBRL 年报的报送工作，即采用美国公认会计原则（US GAAP）报送财务报告且全球资本市值达 50 亿美元以上的上市公司，将率先以 XBRL 格式报送其于 2009 年 6 月 15 日当日或之后结束的会计期间的财务报表；其他采用美国公认会计原则的国内外大型加速申报的上市公司，延后一年以 XBRL 格式报送其于 2010 年 6 月 15 日当日或之后结束的会计期间的财务报表；所有其他采用美国公认会计原则的小型公司和采用国际财务报告准则的公司，则再延后一年以 XBRL 格式报送其于 2011 年 6 月 15 日当日或之后结束的会计期间的财务报表。通过这种阶段渐进式的安排，SEC 的初衷是缓和企业对 XBRL 技术的接受情况，然而 SEC 却并没有处理好企业在进行 XBRL 信息披露时的成本与效益问题，以及实施的后续问题。

SEC 的 XBRL 推进路径可如图 3-1 所示。

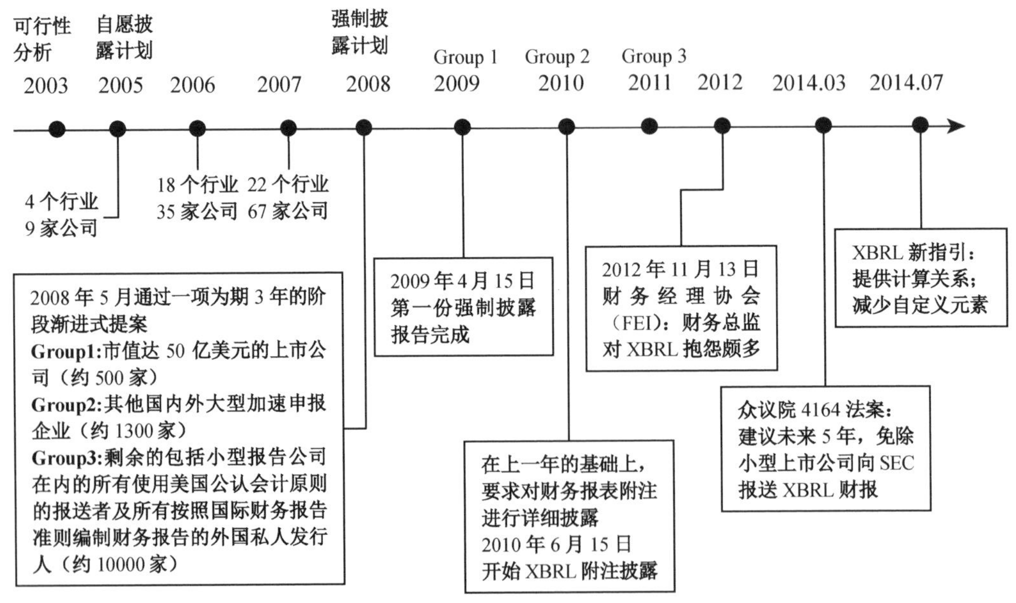

图 3-1　SEC 的 XBRL 推进路径

在 SEC 的 XBRL 应用中,SEC 要求上市公司采用 US GAAP(美国会计准则)财务报告分类标准进行信息披露。US GAAP 财务报告分类标准包含了一系列的机器可读的 XBRL 标签,企业可以使用这些标签对传统的财务报表和相关的脚注披露信息进行标记。通过这些 XBRL 标签,计算机能够对数据进行搜索和整合,便于投资者、分析师、媒体人,以及 SEC 工作人员获取和分析这些数据。

SEC 的"通过交互式数据改进财务报告"规定要求国内和国外的企业使用 US GAAP 分类标准,并最终要求国外的私营发行人使用 IFRS 分类标准,以 XBRL 格式来披露企业的财务报表,作为定期报告(包括 Form 10-K, Form 10-Q, Form 20-F, Form 40-F)的展示。在 SEC 的强制信息披露时期中,2009 年 4 月 15 日第一份强制披露报告完成,在第一阶段(也即是阶段渐进式实施的第一年)仅要求企业对财务报告主表进行 XBRL 表示,并没有要求对企业的附注信息进行更为细致的 XBRL 表示。而在第二阶段,就要求对财务报表附注进行详细披露,即 2010 年 6 月 15 日开始 XBRL 附注披露。

(二) 美国证券交易委员会的 XBRL 分类标准层级架构

在 2010 年之前,美国财务报告分类标准的制定工作是由 XBRL 美国地区组织(XBRL US)和 SEC 承担的。2005 年公布的美国财务报告分类标准框架(US Financial Reporting Taxonomy Framework)形成了以基本术语元素、财务服务术语元素为核心的行业通用分类标准层,同时在此基础上,形成了包括工商企业、石油和天然气企业、银行和存储机构、保险企业、经纪商和代理商、投资管理在内的行业扩展分类标准层,如图 3-2 所示。这一时期的 XBRL 分类标准是有比较清晰的层级架构的。

该财务报告分类标准框架能够较清晰地了解美国制定分类标准的思路,以及不同行业分类标准之间的逻辑关系,同时也可以较个性化地满足不同行业、不同目的的信息披露要求。整个框架以模块化的形式划分,包括独立附加层、基本术语层和行业关系层。其中,独立附加层包含会计师报告、管理层讨论及分析、管理报告和 SEC 官方认证;基本术语层包括财务服务术语-元素、财务服务术语-关系、基本术语-元素、基本术语-关系;行业分类标准层则是包括工商企业、银行和储蓄机构、保险企业、石油和天然气企业。关于层级中各模块的更多详细介绍,如表 3-1 所示。

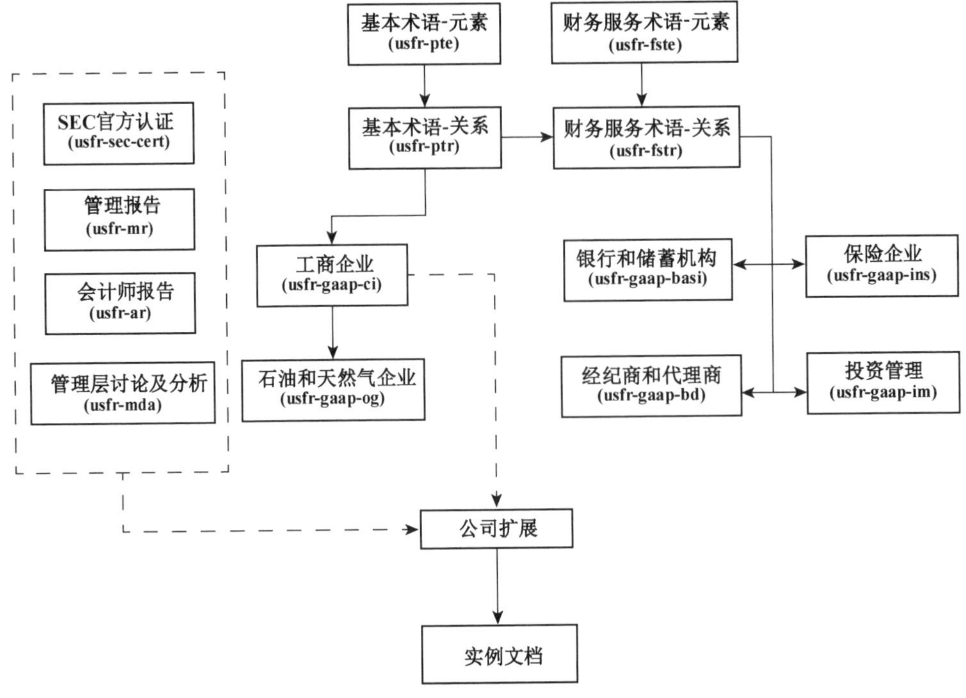

图 3-2　2005 年美国财务报告分类标准层级

表 3-1　2005 年美国财务报告分类标准模块

命名空间前缀	名称	层级	描述
usfr-ar	会计师报告	独立附加层	包含描述独立会计师报告的信息，如独立审计师/会计师的姓名和签名
usfr-fste	财务服务术语-元素	基本术语层	该财务报告分类标准目的在于提供细节水平的会计术语，这些术语通常也包含在财务报表当中。该分类标准包含的术语通常仅针对财务服务部门(sector)
usfr-fstr	财务服务术语-关系	基本术语层	该财务报告分类标准目的在于提供细节水平的会计术语，这些术语通常也包含在财务报表当中。该分类标准包含的关系通常仅针对财务服务部门(sector)
usfr-mda	管理层讨论及分析	独立附加层	包括年报中企业管理层提供的关于运营管理、财务状况，以及其他事项的分析内容
usfr-mr	管理报告	独立附加层	管理报告涉及的信息，一般情况下是同审计财务报表在一起的

（续表）

命名空间前缀	名称	层级	描述
usfr-pte	基本术语-元素	基本术语层	该财务报告分类标准的目的在于提供细节水平的会计术语，这些术语通常也包含在财务报表当中。该分类标准包含多个主要行业通用的术语
usfr-ptr	基本术语-关系	基本术语层	该财务报告分类标准的目的在于提供细节水平的会计术语，这些术语通常也包含在财务报表当中。该分类标准包含多个主要行业通用的关系
usfr-sec-cert	SEC 官方认证	独立附加层	2002 年 Sarbanes-Oxley 法案规定的官方认证信息
usfr-gaap-ci	工商企业	行业分类标准层	该分类标准的目的在于提供会计概念及关系使得工商企业实体能够使用 XBRL 表达其财务报表。该分类标准是基于基本术语层级，并且可能用于更多行业扩展的基础
usfr-gaap-basi	银行和储蓄机构	行业分类标准层	该分类标准的目的在于提供会计概念及关系使得银行和储蓄机构实体能够使用 XBRL 表达其财务报表。该分类标准是基于基本术语层级的
usfr-gaap-ins	保险企业	行业分类标准层	该分类标准的目的在于提供会计概念及关系使得保险相关实体能够使用 XBRL 表达其财务报表。该分类标准是基于基本术语层级的

2010 年，美国财务会计基金会（Financial Accounting Foundation，FAF）和财务会计准则委员会（Financial Accounting Standards Board，FASB）开始接手 US GAAP 财务报告分类标准的持续开发和维护工作，而这些工作之前是由 XBRL 美国地区组织（XBRL US）和 SEC 承担的。将分类标准开发和维护工作转至 FAF 和 FASB 的一个重要目的就是实现与 FASB 标准制定、整理和相关程序的更大程度的整合。FAF/FASB 工作组专注于 US GAAP 变动的分类标准更新，识别披露者分类标准扩展的一般报告实践，以及其他的技术强化措施。FAF/FASB 与 SEC、IASB、XBRL US、投资者、发行人、事务所和其他利益相关者一起密切合作来提高信息质量。

这之后，US GAAP 分类标准不再明显地以行业进行划分，并取消了各行业分类标准命名空间和行业分类标准入口，但 US GAAP 分类标准的行业内在逻辑依然存在。

二、日本金融厅的 XBRL 创建模式

（一）日本金融厅的 XBRL 推进路径

初步应用时期。在日本，金融监管实行的是混业监管，日本金融厅是日本金融监管的最高行政部门，即由金融厅独家对银行业、证券业、保险业及非金融机构进行全面监管。为了能够更好地进行监管同时降低企业的信息披露负担，2001 年金融厅开始启用 EDINET 信息披露平台。EDINET 是基于《日本金融工具与交易法》下的电子披露系统，要求其监管对象信息披露的内容包括年报、半年报、季报、证券登记表、大股东持股报告等。起初 EDINET 要求信息披露格式是 HTML，然而 HTML 格式的数据不具备可重用性，投资者在进一步进行数据分析时，仍需要重新输入数据。于是在 2006 年日本金融厅开始研究基于 XBRL 格式的 EDINET 系统。2007 年 1 月至 2 月，共有 50 家公司参与了第一轮分类标准的线下测试。2007 年 7 月至 8 月，共有 1 200 公司参与了第二轮分类标准的线上测试。在经过多轮测试之后，该系统于 2008 年正式投入使用。金融厅强制要求所有的公司报送 XBRL 格式的数据，要求的 XBRL 信息披露范围是基本财务报表(primary financial statement)信息。通过 EDINET 系统，大约有 5 000 家企业和 3 000 家投资基金公司报送了 XBRL 格式的财务信息。

应用升级时期。在 2008 年基于 XBRL 格式的 EDINET 系统运行之后，日本金融厅就开始广泛收集各方的意见，其中就包括众多的 EDINET 用户要求应当扩展 XBRL 应用使之能够更有效地进行国际对比。2011 年日本金融厅开始着手扩展 XBRL 应用范围、增加搜索功能和 XBRL 数据的分析功能来升级 EDINET 系统。2012 年 6 月日本金融厅发布 EDINET 升级系统的规范说明书。2013 年 9 月，EDINET 升级系统开始投入使用，新系统的 XBRL 披露范围不再局限基本财务报表，还包括其他重大事项，包括大股东持股报告、特别报告，以及要约收购的相关信息，其中投资者可以通过 XBRL 标记确定特别报告的原因而不必查阅 PDF 或者其他格式的文档。

（二）日本金融厅的 XBRL 分类标准层级架构

日本金融厅 2010 年颁布的 EDINET 分类标准是一个比较全面的分类标准，涉及 23 个行业，目前已获得 XBRL 国际组织“Acknowledged”认证。

EDINET分类标准同样遵循“行业通用-行业扩展-企业扩展”的分类标准架构，如图 3-3 所示。图 3-3 中以银行和信托业为例，说明了 EDINET 的分类标准架构。其中 EDINET 分类标准制定了财务报表通用术语分类标准，这是所有行业的分类标准基础。在此基础上，制定各行业分类标准，如银行和信托术语分类标准。

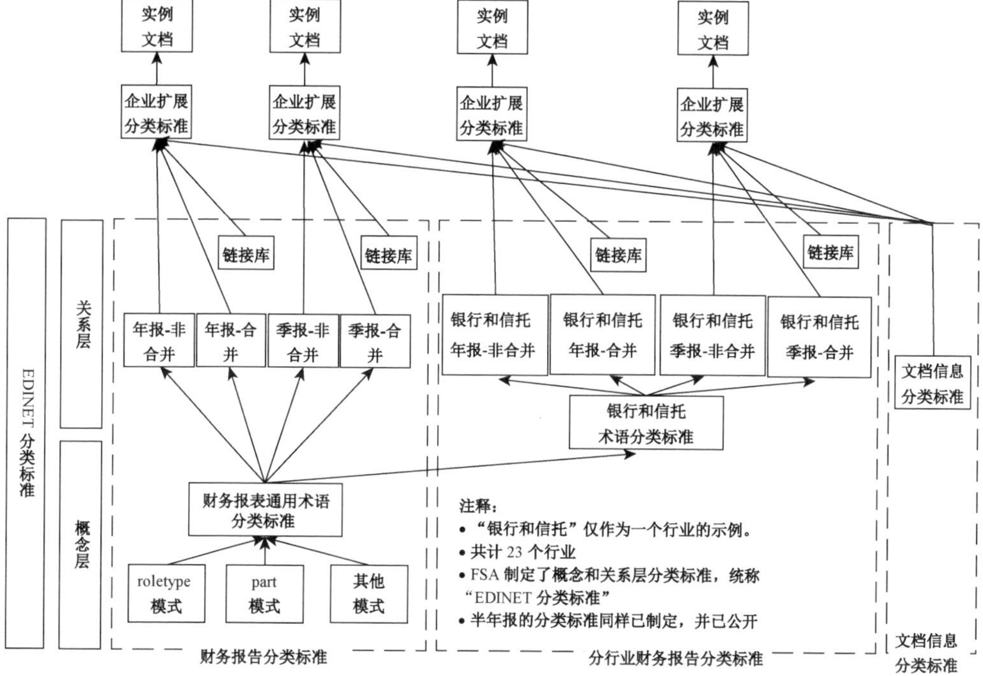

图 3-3　日本金融厅 EDINET 分类标准层级

EDINET 分类标准的报告时间类型包括年度报告、半年度报告、季度报告，以及证券登记报表，报告范围包括资产负债表、利润表、现金流量表和权益表。同时包括了 23 个行业模块，如表 3-2 所示。

表 3-2　EDINET 分类标准行业模块

序号	行业	描述
1	cai	工商业
2	cns	建筑业
3	bk1	银行和信托业

（续表）

序号	行业	描述
4	bk2	银行和信托业（设置营业账户）
5	cna	工程担保业
6	sec	Type 1 金融工具业务（证券相关业务）
7	in1	人寿保险
8	in2	非人寿保险
9	rwy	铁路
10	wat	水路运输
11	hwy	高速公路
12	elc	电子通信业
13	ele	电力工业
14	gas	天然气
15	liq	资产清算
16	ivt	投资管理业务（投资信托管理公司）
17	inv	投资（投资公司）
18	spf	特定金融
19	med	医药公司
20	edu	教育机构
21	cmd	商品期货交易
22	lea	租赁
23	fnd	基金

第二节　发达国家 XBRL 分类标准的扩展水平评价

由于 XBRL 技术的复杂性，披露 XBRL 财务报告会产生一定的成本。在编制 XBRL 财务报告时企业要承担的成本包括基础设备、人员的安排、教育和定期培训等，并且信息披露成本与信息披露范围和信息披露详略程度相关。当权威部门颁布的分类标准无法满足信息披露者的披露要求时，XBRL 提供披露者

自行定义财务信息元素和扩展分类标准的功能，这一过程也是企业自行创建分类标准的过程，这将增加信息披露的成本，同时也会降低信息披露的质量。因此，通过对 XBRL 分类标准的扩展水平评价，可以反映信息披露的难易程度。

一、评价设计

（一）评价对象

美国 SEC 要求其上市公司采用 US GAAP 分类标准进行信息披露，日本 FSA 要求其监管对象采用 EDINET 分类标准进行信息披露。因此本书分别对这两个分类标准进行评价，具体则是分析上市公司或者监管对象在进行信息披露时分类标准的使用情况，信息披露增加的成本与新建分类标准的元素数量正相关，因此特别关注分类标准的扩展情况。

（二）研究样本

1. SEC 研究样本

美国证券交易委员会(SEC)(http://www.sec.gov/)的 XBRL 平台采用的是 EDGAR 信息披露系统(http://www.sec.gov/edgar/searchedgar/webusers.htm)①。SEC 建立 EDGAR 信息披露系统的目的是为电子化存档提供便利，提升信息处理的速度和效率，同时便于投资者、金融机构和相关人士能够更为及时地获取市场信息。

本书选择的研究样本是 SEC 上市公司的 XBRL 财务年报。因为 SEC 最早强制信息披露的时期是 2008 年 6 月 15 日及之后的会计期间，为了保持一致性，本书选择在 2013 年 6 月 15 日至 2014 年 6 月 14 日之间披露的 XBRL 财务年报。

根据 Edgar Online 的板块分类方法，企业样本分为 12 个板块，分别是：基础材料(basic materials)板块、生产资料(capital goods)板块、多元化企业集团(conglomerates)板块、周期消费(consumer cyclical)板块、非周期消费(consumer non-cyclical)板块、能源(energy)板块、金融(financial)板块、医疗保健(healthcare)板块、服务(services)板块、科技(technology)板块、交通物流

① EDGAR 的全称是 Electronic Data Gathering，Analysis and Retrieval System 即电子化数据收集、分析及检索系统，是以电子化方式提交、传递、接手、审核、接受、加工存储和发布的系统平台。EDGAR 数据资料库已成为美国证券市场最重要、使用最广泛的数据平台。

(transportation)板块和公用事业(utilities)板块。基于 Edgar Online 板块分类方法,本书将研究样本分为 12 大类,分别进行分类标准扩展水平评价。

根据 Edgar Online 的数据查询,该报告期间(2013 年 6 月 15 日至 2014 年 6 月 14 日)披露 XBRL 财务报告的企业数共有 3314 家,其中有 4 家并未完整披露 XBRL 财务报告(主要是链接库缺失),本书剔除这些异常样本。最终,本书共获取 SEC 企业 XBRL 年报 3 310 份。其中,85 家企业提交了修订版的 XBRL 财务年报,这种情况下以修订版的 XBRL 财务报告为准。不同类型(包括大型加速申报企业、加速申报企业和非加速申报企业)的企业样本数如表 3-3 所示,不同板块企业的样本数如表 3-4 所示。

表 3-3 不同类型企业的样本数

企业类型	样本数(家)	其中:提交修订版样本数(家)
大型加速申报企业	1 822	38
加速申报企业	1 264	43
非加速申报企业	224	4
合 计	3 310	85

表 3-4 不同板块企业的样本数

板块	样本数(家)	其中:提交修订版样本数(家)
基础材料	217	4
生产资料	195	5
多元化企业集团	36	0
周期消费	141	1
非周期消费	110	2
能源	243	13
金融	534	13
医疗保健	364	12
服务	730	17
科技	522	16
交通物流	73	0
公用事业	145	2
合 计	3 310	85

2. FSA 研究样本

日本 FSA(http://www.fsa.go.jp/)的 XBRL 信息披露平台采用的是 EDINET 披露系统(http://disclosure.edinet-fsa.go.jp/)。针对 FSA 的 XBRL 应用案例,本书选择的研究样本是下载自 EDINET 披露系统的 FSA 监管对象的 XBRL 财务年报。

2013 年升级之前的 EDINET 系统要求的 XBRL 信息披露范围仅限于基本财务报表,显然,这一阶段等同于 SEC 自愿信息披露阶段或者强制披露阶段的第一年的披露范围,可以说信息披露难度相对简单。而在 2013 年 9 月,新的 EDINET 系统要求的 XBRL 信息披露范围扩大,不再局限于原有的基本财务报表,还包括其他重大事项,包括大股东持股报告、特别报告和要约收购的相关信息。因此,选择的研究样本是采用新 EDINET 系统后的 XBRL 财务年报。

根据 EDINET 的行业分类方法,企业样本分为 34 个行业,分别是:渔、农、林业(fishery, agriculture & forestry),采矿业(mining),建筑业(construction),食品业(foods),纺织和服装业(textiles & apparels),造纸业(pulp & paper),化工业(chemicals),制药业(pharmaceutical),石油和煤炭产品业(oil & coal products),橡胶制品业(rubber products),玻璃和陶瓷制品业(glass & ceramics products),钢铁业(iron & steel),有色金属业(nonferrous metals),金属产品业(metal products),机械业(machinery),电器业(electric appliances),运输设备业(transportation equipment),精密仪器业(precision instruments),其他产品业(other products),电力和天然气业(electric power & gas),陆路运输业(land transportation),海上运输业(marine transportation),航空运输业(air transportation),仓库和港口运输服务业(warehousing & harbor transportation services),信息和通信业(information & communication),批发贸易业(wholesale trade),零售业(retail trade),银行业(banks),证券和商品期货业(securities & commodity futures),保险业(insurance),其他金融贸易业(other financing business),房地产业(real estate),服务业(services),其他(others)。需要进一步说明的是,在收集数据过程中,发现其他(others)行业中并没有相关的采用新 EDINET 系统后的 XBRL 财务年报,因此,关于 FSA 的应用案例,企业样本实质是分为 33 个行业。

最终,本书共获取 FSA 的 33 个行业的企业 XBRL 年报共 3 430 份。其中,

246 家企业提交了修订版的 XBRL 财务年报,这种情况下以修订版的 XBRL 财务报告为准。不同行业样本的分布情况如表 3-5 所示。

表 3-5　不同行业样本的分布情况

行业	样本数(家)	行业	样本数(家)
渔、农、林业	11	精密仪器业	50
采矿业	6	其他产品业	99
建筑业	171	电力和天然气业	22
食品业	127	陆路运输业	65
纺织和服装业	56	海上运输业	16
造纸业	26	航空运输业	6
化工业	203	仓库和港口运输服务业	40
制药业	60	信息和通信业	338
石油和煤炭产品业	13	批发贸易业	326
橡胶制品业	19	零售业	330
玻璃和陶瓷制品业	60	银行业	91
钢铁业	49	证券和商品期货业	40
有色金属业	36	保险业	11
金属产品业	89	其他金融贸易业	33
机械业	223	房地产业	104
电器业	266	服务业	348
运输设备业	96	合计	3 430

（三）数据处理

本书利用计算机程序,通过对分类标准与公司 XBRL 报告实例的批量匹配处理,记录每个企业的信息元素披露数量以及扩展数量。采用这样的方式是基于以下几点考虑:

首先,已有的研究由于 XBRL 报告实例的缺乏,往往采用手工翻阅上市公司 PDF 年报同时依据人工判断的方法,标记分类标准元素的使用情况,以及企业的自愿扩展信息。这种标记过程工作要求非常细致且繁琐,由于人工匹配会带有主观判断,不同人员的匹配标准极有可能不一致,就有可能导致最后的研究结论出现偏差。

其次，通过分类标准与上市公司 XBRL 报告实例的直接匹配，能够更真实、客观地反映企业的信息披露情况，从而克服由于人工判断带来误差的局限性。随着 XBRL 报告实例逐渐增加，直接匹配方法对于信息披露的分析更为有效，并且在计算机程序的协助下可以高效完成直接匹配。Zhu 和 Wu(2011)通过设计计算机匹配工具，将 SEC 的 1 231 份 XBRL 报告实例与分类标准进行直接匹配，从而获取精确的大样本数据。

再次，国内 XBRL 报告实例较少对外公开，这是国内学术界较少关于国内 XBRL 分类标准评价的主要原因。而美国 SEC 和日本 FSA 都提供了相关 XBRL 财务报告的下载路径，便于研究者获取研究样本。这是本书能够评价国外 XBRL 分类标准扩展水平的关键所在。

在记录企业信息元素披露情况时，遵循这样的原则：如果定义的元素在报告实例中出现，记为 1 个分值，否则为 0。只记录元素在实例文档中是否出现，因此在一个实例文档中出现多次的元素仍记为 1 个分值。

这里还需明确本部分研究统计元素的依据究竟是财务信息元素还是 XBRL 语法元素。财务信息元素与 XBRL 语法元素存在一定的关联。财务信息元素以 XBRL 语法元素进行定义，与 XBRL 的建模方式存在一定的联系，但财务信息元素的实质是具有一定的独立性，并不随 XBRL 建模方式的改变而产生变化。实际上，XBRL 语法元素曾发生巨大变动，即财务报告中的元组建模方式逐渐改成维度建模方式。而在不同的 XBRL 建模方式下，同一财务信息元素的定义方式可能有所不同，由此造成定义财务信息元素所需要的 XBRL 语法元素也不同。

在进行信息元素统计时，应当严格区分财务信息元素与 XBRL 语法元素，由于本书重点关注企业在实际披露时元素的使用和扩展情况，包括实元素、虚元素，以期能够真实反映企业扩展的负担水平。因此本书明确统计的对象是 XBRL 语法元素。

二、评价结果

由于能够直接下载到 XBRL 实例文档，因此可以获取更多更详细的信息。通过 Java 程序解析企业披露的 XBRL 财务报告，包括模式文档、链接库和实例文档;能够获取全面的信息,包括扩展实元素、扩展虚元素、扩展元素总数、引用实元素、引用虚元素、引用元素总数、实元素扩展率、虚元素扩展率和总扩展率。

(一) SEC 的分类标准扩展水平

通过程序设计,可以得到按企业类型划分的美国 SEC 分类标准扩展信息,包括扩展实元素、扩展虚元素、扩展元素总数、引用实元素、引用虚元素、引用元素总数、实元素扩展率、虚元素扩展率和总扩展率,如表 3-6 所示。

表 3-6　美国 SEC 分类标准扩展信息(按企业类型划分)

企业类型	扩展实元素	扩展虚元素	扩展元素总数	引用实元素	引用虚元素	引用元素总数	实元素扩展率	虚元素扩展率	总扩展率	样本数(家)
大型加速申报企业	135.79	117.83	253.63	426.07	213.43	639.50	24.17%	35.57%	28.40%	1 822
加速申报企业	104.94	71.83	176.77	358.41	175.36	533.76	22.65%	29.06%	24.88%	1 264
非加速申报企业	156.13	122.96	279.09	373.06	196.46	569.52	29.50%	38.50%	32.89%	224
合计	125.39	100.61	226.00	396.64	197.74	594.39	24.02%	33.72%	27.55%	3 310

由表 3-6 可以观察到,非加速申报企业的分类标准扩展水平最高,达到总扩展率 32.89%,加速申报企业的分类标准扩展水平最低,仅 24.88%。

还可以得到按板块类型划分的美国 SEC 分类标准扩展信息,包括扩展实元素、扩展虚元素、扩展元素总数、引用实元素、引用虚元素、引用元素总数、实元素扩展率、虚元素扩展率和总扩展率,如表 3-7 所示。

表 3-7　美国 SEC 分类标准扩展信息(按板块划分)

板块	扩展实元素	扩展虚元素	扩展元素总数	引用实元素	引用虚元素	引用元素总数	实元素扩展率	虚元素扩展率	总扩展率	样本数(家)
基础材料	117.39	89.00	206.39	419.01	208.46	627.47	21.88%	29.92%	24.75%	217
生产资料	106.57	82.30	188.88	414.41	201.93	616.34	20.46%	28.96%	23.46%	195
多元化企业集团	103.83	64.94	168.78	329.97	171.81	501.78	23.94%	27.43%	25.17%	36
周期消费	100.07	82.96	183.04	410.88	199.03	609.91	19.59%	29.42%	23.08%	141

（续表）

板块	扩展实元素	扩展虚元素	扩展元素总数	引用实元素	引用虚元素	引用元素总数	实元素扩展率	虚元素扩展率	总扩展率	样本数（家）
非周期消费	106.32	90.18	196.50	424.92	207.82	632.74	20.01%	30.26%	23.70%	110
能源	114.78	89.44	204.23	368.84	190.51	559.35	23.73%	31.95%	26.75%	243
金融	170.14	112.56	282.70	444.76	222.18	666.94	27.67%	33.63%	29.77%	534
医疗保健	101.45	70.08	171.53	340.34	171.31	511.65	22.96%	29.03%	25.11%	364
服务	127.87	128.54	256.40	377.33	183.89	561.23	25.31%	41.14%	31.36%	730
科技	86.82	69.65	156.47	385.80	194.25	580.05	18.37%	26.39%	21.24%	522
交通物流	103.58	88.37	191.95	369.99	178.88	548.86	21.87%	33.07%	25.91%	73
公用事业	257.47	205.00	462.47	480.92	253.92	734.84	34.87%	44.67%	38.63%	145
合计	125.39	100.61	226.00	396.64	197.74	594.39	24.02%	33.72%	27.55%	3 310

由表3-7可以观察到，美国SEC各类企业的平均总扩展率为27.55%，接近30%，实元素扩展率和虚元素扩展率分别达到了24.02%和33.72%。最高总扩展率可以达到38.63%，为公用事业板块。最低总扩展率也有21.24%，为科技板块。

（二）FSA的分类标准扩展水平

同样利用程序设计，可以得到采用新EDINET报送系统后，日本EDINET分类标准扩展信息，包括扩展实元素、扩展虚元素、扩展元素总数、引用实元素、引用虚元素、引用元素总数、实元素扩展率、虚元素扩展率和总扩展率，如表3-8所示。

表3-8　日本EDINET分类标准扩展信息（采用新EDINET报送系统后）

行业	扩展实元素	扩展虚元素	扩展元素总数	引用实元素	引用虚元素	引用元素总数	实元素扩展率	虚元素扩展率	总扩展率	样本数（家）
渔、农、林业	14.91	3.82	18.73	408.45	233.09	641.55	3.52%	1.61%	2.84%	11
采矿业	22.83	5.83	28.67	426.33	240.33	666.67	5.08%	2.37%	4.12%	6
建筑业	14.05	2.78	16.84	416.66	230.08	646.74	3.26%	1.20%	2.54%	171

（续表）

行业	扩展实元素	扩展虚元素	扩展元素总数	引用实元素	引用虚元素	引用元素总数	实元素扩展率	虚元素扩展率	总扩展率	样本数（家）
食品业	15.09	2.31	17.40	399.46	222.97	622.43	3.64%	1.02%	2.72%	127
纺织和服装业	13.21	2.59	15.80	407.91	231.05	638.96	3.14%	1.11%	2.41%	56
造纸业	14.00	2.31	16.31	401.54	227.15	628.69	3.37%	1.01%	2.53%	26
化工业	13.77	2.81	16.59	403.87	229.93	633.80	3.30%	1.21%	2.55%	203
制药业	13.28	1.52	14.80	364.88	209.55	574.43	3.51%	0.72%	2.51%	60
石油和煤炭产品业	18.69	2.54	21.23	410.77	228.62	639.38	4.35%	1.10%	3.21%	13
橡胶制品业	13.00	3.11	16.11	410.63	235.53	646.16	3.07%	1.30%	2.43%	19
玻璃和陶瓷制品业	13.62	2.67	16.28	401.03	225.75	626.78	3.28%	1.17%	2.53%	60
钢铁业	13.57	2.63	16.20	398.92	228.47	627.39	3.29%	1.14%	2.52%	49
有色金属业	15.81	3.72	19.53	406.25	229.11	635.36	3.74%	1.60%	2.98%	36
金属产品业	12.78	2.66	15.44	398.48	224.51	622.99	3.11%	1.17%	2.42%	89
机械业	13.13	2.39	15.52	395.60	224.27	619.87	3.21%	1.05%	2.44%	223
电器业	14.09	2.41	16.50	392.04	225.44	617.48	3.47%	1.06%	2.60%	266
运输设备业	14.44	3.19	17.63	406.88	230.53	637.41	3.43%	1.36%	2.69%	96
精密仪器业	14.84	2.64	17.48	400.38	226.28	626.66	3.57%	1.15%	2.71%	50
其他产品业	13.08	2.12	15.20	397.26	223.13	620.39	3.19%	0.94%	2.39%	99
电力和天然气业	19.95	2.82	22.77	437.23	230.55	667.77	4.36%	1.21%	3.30%	22
陆路运输业	18.28	3.98	22.26	422.74	238.25	660.98	4.14%	1.64%	3.26%	65
海上运输业	20.31	3.56	23.88	444.50	243.56	688.06	4.37%	1.44%	3.35%	16

（续表）

行业	扩展实元素	扩展虚元素	扩展元素总数	引用实元素	引用虚元素	引用元素总数	实元素扩展率	虚元素扩展率	总扩展率	样本数（家）
航空运输业	24.83	1.83	26.67	401.33	214.00	615.33	5.83%	0.85%	4.15%	6
仓库和港口运输服务业	16.60	2.83	19.43	405.03	232.28	637.30	3.94%	1.20%	2.96%	40
信息和通信业	13.25	2.19	15.44	364.64	217.80	582.44	3.51%	0.99%	2.58%	338
批发贸易业	13.99	2.71	16.69	397.42	226.07	623.49	3.40%	1.18%	2.61%	326
零售业	14.63	1.71	16.33	391.66	219.02	610.68	3.60%	0.77%	2.60%	330
银行业	16.34	3.02	19.36	444.87	217.33	662.20	3.54%	1.37%	2.84%	91
证券和商品期货业	23.10	1.70	24.80	385.85	210.05	595.90	5.65%	0.80%	4.00%	40
保险业	17.27	3.55	20.82	426.55	227.91	654.45	3.89%	1.53%	3.08%	11
其他金融贸易业	25.79	3.42	29.21	401.67	224.21	625.88	6.03%	1.50%	4.46%	33
房地产业	16.43	3.03	19.46	379.34	224.42	603.76	4.15%	1.33%	3.12%	104
服务业	14.92	2.33	17.24	374.19	219.77	593.96	3.83%	1.05%	2.82%	348
合计	14.60	2.51	17.11	394.27	223.97	618.24	3.57%	1.11%	2.69%	3 430

日本 EDINET 各行业的平均总扩展率仅为 2.69%（最高为 4.46%，最低的仅为 2.41%），实元素扩展率和虚元素扩展率分别仅为 3.57%和 1.11%。

（三）发达国家 XBRL 分类标准扩展水平分析

从美国 SEC 和日本 FSA 分类标准的扩展情况，可以观察到，美国 SEC 企业的各类扩展率（包括实元素扩展率和虚元素扩展率）普遍偏高，实元素扩展率为 24.02%，虚元素扩展率为 33.72%，总扩展率则为 27.55%。而日本 FSA 企业的各类扩展率则普遍较低，实元素扩展率为 3.57%，虚元素扩展率为 1.11%，总扩展率则是 2.69%。而在引用元素总数上美国 SEC 和日本 EDINET 则分别达到 594.39 和 618.24，并无太多的差别。

通常，企业在编制 XBRL 财务报告时需要披露更多行业或是公司特有的信息，以满足其个性化的需求，XBRL 技术的可扩展性恰好能够满足企业的这种要求。因此，XBRL 分类标准的扩展既是合理的，也是无法避免的。然而，XBRL 分类标准扩展在满足企业个性化需求的同时，也有其弊端。一方面，由于缺少权威性和普遍性，企业扩展的信息之间并不具备可比性。另一方面，分类标准的扩展实质就是分类标准创建的过程，其过程较一般的 XBRL 信息披露复杂，因此过多的扩展可能导致错误的扩展或者引起不必要的扩展现象。这些因素可能使 XBRL 信息披露变得无效。

第三节　发达国家 XBRL 分类标准的应用启示

XBRL 技术推进并不是一蹴而就的，需要分为不同的推进时期。每个 XBRL 推进时期包括不同的阶段，分别是启动阶段、实施阶段以及市场反应阶段，而市场反应结果将会影响下一个推进进程。美国 SEC 与日本 EDINET 在推进 XBRL 技术时都不盲目，各自进行了一系列的安排，在很多推进措施上也有相似之处，但在一些关键策略选择上却存在差异，这导致目前的应用局面的不同。以下是从发达国家 XBRL 分类标准的应用中得到的启示。

一、政府的作用关键但不绝对

在 XBRL 技术推进的启动阶段，政府监管机构的作用非常关键但也并不绝对。以美国 SEC 的应用为例来说明。2012 年 11 月的财务经理协会会议上，企业表示对于 SEC 要求报送 XBRL 格式财务报告感到困惑，认为 XBRL 信息并没有在企业内部、财务分析与投资决策中证实其有用性。市场中抱怨的声音也在一定程度上得到政府的回应。2014 年 3 月，由共和党和民主党共同提出的众议院 4 164 法案即《小型公司信息披露简化法案》在众议院金融服务委员会获得通过，该法案建议未来 5 年，免除小型上市公司向 SEC 报送 XBRL 格式的财务报表信息。这项法案还处于立法的初步阶段，但该法案一旦在众议院获得通过，那么对 XBRL 技术在美国的推进将是一个不小的打击。因此，如果监管机构未充分考虑信息披露主体企业的成本效益，那么 XBRL 技术推进在短期内可以实现，却不利于长期发展。当前我国存在财政部、上交所、深交所 XBRL 分类标准

共存的、所谓“三足鼎立”的现象(王立彦和曾建光,2012),XBRL 事业依然由各政府监管机构主导。政府可以选择强制推行,或是政府辅助与市场行为相结合,抑或是完全市场行为,但能够确定的是其决策行为应当兼顾其他利益相关者尤其是实施企业的成本效益,而不仅仅是只顾企业短期的采纳与否。

二、合适的 XBRL 分类标准扩展水平

恰当地使用 XBRL 分类标准扩展功能,能够提供更多决策相关的信息,从而能够更大化地发挥 XBRL 的价值。然而,如果 XBRL 分类标准的扩展功能运用得不合适,反而可能弄巧成拙,冗余甚至错误的信息更不利于决策制定,甚至导致错误决策。这样的结果可能导致市场对 XBRL 技术的彻底否定。

在扩展分类标准时,应当考虑所披露信息的颗粒度。根据不同阶段 XBRL 的认知水平要求相应的颗粒度。在 XBRL 认知的初期,人们普遍对 XBRL 不熟悉,企业对报送工作尚不熟练,这一时期,可以尽量控制 XBRL 分类标准扩展或是提供简便的 XBRL 分类标准扩展途径。随着对 XBRL 认知的提升,企业的 XBRL 操作愈发熟练,理解也更加深刻,就可以引导更细颗粒度的信息披露。因此,选择合适的 XBRL 分类标准扩展水平就显得非常关键。

三、XBRL 数据可靠性的保证机制

目前在实施 XBRL 技术之后其数据并没有得到广泛应用,其中一个关键的原因在于尚无有效的机制保证 XBRL 文档的法律地位,XBRL 财务报告的用途还仅限于提供参考。这将让有意向利用 XBRL 数据进行决策分析的投资者对 XBRL 数据的可靠性产生质疑,他们可能会选择放弃 XBRL 数据。这并不利于 XBRL 技术的进一步推进。在美国,SEC 的 XBRL 财务报告并不要求强制进行审计。据调查,有众多的分析师和投资者明确这样的态度:如果 XBRL 数据没有审计,那么他们将不会选择 XBRL 技术(Harris 和 Morsfield, 2012)。而在日本, EDINET 的 XBRL 财务报告同样还没有获得审计师审计,然而它们却可以通过两方面途径有效保证 XBRL 数据的准确性。其一是日本 EDINET 采用内嵌(Inline)XBRL 技术来展示财务信息,并在此基础上生成 XBRL 数据,这种方式更接近传统的报送方式,同时也便于检验信息披露的准确性;其二是尽管自 2013 年 EDINET 扩展了信息披露的范围,然而企业分类标准的扩展率并没有大

幅度提升，这能够有效降低企业无效扩展导致的出错率，进一步提升信息披露的准确性。

第四节 本章小结

当前中国XBRL运用和推广尚处于发展的初期，仍然需要对未来的技术推进路径进行探索。尽管发达国家的XBRL案例未必能够完全适应我国的实际国情，但他山之石可以攻玉，我国仍然能够从中汲取XBRL应用的经验和教训。本章探讨了XBRL分类标准的创建模式，并通过对美国和日本的XBRL应用经验进行分析，比较不同监管机构对XBRL技术推进的引导策略与方法，同时对发达国家XBRL分类标准的扩展水平进行评价，并从中得到XBRL应用启示。

美国和日本的XBRL应用经验未必能够直接适用我国的国情，但仍能够从中找出一些经验启示，并对促进中国XBRL事业提出相关建议。结合美国和日本的XBRL案例的应用启示，政府的强制要求仅能在短时期内实现XBRL应用；就长期而言，还应当使各方利益相关者都能够从XBRL技术中真正获益。我国政府部门可以尝试改进XBRL推进思路，改变现有的XBRL应用局面。本章从技术、机制设计、组织管理三个方面进行分析，并提出改善当前XBRL应用现状的一些建议。其中一些关键的措施可以概括如下：

(1) 减少XBRL信息披露的复杂程度。这并不意味着减少XBRL信息披露的内容，而是要努力规范企业的信息披露，限制企业的分类标准扩展率。

(2) 确保XBRL数据的可靠性。XBRL数据的法律性并未得到保证，投资者在运用XBRL数据前还需要评估其可靠性。

(3) 强化XBRL数据的有用性。当前的XBRL应用明显不足，可以尝试以美国SEC、日本FSA的方式公开上市公司的XBRL实例文档，调动更多的力量来参与挖掘XBRL数据的应用价值。

第四章

基于 XBRL 分类标准的报告信息链构建与分析

第一节 XBRL 报告信息链的理论基础

XBRL 报告信息链使得 XBRL 能够在整个信息链上都得到应用，这一提法一经提出就引起了业界与学术界的广泛关注，然而已有的研究缺乏对 XBRL 报告信息链的细化分析，这使得对 XBRL 报告信息链缺乏系统性的了解，从而很难在实际中得到应用。本章尝试着对 XBRL 报告信息链的微观结构，以及促进信息链采纳的各种因素进行分析。以下首先介绍构建 XBRL 报告信息链的理论基础。

一、财务报告供应链与 XBRL 报告信息链

会计核算程序与日常经济生活中商品和劳务的供应过程非常相似，因此就有学者结合供应链的含义，将这一过程描述为"财务报告供应链"，已有相关文献涉及财务报告供应链的概念。

DiPiazza Jr 和 Eccles(2002)在《构建公众信用：公司报告的未来》(*Building Public Trust: The Future of Corporate Reporting*)一书中采用了公司报告供应链(corporate reporting supply chain)这一概念。其目的在于使市场更为高效和有效果，公司报告供应链的成员包括公司管理者(company executives)、董事会(boards of directors)、信息发布者(information distributors)、独立审计师(independent auditors)、第三方分析师(third-party analysis)、投资者(investor)、其

他利益相关者(other stakeholders),同时贯穿公司报告供应链始终的因素还包括准则制定者(standard setters)、市场监管者(market regulators)、使能技术(enabling technologies)。由于公众信用的缺失,市场对于信息透明度的要求更高,供应链上利益相关者的关系也因此更为紧密。Taylor(2003)认为,公司报告供应链的参与者应当认识到自己需要对利益相关者负责,并且提供真实和完整的报告。2003 年,欧洲会计师联合会(FEE)给出了财务报告供应链一个初步的界定,指出财务报告供应链涉及在准则制定和市场监管之下的公司管理层、董事会(包括审计委员会)、独立审计师、信息发布者、第三方分析师、投资者,以及其他的利益相关者,由他们共同组成的一个链状结构,这一定义与公司报告供应链的界定比较类似。

陆建桥(2002)结合各利益相关者的功能定位,也给出了类似的财务报告供应链阐述,并指出财务报告供应链上的利益相关者存在的目的在于保证最终传递到投资者手中的财务信息是高质量的。投资者作为整个财务报告供应链的最终委托人和会计信息使用者,往往会在期望与现实之间发现偏差。

方红星(2005,2006)针对公司财务报告供应链的文献进行了深入的分析,认为财务报告供应链的视角能够有助于避免注意力过于集中在财务报告生成过程中的某些环节或因素,避免研究的结论和看法过于片面,同时根据概念界定思路和角度的不同,将已有的相关文献分为三种类型,分别是"参与者型""参与者+过程型""参与者+功能定位型"。根据其分法,基于 XBRL 标准的信息供应链侧重于企业内、外报告的集成,应当属于"参与者+过程型"。

这些观点还引起了业界的极大关注,国际会计师联合会(International Foundation of Accountants, IFAC)于 2008 年发布了题为《财务报告供应链:最新观点与指导》(*Financial Reporting Supply Chain: Current Perspectives and Directions*)的报告(Lyle,2008)。该报告通过对 2007 年财务报告供应链利益相关者的调查与访谈,重点讨论了财务报告流程的现状以及亟待改进的方面。调查结果显示,尽管财务报告流程已经取得较大改进,但仍有提升空间,并将使财务报告更为有用。紧接着在 2009 年 IFAC 又成立了商业报告项目组(Business Reporting Project Group),研究世界各地的公司绩效、财务报告、审计等领域的进展状况。并且,欧洲会计师联合会与国际会计师联合会都认为 XBRL 技术应当在财务报告供应链上得到充分运用,有利于商业报告在财务报告供应链上的

集成(IFAC Business Reporting Project Group，2011)。

XBRL 的出现源于对财务报告的 XML 表示，实施对财务信息的精确“定位”，以期能够实现“会计信息数出一门”，即信息一经输入，无须再重复输入。然而仅在财务报告端进行 XBRL 表示很难完成这一目标。因此在 XBRL 发展的早期，Eric Cohen 就设计出 XBRL 账簿分类标准(XBRL Global Ledger Taxonomy)，为企业内部数据制定 XML 电子标准，作为对 XBRL 财务报告表示的补充(Cohen，2009)。因此，与其他财务报告供应链强调各利益相关者的职责不同，XBRL 分类标准可以将报告按过程分为内部企业数据和外部财务报告，更强调财务报告产生的过程，其过程分为商业经营活动—内部企业数据—外部财务报告—投资与借贷分析—经济政策制定。

由于本书的研究重点在于阐述财务报告的生成，暂不涉及财务报告的分析利用。为了避免歧义，将生成 XBRL 财务报告的这一过程称为“XBRL 报告信息链”，如图 4-1 所示。

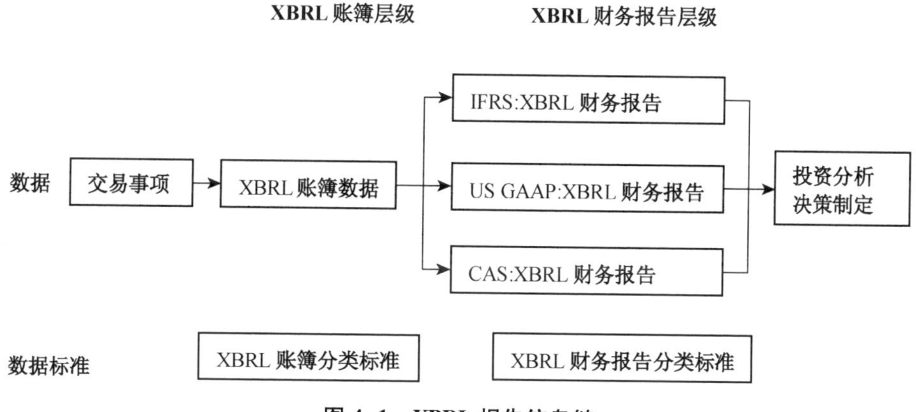

图 4-1　XBRL 报告信息链

二、财务信息元素理论

XBRL 报告信息链的核心是一系列的 XBRL 报告分类标准。在构建分类标准时，需要有一套系统性理论能够客观描述报告对象的业务实质，并且这一理论能够成为分类标准制定的指引。

在第一章的相关概念章节中，本书已经较为详细阐述了财务信息元素理论所涉及的财务信息元素和 XBRL 语法元素概念。为了避免受限于具体的会计政策与制度，本书在进行财务信息元素统计时，采用的是抽象财务信息元素定义。

同时，需要明确的是，财务信息元素以 XBRL 语法进行定义，与 XBRL 的建模方式存在一定的联系，但财务信息元素实质上具有一定的独立性，并不随 XBRL 建模方式的改变而产生变化。实际上，XBRL 语法曾发生巨大变动，即是财务报告中的元组建模方式逐渐改成维度建模方式。而在不同的 XBRL 建模方式下，同一财务信息元素的定义方式可能有所不同，由此造成定义财务信息元素所需要的 XBRL 语法元素也不同。

因此，在进行信息元素统计时，应当严格区分财务信息元素与 XBRL 语法元素，需要明确统计的对象是财务信息元素。李争争(2013)有过类似的区分，将 XBRL 分类标准中的表头、轴成员项目等信息元素归类为结构信息元素，而将传递财务信息的元素定义为影子财务信息元素。

另外，在信息元素的统计范围方面，Abdolmohammadi 等(2006)曾在对卖方(sell-side)财务分析师的推荐报告进行信息的实质研究中，将元素进行分类，分为财务信息元素、非财务信息元素、其他信息元素。而在本书的研究中，尽管 XBRL 账簿分类标准涉及部分非财务信息元素，但 XBRL 信息链的最终产出是 XBRL 财务报告，因此本书的研究重点仍在财务信息元素。

第二节　XBRL 分类标准的创建流程与模式

XBRL 分类标准是组成 XBRL 报告信息链最为关键的因素，然而 XBRL 报告信息链上不同环节分类标准的创建方式不尽相同，因此有必要对 XBRL 分类标准的创建流程与模式进行梳理，以此作为后续分类标准创建与改进的方法论。

一、XBRL 分类标准的创建流程

建模是认识和研究系统的重要手段，通过模型的建立来描述对象及其存在的相互关系，是对系统的一种抽象表示。XBRL 分类标准的创建流程是对财务信息的标准化定义，是对象的建模过程，如图 4-2 所示。

首先，从建模对象提取与业务规则相关的信息，也即形成业务对象。

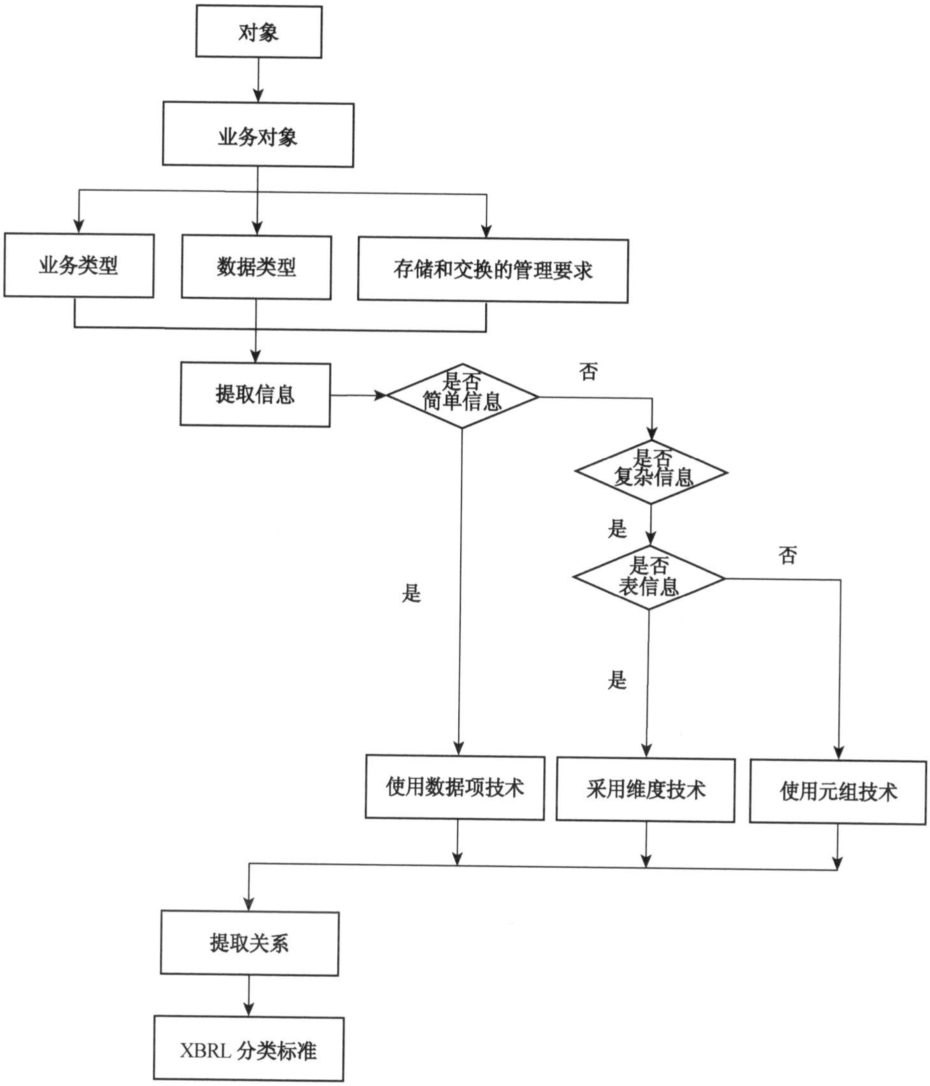

对象
业务对象
业务类型
数据类型
存储和交换的管理要求
提取信息
是否简单信息
否
是否复杂信息
是
是否表信息
否
是
是
使用数据项技术
采用维度技术
使用元组技术
提取关系
XBRL 分类标准

图 4-2　XBRL 建模流程

其次，对业务对象分别提取信息，包括业务类型、数据类型、存储和交换的管理要求。其中，业务类型主要是根据信息链的形成过程，判断该业务信息属于企业内部信息或是企业对外报告信息；数据类型则需要判断该信息是简单信息还是复杂信息；而存储和交换的管理要求则需要判断以何种建模方式对企业的成本效益是最佳。

再次，选择信息的具体建模方式，先将信息分为简单信息与复杂信息，简单信息可以直接采用数据项技术进行建模，复杂信息则需要进一步区分，判断是表信息还是组信息。企业内部数据信息通常是更具体、更细节的信息，会计技术性更强。一般情况下单独展示，不易理解，涉及的关系和层次比对外财务报告信息要复杂。根据存储和交换的管理要求，账簿信息和对外报告信息不能同一而论，而需要根据数据特征的不同，分别采用适合的创建模式进行建模。

然后，围绕着信息元素提取相应的关系，并以 XBRL 链接库的方式进行表达，包括标签链接库、引用链接库、展示链接库、计算链接库、公式链接库、定义链接库。

最后，由分类标准模式文档与链接库共同组成 XBRL 分类标准。

需要强调的是，XBRL 信息链上的组信息和表信息特征并不一致，相应的 XBRL 信息元素建模方式也不相同，分别是元组创建模式与维度创建模式。下文将对两者的区别与联系予以分析。

二、现行 XBRL 创建模式的比较分析

（一）元组创建模式

元组建模方式中描述财务信息含义的 XBRL 语法规范主要包括：数据项（item）和元组（tuple）。

其中数据项是一类能够单独表达财务信息含义的元素，它在特定的时间点或者期间内反映了一个特定商业实体的某项客观事实。例如，在表 4-1（应收票据表）中所列示的就是三个数据项元素（item），分别是：银行承兑汇票、商业承兑汇票和应收票据（应收票据由银行承兑汇票和商业承兑汇票的合计数所得）。

表 4-1　应收票据表

种类	年末数	年初数
银行承兑汇票		
商业承兑汇票		
合计		

然而有一类数据项在表格中会多次出现，在进行定义时通常无法穷尽。例如，在对已质押的应收票据表进行元素定义时，仅依靠数据项元素无法区分不同的已质押的应收票据，如表 4-2 所示。同时，表 4-2(已质押的应收票据表)中所列示的元素，无论是“出票日期”“到期日”“票面金额”“备注”都不能单独传递完整的信息，需要同前面的“出票单位”一起，才能表示出更为确切的含义。

表 4-2 已质押的应收票据表

出票单位	出票日期	到期日	票面金额	备注
……	……	……	……	……
合 计				

这种情况下，通过元组能够组合彼此联系的若干元素(数据项或者元组)，共同表达一个完整的财务信息含义。换句话说，元组元素为其他元素提供了一个定义的范围，其范围内任何一个元素通过与另外的元素组合起来能够传递出更全面、更清晰的信息。这些元素脱离元组这个范围，就显得彼此没有关系。例如，已质押的应收票据表中的五列信息可以分别对应定义五个数据项元素，分别是“已质押的应收票据出票单位”“已质押的应收票据出票日期”“已质押的应收票据到期日”“已质押的应收票据票面金额”和“已质押的应收票据备注”。需要额外定义一个元组元素“已质押的应收票据情况”，能够关联上述的五个数据项元素，从而使它们有一个共同的“活动范围”。

在模式文档语法定义中，数据项元素主要是通过属性信息的赋值来完成；而元组元素除了对一些属性信息的赋值外，还必须包含对结构的定义。由于元组元素也是通过数据项元素来进行反映，因此模式文档中概念定义的落脚点仍然是数据项元素，也就是说概念定义的核心在于数据项元素的定义。

(二) 维度创建模式

维度规范将数据分成两个基本类别：数据维度(data dimensions)和计量(measurements)，使得人们可以采取切片、切块和旋转等方式，对多维形式的数据进行分析，从而能够从多角度、多侧面对数据进行观察，进而深入地了解数据所包含的信息及内涵。如果关系涉及一个维度，则它是单维关系。如果关系涉及两个或两个以上维度，则它是多维关系。一般情况下只会涉及一个维度，财务报告中常见的一种多维度形式是分部明细。表4-3和表4-4就是对主营业务收入分部明细进行多维分析。

表 4-3　按行业类别维度列示主营业务收入

项目		主营业务收入	
		本年发生额(万元)	上年发生额(万元)
工业	上海地区	6 037	7 404
	其他地区	9 055	11 106
	小计	15 092	18 510
商业	上海地区	17 429	15 345
	其他地区	26 143	23 017
	小计	43 572	38 362
房地产业	上海地区	1 283	10 615
	其他地区	1 925	15 923
	小计	3 208	26 538
合计		61 872	83 410

表 4-4　按地区类别列示主营业务收入

项目		主营业务收入	
		本年发生额(万元)	上年发生额(万元)
上海地区	工业	6 037	7 404
	商业	17 429	15 345
	房地产业	1 283	10 615
	小计	24 749	33 364
其他地区	工业	9 055	11 106
	商业	26 143	23 017
	房地产业	1 925	15 923
	小计	37 123	50 046
合计		61 872	83 410

表 4-3 给出了按行业类别列示的主营业务收入;表 4-4 给出了按地区类别列示的主营业务收入。这两个表给出的关于主营业务收入的数据显然是详细的,但它们是静止的,并且不易于修改。例如,某业务中某地区的数据一旦变动,将导致另一表中对应数据也要进行更改。而采用维度规范数据能够以另一种方式展示,即数据透视表,建立表 4-3 与表 4-4 之间的联系,从而使用户能够动态透视跨维度的数据。

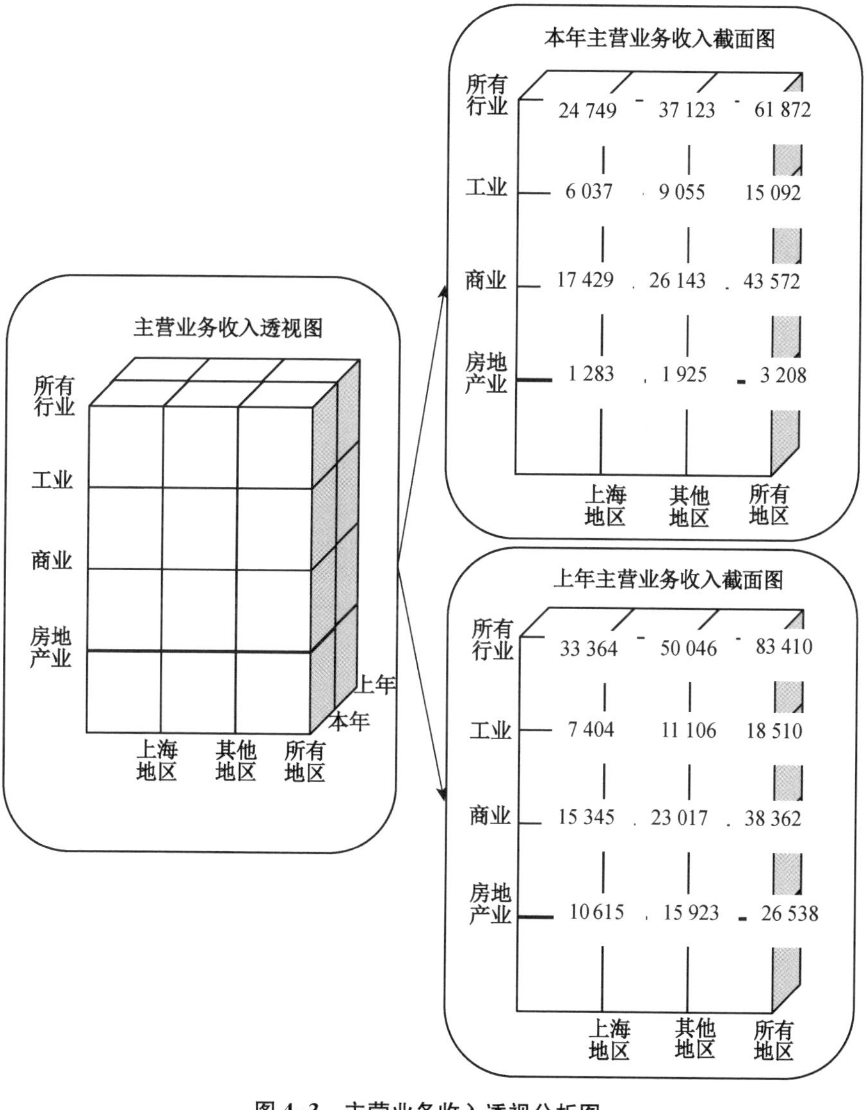

主营业务收入透视图

	上海地区	其他地区	所有地区
所有行业			
工业			
商业			
房地产业			

上年 本年

本年主营业务收入截面图

	上海地区	其他地区	所有地区
所有行业	24 749	37 123	61 872
工业	6 037	9 055	15 092
商业	17 429	26 143	43 572
房地产业	1 283	1 925	3 208

上年主营业务收入截面图

	上海地区	其他地区	所有地区
所有行业	33 364	50 046	83 410
工业	7 404	11 106	18 510
商业	15 345	23 017	38 362
房地产业	10 615	15 923	26 538

图 4-3　主营业务收入透视分析图

图4-3是由上述两个表提取出的透视分析图,它们的数据可以在这同一个透视分析图中表现出来。为了更清晰地展示数据,通过截面分别获得本年、上年的主营业务收入数据。这正是用户多角度、多侧面观察数据的结果,也是维度的深刻表现。根据多维分析的分类,计量对象是主营业务收入,三个维度分别是业务类别、地区、时间。其中,时间是一类比较特殊的维度(所有的元素都涉及时间维度),通常将时间维度视为通用维度。

三、关于具体XBRL创建模式选择的思考

XBRL财务报告分类标准与XBRL账簿分类标准共同的技术基础是XBRL技术规范2.1,它们遵循的是同一套语法规范。随着维度规范的引入,XBRL分类标准的建模方式发生了很大的变革。维度规范是对XBRL 2.1技术规范的有利补充,但具体的运用却与XBRL 2.1中的元组(tuple)技术重叠。如在一份分类标准中,同时采用这两种技术,会给分类标准制定者、使用者、软件商等利益相关者带来一定困扰,因此需要明确相应适合的建模方式。

(一)对外财务报告:维度模式

早期的XBRL报告分类标准(包括财务报告分类标准与账簿分类标准)都采用元组建模方式。随着对财务信息认知与利用要求的提升,研究者认为应当以多维度的视角分析财务报告信息,这与财务报告的多表格信息特征相吻合,由此催生了XBRL维度(dimension)规范。可以说维度模式就是针对财务报告的数据特征而制定的。

对外财务报告通常传递概括性数据,并且根据需要或者习惯从多个维度(侧面)共同评价一个计量指标。人们可以直接理解概括性数据的含义,而不必依据其他数据的推断。财务报告的特点决定了财务报告信息元素都是概括性数据,它们绝少有等级之别。最初财务报告分类标准采用元组技术处理数据存在无法穷尽定义的情况,然而采用元组技术只能固定某一角度进行理解,并且角度之间缺乏关联。而使用多维分析技术更加灵活,也符合人们的理解习惯。同时维度规范也可以解决无法穷尽的问题,并带来了可扩展性与可比较性方面的提升。当概括性数据存在计量时,通常比较容易确定围绕计量的相关维度。图4-4给出了一个具有三个维度的计量指标,分别是时间维度、空间维度和行业维度。显

然，不同类型的概括性计量数据提取出来的维度是不同的①。

概括性数据的独立性与可理解性也决定了财务报告分类标准建模的一些特点，包括元素以全局的定义方式给出，数据在实例文档中平等展示。在技术上，维度规范可以完成元组所能做到的一切，反之则不成立，并且元组在扩展性及可比较性上比较差。从2008年的版本开始，美国通用会计准则分类标准（US GAAP Taxonomies）已不再使用元组技术，取而代之采用维度规范。除了美国，欧洲的COREP（COmmon REPorting）项目和FINREP（FINancial REPorting）项目也选择了采用维度规范。2010年，我国财政部颁布的《企业会计准则通用分类标准》和行业扩展分类标准同样采用维度建模方式。

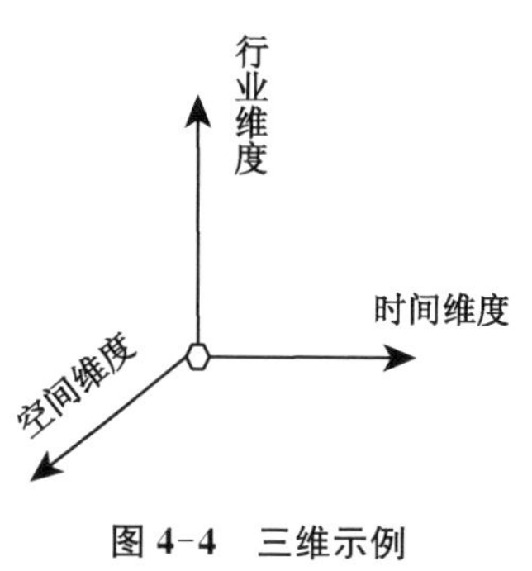

图4-4 三维示例

通过实证研究，李争争（2013）证实了在财务报告创建上，维度模式分类标准的创建质量与创建效率都优于元组模式分类标准，并因此建议在财务报告制定过程中应当采用维度模式，而不是元组模式。

（二）企业内部数据：元组模式

账簿信息通常更具体、更细致，会计技术性更强。一般情况下，账簿涉及的关系和层次比财务报告的要复杂，因此单独展示账簿信息不易被人理解。由某个账簿信息纵向延伸，会形成一串“组信息”。“组信息”是由一串相互联系的“点信息”组成的，并且理解“组信息”上某个“点信息”的含义要依据某些其他的“点信息”的推理。而财务报告信息则呈现横纵交错，会形成“表信息”。“表信息”会同时朝横纵方向延伸，但层次较低。当人们将横纵方向视作观察事物的两个角度，某个单元格的“表信息”就能够得到理解，而并不需要依据其他单元格的“表信息”。与财务报告的特点相比，账簿数据的特点可以详细地概括为以下三点。

1. 关系链丰富

围绕着账簿信息元素的“关系元素”更多，涉及的“关系”比财务报告的要复

① 概括性数据可分为概括性计量数据与概括性非计量数据，其中概括性非计量数据不能维度化表示。

杂，并且在具体的实例中，需要这些“关系元素”来帮助理解数据事实。图 4-5 的银行存款账户示例显示了与其相关的部分“关系元素”，这只是其中的一部分。理解银行存款账户需要它的“关系元素”，包括“过账时间”“过账人”“编号”“借方总额”“贷方总额”“分录信息”等。

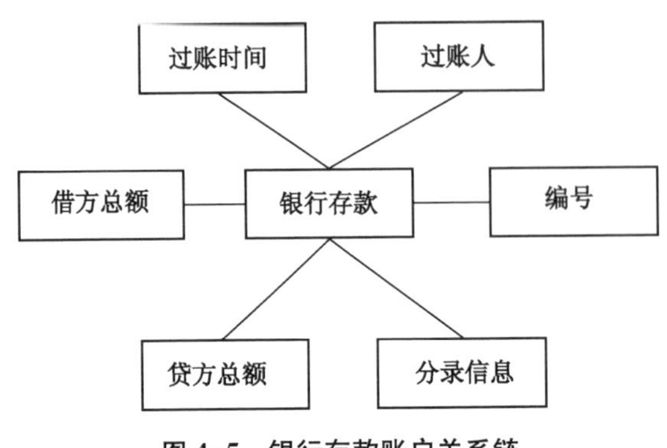

图 4-5　银行存款账户关系链

财务报告分类标准涵盖的是面向一般性投资者的财务信息元素，具有易理解性；并且财务报告信息元素的关系链也比较简单。例如，在财务报告中，货币资金金额能够直接得到很好的理解。换而言之，将财务报告数据置于特定的背景环境下可以得到充分理解。而该事实置于 XBRL 语法元素表示之上，也同样比较简单，可以利用 XBRL 2.1 技术规范所提供的属性功能来完成，尤其是上下文属性。

由于账簿信息元素所涉及关系链的丰富性，采用类似的属性表示方法就显得不大合适。因此，在 XBRL 账簿分类标准中，需使用元组技术对存在的关系链进行描述，对相互关联的数据进行“绑定”。

2. 数据延伸

账簿信息元素存在丰富关系链的同时，还存在数据的延伸特性。将图 4-5 中的银行存款账户关系链进行扩展，就能够发现账簿信息元素之间的层次更深，如图 4-6 所示。对账簿信息进行更深层次的“挖掘”，可以发现更多的细节性信息。信息的细节仍有可能向下挖掘出有价值的细节信息。图 4-6 中，“银行存款”纵向延伸到“分录信息”，此时还可以继续纵向延伸，包括了“明细账信息”“多币种信息”“财务报告信息”等。实际上，这三个方向仍可以继续纵向延伸，它们各自都存在着丰富的关系链。

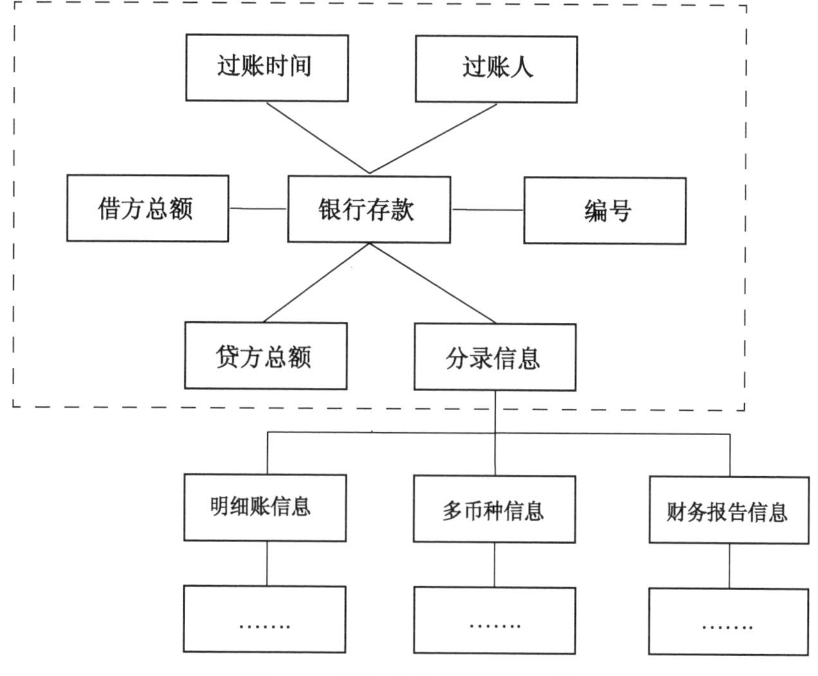

图 4-6　银行存款账户数据延伸

账簿分类标准通过元组技术可以对信息进行纵向延伸，由此形成了一连串的“组信息”。而财务报告分类标准则更多的是处理“表信息”。表信息具有横纵交错特性，但在横纵方向的延伸不长。

3. 重复发生

账簿信息元素在一段时间内重复出现的次数无法估计，并且无法确定发生的时间。相较而言，财务报告信息元素在一段时间内重复的次数则少得多，并且能够穷尽。在一份财务报告中，货币资金事实出现的次数显然是有限的。从发生背景的维度来观察货币资金事实，常见的维度有时间、空间、计量场景等。常用的时间取值为年初、年末；空间取值为母公司、子公司；计量场景则是预算、实际、重述、调整。就货币资金而言，它在财务报告中出现的次数通常不会超过16 次(2×2×4)。而在账簿信息中，比如银行存款账户业务的发生显然无法进行发生背景的约束。

XBRL 使用上下文技术来描述数据的背景信息。在 XBRL 财务报告实例列出事实之前，先将上下文(背景信息)进行归纳、汇总，再将不同的上下文信息与

XBRL 财务报告信息元素相关联，相当于将财务报告信息元素置于不同的上下文背景之中。通常，在一份财务报告中，归纳得来的上下文具有可重用性，不同的财务报告信息元素可以置于相同的上下文背景之中。这样的做法能够提升披露的效率，并且极大地减少 XBRL 代码。可以这样认为，XBRL 财务报告实例中包含两部分的信息，其一是 XBRL 财务报告信息元素表示的事实信息，其二则是上下文技术表达的背景信息。由于财务报告的概括性，一般投资者只关注事实信息。背景信息只是为描述事实信息提供"环境"，它们在 XBRL 财务报告实例中很重要，但并不占主导地位。

XBRL 财务报告已采用维度技术对背景信息进行规范。因此有研究人员认为维度规范能够替代元组技术，为了保持技术的一致性，也应当用维度规范表示账簿信息。XBRL International(2009)认为，在表示账簿信息时，比起元组技术，维度规范不是一个好的选择，原因如下：

首先，维度规范是表示片段（segment）和场景（scenario）的语法规范，用于 XBRL 财务报告的上下文表示。而 XBRL 账簿分类标准无需复杂的上下文表示。

其次，维度规范会将部分数据划分到上下文信息，在一定程度上会混淆上下文信息与数据信息。

再次，用维度表示 XBRL 账簿会产生大量没有重复使用的上下文信息，并导致 XBRL 代码变得冗长，不具有可读性。

最后，在账簿分类标准中，将元组转化为维度表示是一项极复杂的工作，并且并没有太大的优势，也不利于对标准的理解。财务报告与账簿数据有各自的数据特点，采用相对适用的创建模式才是正确的选择，而不是一味地、盲目地去统一。

可以总结，企业内部数据大多是细节性的数据，是面向记录（record-oriented)的数据，它们大多数是高度层次的数据，数据之间会有较紧密的关联。同时，账簿分类标准的目的在于存储信息，因此制定标准不应当区分数据的级别高低，就无须将信息分为事实信息与背景信息。因此，2009 年版本的 XBRL 账簿分类标准就是采用元组创建模式，标准共计 415 个元素，其中 359 个为数据项元素，56 个为元组元素。账簿分类标准的层级较多，最多可以高达 8 层。表 4-5 显示的是账簿分类标准结构的缩略表达。

表 4-5　XBRL 账簿分类标准层级

元素	层级
■ 会计分录	1
■ 文件信息	2
■ 分录类型	3
■ 审计编码	3
■ 审计编码修正	3
■ 以前数据修正	3
■ 语言规范	3
■ ……	3
■ 报告分类摘要	3
● 报告分类标识符	4
● 报告分类命名空间摘要	4
● ……	4
■ 实体信息	2
■ 单位电话(元组)	3
● 单位电话说明	4
● 单位电话	4
■ 单位传真结构	3
● 单位传真用途	4
● 单位传真	4
■ ……	3
■ 分录信息	2
■ 过账日期	3
■ 分录创建者	3
■ 分录最后修改者	3
■ 创建日期	3
■ ……	3

综上所述，对 XBRL 报告信息链的不同分类标准就可以明确相适宜的创建模式，也即是对外财务报告采取维度建模方式，而企业内部数据则采取元组建模方式。这也为后续 XBRL 账簿分类标准与 XBRL 财务报告分类标准的改进研究确定了各自的创建模式。

第三节　构建 XBRL 报告信息链框架

在明确不同报告的创建模式之后，紧接着具体分析由相应建模方式构建的报告层级。不同的层级之间相互连接共同组成了 XBRL 报告信息链框架。XBRL 报告信息链框架包括两个层级，分别是 XBRL 会计账簿层级与 XBRL 财务报告层级。以下分别分析不同报告层级的具体结构特点。

一、XBRL 会计账簿层级

XBRL 国际组织为 XBRL 会计账簿层级提供了标准参考，出于一致性的考虑，本书所创建的 XBRL 会计账簿层级正是以该参考标准为基础。该组织所创建的 XBRL 会计账簿分类标准为 XBRL 报告信息链的企业内部数据部分提供标准。账簿分类还可以对 ERP 系统里的信息进行建模。作为一种标准，账簿分类并不是要取代 ERP 系统，而是为 ERP 系统提供一种无缝的接口。同样作为一种标准，账簿分类标准也不只是为 ERP 提供标准，任何一项技术都可以使用账簿分类作为数据交换标准。账簿分类标准可以表达的领域信息包括：①总账信息；②分类账，如应收账款、应付账款、存货、订单输入等；③分类账的创建信息、主文件信息、交易信息和状态信息等。

创建 XBRL 账簿分类标准的目标是提供一种单一的、全球的、整体的、一般的标准。同时它也具备了 XBRL 的一般特征：开放、系统独立及可扩展性。在很多情况下，单一的技术比复杂多样的技术更为有效。实际上信息系统之间缺少的只是一个统一的标准，如果选用其他的标准，比如统一建模语言（Unified Modeling Language，UML），也能起到相似的作用。全球化的 XBRL 账簿分类标准不再局限于某个国家或者地区的总账信息。整体化的 XBRL 账簿分类标准不会因为利益相关者的不同而有所区别。一般化的 XBRL 账簿分类标准没有行业之分，所有的行业都共用一份分类标准。XBRL 账簿分类标准也呈现出一定的结构关系，如图 4-7 所示。

（一）公共层

公共层包含核心模块、高级商业概念模块、多币种模块、税务审计模块、汇总报告上下文数据模块。具体的功能如下：

（1）核心（Core，COR）模块：核心概念，用于标记分类账、主文件信息、历史状态信息等，是账簿分类标准的基础，也是账簿表示中最常使用的数据信息。

（2）高级商业概念（Advanced Business Concepts，BUS）模块：对核心模块的扩展，是记录分录的更为细致的信息，用于表示存货、计量标准、组织细节和单

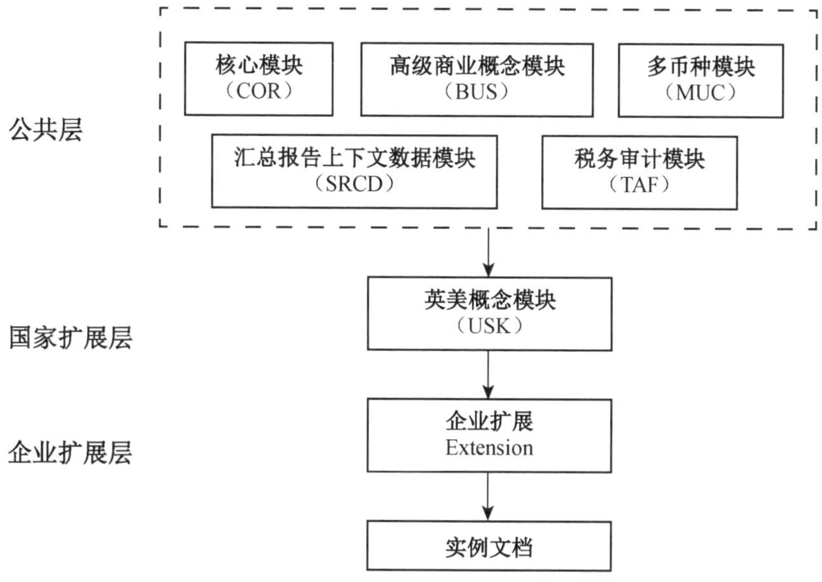

图 4-7　XBRL 账簿分类标准层级

位信息，以及与交易细节相关的资源、代理、事项的其他补充信息。

（3）多币种（Multi Currency，MUC）模块：对核心模块的扩展，是记录分录中更为细致的信息，用于表示细节信息，包括单位信息、其他附加模块的补充必要信息以及计量标准/存货/计量的信息。

（4）税务审计（Tax Audit File，TAF）模块：对核心模块的扩展，用于税务及税务审计的披露需要。

（5）汇总报告上下文数据（Summary Reporting Contextual Data，SRCD）模块：2009 年新增的一个模块，用于便利账簿分类标准的细节性数据与财务报告分类表示的概括性数据之间的链接关系。

扩展层是对公共层的扩展。尽管 XBRL 国际组织并不推荐，但是 XBRL 允许使用者对公共层进行扩展，前提是现有的披露标准无法满足实务披露的需要。扩展方式可进一步划分为国家扩展层和企业扩展层。

（二）国家扩展层

国家扩展层是以国家或者地区为视角，增加具有该国或者该地区特色的账簿特点，能够满足特别国情的披露要求，并且能够形成相应的披露模块，是对现有分类标准的补充，最终希望国家扩展层能够成为国际 XBRL 账簿分类标准的一个组成部分。国际 XBRL 账簿分类标准中已有的国家扩展模块是英美概念模块，如下所示：

英美概念(Concepts for the US，UK，etc，USK)模块：对核心模块的扩展，用于满足英美体系(Saxonic)国家的更为复杂的会计需求。

（三）企业扩展层

企业扩展层则是企业出于自身业务输入的需要，对 XBRL 账簿分类标准所进行的扩展。该层仅在企业系统内部使用，通常并不会公开。

二、XBRL 财务报告层级

在 XBRL 财务报告层级方面，XBRL 国际组织并没有提供标准参考。依据具体国情或需求，同时选择合适的建模方式，国家或者机构会创建相应的 XBRL 财务报告分类标准。XBRL 国际组织公布的具有"Acknowledged"级别财务报告分类标准的国家和地区组织包括韩国、新西兰、爱尔兰、IFRS(International Financial Reporting Standards)、中国、加拿大、西班牙、日本、中国台湾、印度、西班牙、美国、巴西、智利、法国等，达到更高级别"Approved"级别的国家则包括中国和美国。由于研究与创建的阶段不相同，不同的财务报告分类标准呈现出差异，例如巴西只制定了工商业的分类，而美国已经提供了多个不同行业的分类标准，同时这些分类标准的构建思想与层级展示也有很大不同。

尽管监管部门在制定财务报告分类标准时，已尽量考虑披露者的需求，但仍无法完全满足具体行业以及企业的个性化披露要求，因此分类标准的扩展问题是不可避免的，同时也不应当回避(Debreceny 等，2005)。

黄长胤(2012)对国际上已有的分类标准架构进行分析，指出现有分类标准的扩展方式分为直接扩展与层级扩展两种。其中，直接扩展的方式比较简单，但由此制定的分类标准质量较低；而层级扩展则需要更多的分类标准细分，由此导致分类标准的制定成本较高，但制定的分类标准质量也较高。同时，在透明度方面，相对于直接扩展，层级扩展能够提高数据的一致性，从而提高财务报告的透明度。李争争(2013)也对这两种扩展模式在信息的完整性、效率性与可比性上进行了比较，发现层级扩展模式具有明显的完整性、效率性与可比性优势。层级

扩展模式下的 XBRL 财务报告层级如图 4-8 所示。

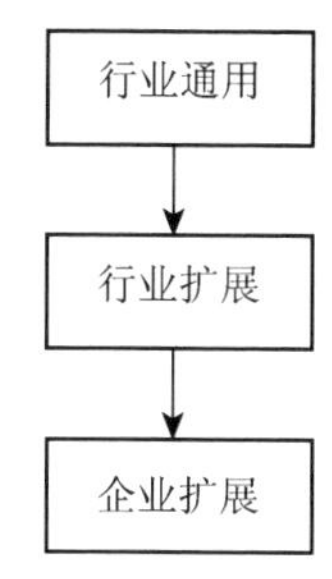

图 4-8　XBRL 财务报告层级

（一）行业通用分类标准层

行业通用分类标准层所涵盖的信息应当具有一般性与普遍性。2010 年，财政部颁布的《企业会计准则通用分类标准》是基于企业会计准则制定的，通过逐项准则法，将 33 个具体准则包含在行业通用分类标准当中。行业通用分类标准涵盖了各行业普遍与基本的信息披露要求，同时能够确保信息披露的可比性与一致性。

（二）行业扩展分类标准层

行业扩展分类标准是行业通用分类标准的延续，通常情况下也是由相关监管部门进行制定的。例如，2012 年 12 月，在《企业会计准则通用分类标准》的基础上，原银监会与财政部共同发布了银行业扩展分类标准，以进一步满足银行业的披露需求。

随着行业扩展分类标准层的逐步制定与颁布，XBRL 财务报告层级也将愈发完善。如前所述，以美国财务报告分类标准框架为例。2005 年公布的美国财务报告分类标准框架（US Financial Reporting Taxonomy Framework）就形成了以基本术语元素、财务服务术语元素为核心的行业通用分类标准层，同时在此基础上，形成了包括工商企业、石油和天然气企业、银行和存储机构、保险企业、经纪商和代理商、投资管理在内的行业扩展分类标准层。

（三）企业扩展分类标准层

企业扩展分类标准则是在行业扩展分类标准的基础上进行创建的，是为了满足企业实际的、个性化的财务信息披露需求所进行的企业分类标准扩展。黄长胤和张天西（2011）研究发现，在中国 XBRL 财务报告分类标准尚未制定完善的背景下，企业仅以《企业会计准则通用分类标准》为披露基础，披露结果显示企业扩展的分类标准比重较大，并且不同的行业之间呈现出差异。企业扩展分类标准的比重过高将会降低整体分类标准信息的一致性与可比性，而通过进一步完善行业扩展分类标准，能够间接提高企业扩展分类标准的质量水平。

第四节　XBRL 报告信息链采纳的因素分析

XBRL 报告信息链融合了企业内部数据与对外财务报告，从而将 XBRL 融入到企业的信息管理中，这代表了 XBRL 技术研究与应用的新方向。因此推广 XBRL 报告信息链，使更多的组织接受这一思路，对 XBRL 的应用采纳就显得尤为重要。以下对 XBRL 报告信息链的采纳进行分析。

一、XBRL 技术采纳的一般分析

已有的研究发现，许多因素都影响到 XBRL 技术采纳，包括技术、组织、环境等因素。利用技术—组织—环境（Technology-Organization-Environment，TOE）框架对 XBRL 技术的影响因素以及影响作用进行总结，如表 4-6 所示。

表 4-6　影响 XBRL 技术采纳的因素列表

因素类别	指标	指标含义
技术因素 technological factors	相对优势 relative advantage	相对优势是指一项技术创新可以给组织提供的期望优势或者感知利益。相对优势是技术的采纳的重要影响因素
	兼容性 compatibility	兼容性是指 XBRL 与企业的现有运作和流程的兼容程度
	复杂性 complexity	复杂性是指感知 XBRL 操作的难易程度。XBRL 的复杂性通常源自信息的标记过程，而信息标记过程的难度则源自在标记财务数据时需要专业的财务知识
组织因素 organizational factors	专业能力 organizational expertise	为了采用一项新的技术，组织必须具备相应的专业技能
	外部资源学习能力 learning fromexternal sources	外部资源（例如，外部咨询师和供应商）对降低技术采纳的知识门槛起到很重要的作用
环境因素 environmental factors	模仿压力 mimetic pressure	模仿压力源自企业之间的竞争，并促使企业采用与竞争对手相同的策略
	强制压力 coercive pressure	强制压力是指企业受到来自外部企业的压力，而该企业又依赖于这一外部企业
	规范压力 normative pressure	规范压力源自组织成员之间共享的规范与价值，并且以专业协会的形式体现出来

以下对影响 XBRL 技术采纳的技术因素、组织因素、环境因素指标逐一进行分析。

（一）技术因素的影响作用

技术因素通常是指进行推广采纳的技术的感知特征。在技术因素对 XBRL 技术推广和采纳的影响研究中，通常采用 DOI（diffusion of innovation，创新采纳理论）方法（Doolin 和 Troshani，2007）。DOI 理论采用成本收益的研究视角，分析潜在的技术采纳者基于对技术的认知做出是否采纳技术的决策。比较常用的指标包括相对优势、兼容性、复杂性。

1. 相对优势

相对优势是指一项技术创新可以给组织提供的期望优势或者感知利益，是技术采纳的重要影响因素。从数据质量的视角，XBRL 能够提升财务信息的一致性、可比较性、可靠性、可获得性、相关性、准确性、透明度，因此使得数据更便于分析，有助于管理层的决策制定。同时，XBRL 是提升财务信息披露效率的一种途径。XBRL 将财务信息的生成与传播流程化，因此将导致财务信息成本的下降，并使财务信息披露过程更有效。进而，XBRL 可以促进持续报告，连接分散的系统，同时方便不同会计准则之间的财务信息转换。

另外，如果企业通过深度嵌入的方法将 XBRL 运用在企业内部，使 XBRL 能够整合统一的报告信息链，最终企业将获得更多的效益。在企业内部采用 XBRL 技术能够发挥 XBRL 更多操作层面上的优势，如整合分散的系统，便捷数据整合与数据迁移。XBRL 在企业的内部使用还可以支持合规，同时减少对数据表格的依赖性。

2. 兼容性

兼容性是指 XBRL 与企业的现有运作流程的兼容程度。兼容性对于 XBRL 技术的采纳尤为重要，因为 XBRL 极有可能改变现有的商业报告信息链。如果仅考虑对外财务报告的 XBRL 表示，企业仅需要考虑额外生成另一种格式的财务报告，并不需要过多考虑 XBRL 的兼容性问题。然而，如果是将 XBRL 运用在整个商业报告供应链，那么这将引出附加的系统整合问题。在内部采用 XBRL 的企业将有可能为了适应 XBRL 会计账簿软件，需要改变已有的流程，或者调整已有的历史系统。在这种情况下，兼容性对 XBRL 的采纳就具有显著影响。

3. 复杂性

复杂性是指感知 XBRL 操作的难易程度。XBRL 的复杂性通常源自信息的标记过程，而信息标记过程的难度则源于在标记财务数据时需要专业的财务知识。显然 XBRL 技术的复杂性将不利于 XBRL 技术的推广。而在企业内部采用 XBRL 技术还将引起另一项复杂性问题，即系统整合事项。

Cordery 等(2011)研究发现，XBRL 技术本身并不复杂，然而商业流程、组织文化，以及环境的变化使得技术引入变得复杂。如果企业仅在对外财务报告中采用 XBRL 技术，并不将其运用在企业内部，那么企业可以通过购买转换软件，将财务报表转换为 XBRL 格式，从而能够避免复杂的系统整合问题。然而，如果企业在其内部运用 XBRL 技术，那么系统整合问题或多或少将摆在企业的面前。

（二）组织因素的影响作用

组织因素通常是指可能影响企业采用技术的自身特征。组织因素的选择通常是通过组织学习观点(organizational learning perspective)获得，该观点将技术采纳定义为通过组织学习降低技术的知识障碍的过程。对于组织而言，复杂的技术难以掌握，从而将造成组织的学习负担，这将抑制技术的采纳。比较常用的指标包括专业能力和外部资源学习能力。

1. 专业能力

为了采用一项新的技术，组织必须具备相应的专业技能。XBRL 是一项复杂的技术，同时要求信息技术知识和会计知识。在对外财务报告信息披露方面，在进行 XBRL 标记时，要求选择恰当的分类标准和相应的元素。而在企业内部信息披露方面，则要求更深的会计专业知识，因为披露人员需要了解如何将企业内部会计账户同分类标准的元素相互映射。并且，披露人员必须理解如何创建 XBRL 实例文档。在企业内部应用 XBRL 技术就要求更多的专业能力，企业也必须具备更多相应的专业技能，使得 XBRL 系统能够整合到报告信息链条当中。显然如果披露人员对 XBRL 的技能了解得更多，组织就更有意愿采纳 XBRL 技术。由于 XBRL 的内部使用具有更多的复杂性，比起外部采纳，内部采纳就需要更多的专业技能，不仅要具备相应的标记技能，还要有相应的整合信息的知识。

2. 外部资源学习能力

外部资源(如外部咨询师和供应商)可以对降低技术采纳的知识门槛起到很重要的作用。通过提供关于 XBRL 知识的咨询服务,外部资源能够帮助组织积累更多的 XBRL 知识,从而降低他们的知识障碍。组织利用这些外部资源越充分,就能够学到更多的 XBRL 知识,从而促进技术采纳。由于内部 XBRL 采纳将导致系统整合需求,从而引起系统的兼容性问题,并且会提升采纳的复杂程度,因此可以预计与外部 XBRL 采纳相比,内部 XBRL 采纳将有更高的知识要求。总之,在专业技能的基础上,一个组织从外部资源学习 XBRL 的相关知识的能力水平将影响 XBRL 技术采纳。

(三)环境因素的影响作用

环境因素通常是指企业进行决策时所处环境对其决策产生作用的各方面因素。在环境因素对 XBRL 技术推广和采纳的影响研究中,通常采用制度理论(institutional theory)方法,该理论强调环境动力在推动组织采纳新技术的重要作用。在竞争环境的作用下,企业通常会遵循与环境相适应的实践。比较常用的指标包括模仿压力、强制压力、规范压力。

1. 模仿压力

模仿压力源自企业之间的竞争,并促使企业采用与竞争对手相同的策略。模仿压力通常可以通过两个方面来进行表现。其一是新技术在企业所处行业采用的频率。根据从众效应理论,企业会追随其他企业的最佳策略。如果在同一行业中已有足够多的企业采用某项新技术,那么其他企业为了避免被认为创新不足,同样也会选择这项新技术。其二是模仿已成功采用新技术的企业。由于面临着很大的不确定性,企业会选择追随竞争对手的最佳策略。在 XBRL 应用实际中,为了保持竞争性,而避免被认为创新性不足,企业会选择采用 XBRL 技术。已有研究发现,XBRL 的内部应用率比较低。但有研究指出,XBRL 的内部应用能够提供更多的收益,竞争者也可能会模仿那些已经在内部应用 XBRL 技术的企业。

2. 强制压力

强制压力是指企业受到来自外部企业的压力,而该企业又依赖于这一外部企业。由于强制压力,企业可能会执行与其依赖的企业相似的技术采纳模式。

XBRL 的应用实际中，强制压力主要来自交易伙伴的要求。出于降低自身管理成本、提升效率的目的，企业可能会要求其他交易方也采纳 XBRL 技术。由于强制压力的作用，企业可能会选择采用 XBRL 以应对这一压力，否则将会影响与交易伙伴之间的商业关系。

3. 规范压力

规范压力源于组织成员之间共享的规范与价值，并且以专业协会的形式体现出来。专业协会制定企业行为的规范规则，并将影响企业信息技术的采纳行为。在 XBRL 的实际应用中，重要的专业协会包括 XBRL 国际组织，以及 XBRL 各国组织（包括中国地区组织）、AICPA、IMA。专业协会能够形成对 XBRL 技术的更深刻理解，从而促进技术的采纳。除了专业协会，组织之间的关系也会影响 XBRL 技术采纳，例如企业与外部审计师之间的关系。外部审计师能够促使企业提升财务报告的业务操作实践。因此外部审计单位将与企业讨论 XBRL 的效用，并建议他们在企业内部应用 XBRL 技术，从而改进财务报告的可控性与可靠性。

XBRL 技术的采纳在各个国家都具有一定程度的强制性。2008 年美国证券交易委员会强制所有的上市公司在未来 3 年内完成 XBRL 财务报告的报送工作。2010 年我国财政部试点了部分企业按其分类标准报送 XBRL 财务报告，未来会要求更多的企业采用 XBRL 技术。然而监管部门只能强制上市公司使用 XBRL 披露外部报告，很难要求上市公司在企业内部使用 XBRL 技术。XBRL 仅运用在对外报告中并不能充分发挥 XBRL 的优势，这与市场反馈回来的结果较为一致：企业普遍对 XBRL 技术不主动。然而为了满足披露的合规性，企业又不得不采用 XBRL 技术。

二、影响 XBRL 报告信息链采纳的技术因素

与 XBRL 技术采纳的一般分析不同，XBRL 报告信息链是属于 XBRL 技术的更为高级的应用，它融合了 XBRL 企业内部应用和对外 XBRL 财务报告应用。已有研究显示，如果将 XBRL 应用在企业内部，那么比起组织因素、环境因素的作用，技术因素是最为显著的因素（Henderson 等，2012）。考虑到 XBRL 报告信息链涉及技术在企业内部的应用，因此以下再重点分析技术影响因素。

以 XBRL 报告信息链的分类标准为出发点，本书对 XBRL 报告信息链的技

术因素研究分为两个方面，一方面是信息链内部，另一方面则是信息链整体。在信息链内部，由于各分类标准的质量水平直接决定了信息披露的水平，因此对于分类标准的改进就尤为关键。而构建信息链使信息链各环节能够有机地组成一个整体，这对 XBRL 报告信息链作用的发挥起到决定性作用。数据集成的研究能够令信息链各环节之间的联系更加紧密，使信息链上的信息能够共享。影响 XBRL 报告信息链采纳的因素概括起来如图 4-9 所示。因此为了改进 XBRL 报告信息链的技术，提升现有 XBRL 报告信息链的质量水平，本书从 XBRL 的分类标准改进和 XBRL 的数据集成两个方面进行研究。

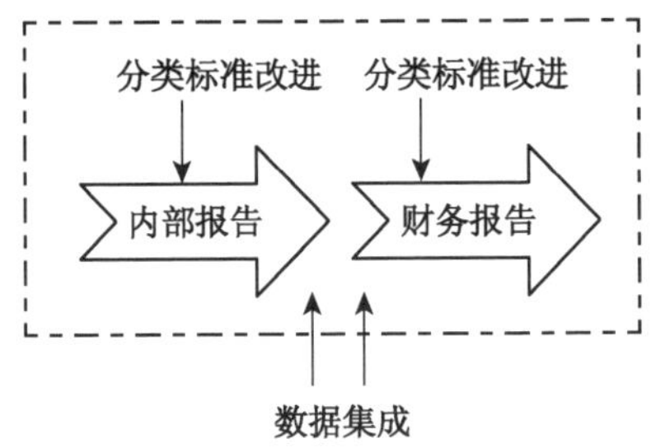

图 4-9 影响 XBRL 报告信息链采纳的因素

（一）XBRL 的分类标准改进

早在 2009 年 4 月，财政部印发《关于全面推进我国会计信息化工作的指导意见》，决定按照“标准先行”的思路推进企业会计工作信息化、实现会计管理工作现代化，集中力量推动 XBRL 这一世界通用的电子财务报告数据标准在我国的应用。

上交所发布该所的分类标准——《中国上市公司信息披露分类》，并于 2004 年开始要求其所有上市公司披露 XBRL 财务报告，这之后其分类标准还经历过多次的版本更新。2009 年财政部颁布的分类标准采用了不同的建模技术。技术的更新使技术采用者对 XBRL 分类标准的稳定性产生了质疑。Troshani 和 Doolin(2007)利用社会网络理论分析了机构利益相关者的作用。研究结果显示，他们对于 XBRL 的采用并不迫切，而导致这一结果的因素包括了 XBRL 技术标准的不稳定性。标准改进是为了使分类标准趋于完善，但也应当考虑频繁的标准变动将导致采用者在技术准备上不充分，从而不利于 XBRL 的技术推广。

标准的不稳定性迫使采用者在XBRL技术上投入更多成本,包括人员的教育、培训和定期的维护,使得XBRL技术的采纳成本上升,从而XBRL的采用效率降低,这可能导致XBRL技术的采纳时间延迟,甚至导致对XBRL技术的抵触。因此亟须加快对XBRL标准的制定工作,研究更为有效的标准改进方案,从而使技术使用者在应用过程中的成本降低,这有利于XBRL标准在报告信息链各环节中被采纳。

(二)XBRL的数据集成

XBRL具有的数据集成能力是其技术优势,也是决定企业能否主动采纳该技术的关键因素。企业内部数据与对外财务报告的XBRL共同表示,可以实现人工数据录入、数据收集、对外报告的自动化和数据集成(Pinsker,2007)。同时能够在短时间内真实可靠地获取、标记、处理与报告信息,这使得持续披露(continuous disclosure)成为可能(Amrhein等,2010)。Pinsker和Li(2008)通过对在企业会计信息系统实施XBRL应用的业务经理进行访谈,发现他们普遍认为XBRL技术能使公司受益。

然而并非所有企业都认为XBRL数据集成是一种优势,部分企业反而认为XBRL数据集成将在很大程度上提高企业的信息化成本(Henderson等2012)。企业担心在内部引入XBRL技术将产生额外的系统集成事项,同时为了适应XBRL账簿软件,将改变已有的报送流程,修改已有的遗留系统,将使企业系统的兼容性问题更加突出(Garbellotto,2009;Bizarro和Garcia,2010)。数据集成必将造成与已有系统的冲突,这几乎是不可避免的,因此企业组织在数据集成之前应当做好充分准备(Iacovou等,1995)。在数据集成之前,企业应当权衡数据集成所带来的成本效益比。另外,包括监管部门在内的利益相关者应当倡导XBRL在数据集成的应用,并鼓励学术界与实务界加大对XBRL信息集成的研究,从而能够得到比较适用的XBRL数据集成方案,降低企业在未来全面实施XBRL数据集成应用的成本。

在确定XBRL报告信息链的研究视角之后,这里又进一步确定了影响技术采纳的关键技术因素,即XBRL的分类标准改进与XBRL的数据集成。这两方面相辅相成,能够共同提升XBRL报告信息链的技术水平,从而进一步加强XBRL技术的相对优势,增强技术的兼容性,降低技术的复杂程度。这两方面的研究也是后续章节的研究重点。

第五节　本 章 小 结

本章首先分别介绍了财务报告信息链理论与财务信息元素理论，并且基于对元组模式与维度模式的比较，确认对外财务报告应当选择维度模式，企业内部数据则应当选择元组模式，进而构建了基于 XBRL 标准的报告信息链框架，并分别详细讨论了 XBRL 财务报告层级与 XBRL 账簿层级。

由于技术因素对于 XBRL 报告信息链的采纳至关重要，因此本章还重点分析了影响 XBRL 报告信息链采纳的技术因素。本章结合了 XBRL 报告信息链的特点，最终具体到对 XBRL 标准改进以及 XBRL 数据集成两方面的研究，这两方面的研究能够提升 XBRL 报告信息链的质量，这也是本书后面章节的研究重点。

第五章

XBRL 账簿分类标准的改进研究

第一节 问题提出:中国能否直接采用国际 XBRL 账簿分类标准

尽管 XBRL 账簿分类标准为企业的 XBRL 应用描绘了商业报告信息链的应用前景,其应用也存在一定的潜力,但它也面临着诸多的质疑,这也是其应用始终无法全面展开的原因所在。对于中国能否直接采用国际 XBRL 账簿分类标准的质疑主要有:技术的效益问题,是否要替代现有的信息系统,以及具体国情等(刘勤,2006;Bizarro 和 Garcia,2010)。以下对这些质疑进行分析。

质疑一:XBRL 账簿分类标准具有怎样的社会效益,对使用者有什么好处?

在新技术出现的时候,由于对高新技术缺乏全面的认识,企业通常对它的应用持有怀疑态度。这是任何一种新技术都会面临的一个质疑。对于 XBRL 账簿技术能否为其带来社会效益,企业同样持怀疑态度。事实上,从短期效益来看,XBRL 账簿技术确实不是一个很好的企业集成方案。它需要企业很好地理解 XBRL 的技术特性,并且建立 XBRL 账簿技术与现有信息系统之间的"连接"。但从长期效益的角度分析,在整个商业报告信息链上采用同一种技术标准,对于信息的交流大有裨益。拒绝采用数据集成技术往往会导致企业之间或者企业内部信息的"信息孤岛"(Sumner, 1999)。

另外,企业在快速发展的初始阶段,未必认识到数据集成的重要性,可能会

"盲目"地选择并不兼容的子系统。随着企业的发展,系统之间的"信息孤岛"问题愈发凸显。假设一个企业内部拥有 N 个独立的子系统,要实现子系统之间的信息交互,就应当建立各子系统之间的接口,理论上就需要 $\frac{N(N-1)}{2}$ 个接口。在未全面采用数据集成技术之前,以富士通公司为例,其拥有 69 个不同的系统,1 279 个系统接口,400 种格式,以及 100 万个产品码(Haseqawa 等,2004)。这也说明了独立子系统的个数越多,未来数据集成的代价越大。而如果采用了统一的数据标准——XBRL 账簿分类标准,那么理论就只需要 N 个接口,仅需要建立各个独立子系统与 XBRL 账簿分类标准之间的映射。两种情况所需要的接口数属于不同数量级,并且随着独立系统个数的增加,所需接口的数量之间的差异越大。因此从长远的发展角度来看,对于企业,尤其是拥有多种不同信息系统的大型企业,统一的 XBRL 账簿分类标准在数据集成上更有优势。

质疑二:采用 XBRL 账簿技术所产生的成本是否过大,是否意味着代替现有的企业信息系统?

新技术的成本同样是企业关注的一个方面。XBRL 账簿技术是一种 XML 技术,企业会诟病 XML 的一些缺点:XML 格式的存储空间比关系数据库要大得多,XML 信息处理速度不如关系数据库快。但这些不利条件会随着存储成本的下降和计算机处理能力的提升而逐渐得到缓和。在现实应用中,由于 XML 的标准性和扩展性,XML 技术已在计算机数据集成应用研究中得到了应用,包括 EAI(Enterprise Application Integration,企业应用集成)、ETL(Extract Transform and Load,抽取、转换、装载)等应用技术。

XBRL 账簿技术的出现并不意味着取代已有的信息系统,通过采用 XBRL 账簿分类标准作为技术标准,建立信息系统与分类标准之间的接口,企业无须放弃已有的信息系统。富士通公司采用的是 XBRL 账簿分类标准和 SOA(Service-Oriented Architecture,面向服务架构)相结合的方式,它允许系统内部各个商业单位继续使用已有的传统系统。而新系统的基础是以 XBRL 账簿分类标准作为不同系统之间的标准数据交换格式,用于支持交互性。事实上,作为一种标准,XBRL 账簿技术并不取代现有的信息系统,而是为信息系统提供一种无缝的标准接口。因此,企业采用 XBRL 账簿分类标准作为统一的技术标准是一个可行的方案,并不会造成大量已有信息系统的弃用。

质疑三：XBRL 账簿技术如何体现它所声称的全球性？

XBRL 账簿分类标准最初版本中的 GL 仅表示总分类账（General Ledger），只作为以美国为中心的总分类账系统的信息表示。在 2007 年 4 月的推荐版本中，分类标准正式定位在制定全球标准的高度上，GL 的含义已经扩展为“全球通用账簿”（Global Ledger）。2010 年，XBRL 国际组织发布了最新的 XBRL 账簿分类标准，并鼓励各国采用该标准，其目的是使世界各国的账簿数据趋于统一性和一致性。原来的总分类账的概念局限于某一个特殊的国家，而全球通用账簿的概念从美国这一特定国家上升到全球的高度，目的是使账簿系统的 XBRL 更具有全球统一性和一致性；并且 XBRL 账簿技术提供了分类标准的可扩展性：当某个国家由于国情制度的需要，在继承现有 XBRL 账簿分类标准的基础上，可以增加特有的国家模块①。

那么我国的 XBRL 账簿分类标准应用是否可以就此展开：在已有分类标准基础上，增加一个适应国情需要的中国（CN）模块？事实上，并不能简单下这样的结论，还需要评价 XBRL 账簿分类标准的中国适应性水平。

（1）国际 XBRL 账簿分类标准是否适应中国的国情？

可以借鉴中国 ERP 应用中的经验。中国 ERP 市场尚处于成长、还不成熟的阶段，尽管也不乏成功的案例，但 ERP 失败案例也不在少数。通常为了确保 ERP 项目的成功，在实施 ERP 工程之前需要对现有的企业流程进行分析与再造。同样，在应用 XBRL 账簿技术之前，应当确认它是否真正适应中国的特点。

因此需要对现有的 XBRL 账簿分类标准的中国适应性进行有效的评价，判断能否作为国内商业报告信息链的一个通用标准。

（2）如果 XBRL 账簿分类标准暂时无法适应中国的国情，将如何进行改进？

关于会计核算的规范，国家也已颁布一系列的相关规范，包括财政部颁布的《会计核算软件基本功能规范》、审计署颁布的《信息技术会计核算软件数据接口》等。而如何处理中国标准与 XBRL 账簿分类标准之间的关系，是否需要在 XBRL 账簿分类标准中体现中国特色，是采用完全继承或是重新构建的方式，这些都需要进行详细分析。

① XBRL 账簿分类标准已有一个专属英美体系国家的 USK 模块。

第二节　XBRL 账簿分类标准适应性评价方法

在评价 XBRL 账簿分类标准的中国适应性时，首先确定评价方法，由于在会计核算领域方面，国家已有相应的标准，因此选择元数据映射方法对比这两个标准之间的匹配程度；同时，本书还定义了相应的评价指标，对 XBRL 账簿分类标准的中国适应性进行量化评价。

一、元数据映射方法

元数据是关于数据的数据，是某一类具体对象所有规则的集合，便于对数据对象进行描述、定位、管理、检索、利用。最早的元数据标准出现在图书馆目录，之后更多的领域采用了元数据标准，包括信息资源、地理信息技术、教育服务等。不同类型的对象通常会有不同的元数据标准。XBRL 账簿分类标准通过 XBRL 技术规则定义了账簿系统的信息元素以及元素之间的关系，因此也是一份元数据标准。

由于历史发展的原因，不同领域（即使是相关领域）可能会定义不同的元数据标准，它们在语义表达、语法结构等方面都会存在差异，而信息处理的要求又提出标准之间互操作的必要性。其中元数据映射（王鑫鑫，2003；杨眉等，2012）是元数据标准互操作中比较常用的一种方法，是指通过一定的映射模板，建立元数据元素之间的匹配关系，从而实现数据的转换。例如，Dublin Core（都柏林核心集合）与 USMARC（Machine-Readable Catalogue，美国机器可读目录），Dublin Core 与 GILS（Government Information Locator Service，政府信息定位服务）之间的数据转换，都是元数据映射的应用案例。实际上，在会计核算应用领域，中国已有相应的国家元数据标准，并且与国际 XBRL 账簿分类标准存在不同。由于不同元数据格式的设计思路及初衷并不相同，因此它们在结构、语义、内容等方面都可能存在差异。定义元素的细致程度、元素之间的实质关系都可能影响元数据映射的结果，由此造成元数据映射的“不匹配”。因此，基于元数据映射的方法，本书建立国内会计元数据到账簿分类标准的映射模板，确定标准之间的

"不匹配"程度，以此来评价账簿分类标准的中国适应性水平。

二、匹配对象

2010 年 6 月 30 日，国家标准化管理委员会发布会计核算软件数据接口(Data Interface of Accounting Software，以下简称会计接口国标)，其目的在于通过统一标准改变国内各会计软件数据接口不统一所带来的不便现象，增强数据之间的交互性。因此，以会计接口国标作为 XBRL 账簿分类标准的映射匹配对象①。

会计接口国标制定了一系列的会计核算数据元素，以及数据接口输出文件的内容和格式要求。标准中数据元素共有 202 个，分为五类，分别是公共档案类、总账类、应收应付类、固定资产类和员工薪酬类。企业核算接口输出文件的格式采用 XML 格式，同样包括 XML 模式文档和实例文档。与 XBRL 账簿分类标准不同，国家标准并没有将元素类型分为数据项和元组。但通过分析，确定所定义的 202 个元素均为数据项元素，都具有财务信息含义。根据第三章的财务信息元素定义，可归类为财务信息元素。各类的数据项数量信息如表 5-1 所示。

表 5-1　会计接口国标各类数据项分布

数据类别	数据项数量(个)
公共档案类	50
总账类	71
应收应付类	21
固定资产类	51
员工薪酬类	9
合　计	202

三、评价指标

在进行元数据映射的同时，本书还借鉴已有财务报告分类标准质量评价的

① DIAS 的企业部分具有一般性，本书选用企业部分作为 XBRL 账簿分类标准的映射对象。

方法，选择了完备性和相关性两个量化指标对账簿分类标准进行评价。

（一）完备性指标

完备性指标，又称完整性指标。完备性指标衡量了分类标准涵盖报告主体进行披露所需信息元素的程度水平，是衡量分类标准质量水平的重要指标。报告主体在进行信息披露时，对所发生的交易或事项进行 XBRL 表示，当所需的信息元素在分类标准中已定义，则可以直接选择该信息元素进行 XBRL 标记；否则所需的信息元素尚未定义，则报告主体需要自定义信息元素，以完成 XBRL 标记。直接选择的比例越高，或者自定义的比例越低，则分类标准的完备性水平越高；反之，直接选择的比例越低，或者自定义的比例越高，则分类标准的完备性水平越低。

已有研究学者（Bovee 等，2002；高锦萍等，2006；赵聪，2011；黄长胤，2012，Zhu 等，2011；李争争，2013）通过分类标准与报告主体的实务披露之间的信息匹配，对分类标准的完整性进行评价。

借鉴 Zhu 和 Wu（2011）评价分类标准完备性（completeness）所用到的指标，并对其进行了重新定义，用以定量衡量 XBRL 账簿分类标准的中国完备性水平。假设以源标准 A 评价目标标准 B，$|A|$ 和 $|B|$ 分别表示标准集合 A 和 B 的元素数量，那么 B 的完备性（相对 A 而言）是指 A 匹配 B 占 A 的比例，用 C_B 表示：

$$C_B = \frac{|S_A|}{|A|}$$

其中，集合 $S_A = \{x \in A \mid \exists y \in B$，使 x 与 y 形成映射关系$\}$。如果 A 的绝大多数元素都能够匹配到 B 集合中，则称 B 的完备性很强。

（二）相关性指标

相关性指标衡量了分类标准与报告主体进行披露所需信息元素的关联程度，是衡量分类标准质量水平的另一重要指标。

分类标准的创建会涉及多学科的知识，是一项比较复杂的系统工程。但并不是所有创建的信息元素都能在实务披露时得到使用。换句话说，分类标准中会存在一定的不必要信息元素，使得分类标准出现冗余元素，造成分类标准的效率低下。因此相关性指标也称效率性指标。

同样，报告主体在进行信息披露时，对所发生的交易或事项进行 XBRL 表示，分类标准中已定义的信息元素得到使用的比例越高，则分类标准的相关性水平越高；反之，分类标准中已定义的信息元素被采用的比例越低，则分类标准的相关性水平越低。

同样，借鉴 Zhu 和 Wu(2011)评价分类标准相关性(relevancy)所用到的指标，并对其进行了重新定义，用以定量衡量 XBRL 账簿分类标准的中国相关性水平。假设以源标准 A 评价目标标准 B，$|A|$ 和 $|B|$ 分别表示标准集合 A 和 B 的元素数量，那么 B 的相关性(相对 A 而言)是指 B 被 A 匹配占 B 的比例，用 R_B 表示：

$$R_B = \frac{|S_B|}{|B|}$$

其中，$S_B = \{x \in B \mid \exists\ y \in A$，使 x 与 y 形成映射关系$\}$。如果 B 的绝大多数元素能够被 A 匹配(或者说 A 能够匹配 B 的绝大多数元素)，那么称 B 的相关性很强。

(三) 指标之间的关联

完备性与相关性是从不同的角度反映标准的质量水平。完备性能衡量目标标准涵盖源标准的程度，可以发现目标标准的元素不足；而相关性则能衡量目标标准与源标准的关联程度，即目标标准的效率，可以发现目标标准的元素冗余。在制定分类标准时，应当考虑这两个方面，尽可能做到具有强完备性和强相关性，则可以兼顾信息披露需要和标准制定效率。然而，在现实的标准(比如已有的 XBRL 财务报告分类标准)制定中，则很难做到这一点。当完备性很高(比如，A 的绝大多数元素都能匹配到 B)时，很可能相关性较低(B 中有很多元素不能被 A 中的元素匹配)；反之亦如此。换言之，为了满足信息披露的完备性，通常会制定更多的信息元素，从而降低了标准的制定效率。为了评价 XBRL 账簿分类标准的中国适应性程度，本书更关注标准的完备性水平，在此基础上同时关注相关性水平。

第三节　XBRL 账簿分类标准适应性评价

在确定适应性评价方法之后，根据匹配对象的数据特征，还需要进一步约定

匹配规则，根据规则实施元数据映射，同时分析元数据映射结果以及造成差异的具体因素。

一、匹配规则

在进行标准匹配之前，需要明确匹配规则。类似的映射方法也曾应用在XBRL财务报告分类标准的评价研究中(Bovee等，2002；高锦萍等，2006)。匹配规则如下所示：

(1) 单向匹配。由于研究的出发点是评价XBRL账簿分类标准的中国适应性水平，匹配比例的大小可以反映其中国适应性水平的高低。因此，以会计接口国标为源标准，XBRL账簿分类标准为目标标准，仅考虑源标准到目标标准的单向匹配。

(2) 数据项元素匹配。在标准中，元组元素仅用于组织数据项元素的关联关系，并且只有数据项元素才会在实例中赋值并具有实质含义。因此，仅匹配两个标准中的数据项元素。

(3) 语义匹配。尽管这两个标准都采用XML语法表示，但具体的语法规则还是存在差异。在匹配过程中，忽略语法因素(如结构表达、数据类型等)，仅考虑元素的会计语义实质。这对于XBRL账簿分类标准的适应性评价至关重要，而不会“迷失”在语法规则的匹配当中。在语义匹配过程中，由于元素的语义和粒度等因素，会出现不同类型的匹配关系，包括一对一匹配，多对一匹配，一对多匹配，一对零匹配，其含义如下所示：

- 一对一：源标准中的一个元素仅匹配目标标准中的一个元素。
- 多对一：源标准中的多个元素同时匹配目标标准中的一个元素。
- 一对多：源标准中的一个元素可以匹配目标标准中的多个元素。
- 一对零：源标准中的元素并未匹配目标标准中的任何元素。

二、匹配结果

根据匹配规则，在经过详细的比较之后，本书创建了从会计接口国标到XBRL账簿分类标准的匹配关系。各类型匹配的数量如表5-2所示，可以发现一对一匹配的数量并不是很多，这表明它们的制定思路之间既有联系又有很大区别。

表 5-2 匹配类型分布

匹配类型	匹配数量(个)
一对一	24
一对多	3
多对一	32
一对零	39

同时,根据匹配结果统计发现,参与匹配的会计接口国标元素有 163 个,各类参与匹配的元素数量如表 5-3 所示。从表中可以观察到,国家标准中各数据类别参与匹配的比例都相对较高,都在 70%以上。

表 5-3 会计接口国标参与匹配的元素情况

数据类别	参与匹配的元素数量(个)
公共档案类	43
总账类	58
应收应付类	16
固定资产类	37
员工薪酬类	9
合计	163

而 XBRL 账簿分类标准中被匹配的元素有 56 个,各模块被匹配的元素数量如表 5-4 所示。可以发现各模块被匹配的比例都相对较低,核心模块的匹配比例最高,仅有 29%。而英美概念模块、税务审计模块、汇总报告上下文数据模块都没有被匹配的元素。

表 5-4 XBRL 账簿分类标准各模块参与匹配的元素情况

模块	参与匹配的元素数量(个)
核心模块	29
高级商业概念模块	22
多币种模块	5
英美概念模块	0
税务审计模块	0
汇总报告上下文数据模块	0
合　　计	56

由此可以发现，以会计接口国标为源标准，XBRL 账簿分类标准为目标标准进行标准匹配，结果显示国家标准中的很大部分元素参与匹配，但 XBRL 国际标准中的大部分元素并未被匹配。换句话说，在进行数据转换时，国家标准的大部分数据能够转成 XBRL 账簿格式。

三、数据转换角度的适应性评价

根据映射匹配表，可以将会计接口数据转换成 XBRL 账簿格式。因此首先以数据转换的角度来衡量 XBRL 账簿分类标准的适应性水平。在转换过程当中，不同匹配类型的转换方式不同。

（一）一对一转换

这类可依据 XBRL 账簿分类标准的语法规则直接转换。例如，表 5-5 中，XBRL 账簿分类标准的元素“建档日期”与会计接口国标的元素“报表报告日”名称有些不同，但实质相同，则视为一对一，可以直接转换。

表 5-5　一对一转换示例

XBRL 账簿信息元素			会计接口国标信息元素		
元素英文标签	元素中文标签	模块	元素中文标签	数据表名	类型
Creation Date	建档日期	COR	报表报告日	报表集	总账
Entry Creator	分录创建人	COR	制单人	记账凭证	总账
Organization Identifier	组织机构标识符	BUS	组织机构代码	电子账簿	公共档案

（二）多对一转换

这类转换类型下，会计接口国标与 XBRL 账簿分类标准的元素存在特殊与一般的关系。例如，表 5-6 中，关于起始日期，XBRL 账簿分类标准仅定义一个含义广泛的“期间起始日期”，而会计接口国标分别定义了“会计期间起始日期”和“薪酬期间起始日期”两个元素，是“期间起始日期”的特殊形式，形成多对一关系。在转换过程中可直接转换，但会导致信息损失，不再具有原有的特定含义。

表 5-6 多对一转换示例

XBRL 账簿信息元素			会计接口国标信息元素		
元素英文标签	元素中文标签	模块	元素中文标签	数据表名	类型
Period Start Date	期间起始日期	BUS	会计期间起始日期	会计期间	公共档案
			薪酬期间起始日期	薪酬期间	员工薪酬
Period End Date	期间终止日期	BUS	会计期间结束日期	会计期间	公共档案
			薪酬期间结束日期	薪酬期间	员工薪酬
Main Account Number	主账户编号	COR	科目编号	会计科目	总账
			现金流量项目编码	现金流量项目	总账
			报表项编号	报表项目数据	总账
			固定资产对账科目	固定资产基础信息	固定资产
			减值准备对账科目	固定资产基础信息	固定资产
			累计折旧对账科目	固定资产基础信息	固定资产
			薪酬项目编码	薪酬项目	员工薪酬

（三）一对多转换

此类转换会涉及元素的分解和转换问题。例如，表 5-7 中，会计接口国标定义了元素“员工姓名”，而 XBRL 账簿分类标准对姓氏和人名分别定义，分别定义了“标识符联系人姓氏”“标识符联系人名”。此类信息可以完成转换过程，但需要人工协助。

表 5-7 一对多转换示例

XBRL 账簿信息元素			会计接口国标信息元素		
元素英文标签	元素中文标签	模块	元素中文标签	数据表名	类型
Identifier Contact Last Name	标识符联系人姓氏	COR	员工姓名	员工档案	公共档案
Identifier Contact First Name	标识符联系人名	COR			
Fiscal Year Start	会计年度起始	BUS	会计年度	电子账簿	公共档案
Fiscal Year End	会计年度终止	BUS			

通过会计接口国标到 XBRL 账簿分类标准的匹配测试，发现在数据转换过程中，涉及一对一、多对一、一对多映射关系的信息都可以成功转换。同时，依据完备性和相关性的计算公式，可以算出 XBRL 账簿分类标准的评价指标值，如下所示：

$$C_B = \frac{|S_A|}{|A|} = \frac{163}{202} \approx 80.7\%$$

$$R_B = \frac{|S_B|}{|B|} = \frac{56}{359} \approx 15.6\%$$

由上面的数据结果，可以得到一个基于数据转换比例的结论：以会计接口国标为基准，XBRL 账簿分类标准具有比较良好的完备性（会计接口国标中80.7%的元素能够与 XBRL 账簿分类标准中的元素匹配），而相关性不是很强（XBRL 账簿分类标准中只有 15.6%的元素得到匹配）。由于 XBRL 账簿分类标准中的"英美概念模块""税务审计模块""汇总报告上下文数据模块"在匹配过程中完全没有得到匹配，故剔除这三个模块，重新计算相关性指标：

$$R'_B = \frac{|S_B|}{|B'|} = \frac{56}{303} \approx 18.5\%$$

相关性值由 15.9%变为 18.5%，略有上升，但仍视为相关性不强。XBRL 账簿分类标准中的"核心模块""高级商业概念模块""多币种模块"中依然有相当比例的元素并未得到匹配。

四、标准之间的比较分析

尽管从会计接口国标到 XBRL 账簿分类标准的大部分数据可以实现转换，但它们仍可能存在语义的不一致。通常语义存在这些可能的关系：①元素含义一致；②某元素涵盖另一元素；③两元素含义相互交叉。如果元素含义是一致的，那么匹配就是一一映射；而如果元素的含义是不一致的，那么就有可能是一对多或者是多对一的匹配关系。数据的成功转换可能忽略了不同匹配关系中元素的语义不一致，从而淡化标准之间的差异。

因此尽管从数据转换的角度显示 XBRL 账簿分类标准具备较强的完备性，但 XBRL 账簿分类标准与会计接口国标在设计思路和建模方式等方面存在差异，以下从制度、领域、结构等方面分析两者之间的不同之处。

（一）制度方面

针对会计核算，我国制定和颁布了一系列的制度及规范性文件，主要包括：《会计核算软件基本功能规范》《会计电算化工作规范》等，同时会计核算软件应当满足国家统一的会计制度要求，符合包括《信息技术会计核算软件数据接口》在内的国家标准。这为会计核算标准的制定提供了依据，也有利于规范市场中标准的混乱无序。相反，国际上已发布的财经信息数据标准主要涉及财务报告层面。在国际上很少有国家制定和颁布会计核算数据标准，通常并不以制度或者法律来规范会计核算数据标准。

制度之间的差异直接导致了数据标准制定思路的不同。XBRL 账簿分类标准更为灵活，允许用户依据特殊情况，选择更为适合的会计处理方法以及披露方式。会计接口国标则要求信息披露遵循国家制度及规范性文件中的规定，具有规范性和约束性。

（二）领域方面

在表达领域方面，XBRL 账簿分类标准可以表达财务与非财务的领域信息，包括业务信息、主文件信息、税务信息，以及任何可以度量或者统计的信息。而会计接口国标表达的是会计核算的数据信息，包括公共档案信息、总账信息、应收应付信息、固定资产信息，以及员工薪酬信息。

总的来说，XBRL 账簿分类标准表达的领域比会计接口国标要广。这也体现在匹配结果上：XBRL 账簿分类标准中有多个模块完全没有得到匹配，而“核心模块”“高级商业概念模块”“多币种模块”中同样有相当比例的元素并未得到匹配。

（三）结构方面

XBRL 账簿分类标准以框架的形式进行组织，主要包括三大部分，分别是文件信息、实体信息、分录信息，再各自进行展开。这使得元素之间存在深层次的嵌套关系（最深的可以达到 8 层），元素之间会有较紧密的关联。会计接口国标则是以表格的形式进行组织，共有 5 大类 45 小类表格。每一类表格下面再定义具体的元素，层次结构比较简单，都只有一级。

结构差异使得元素的粒度不同。XBRL 账簿分类标准定义了一个通用的框

架结构，任何形式的内容都可以共用这个框架，具有普适性。会计接口国标的元素定义具有中国会计核算软件的特色：以总账、报表为信息起点，再向应收应付、固定资产、员工薪酬等方面延伸。尽管 XBRL 账簿分类标准也能够涵盖这些方面的信息，但在元素定义上并不像会计接口国标那样具有针对性。因此在匹配过程中，会计接口国标中有一定程度的元素未能精确地匹配 XBRL 账簿分类标准中的元素，使得会计接口国标到 XBRL 账簿分类标准的数据转换会造成一定程度的信息损失。

在对 XBRL 账簿分类标准的适应性分析中，从数据转换的角度可以发现 XBRL 账簿分类标准具备较强的完备性，而对比两种标准，可以比较出两者在设计的思路上又有些不同。因此需要分析中国开发 XBRL 账簿分类标准的具体方案。

第四节　开发中国 XBRL 账簿分类标准的思路分析

在企业信息化的过程中，新技术的开发与采纳会考虑多方面的因素，如时间、成本以及信息化变革所带来的效率提升。因此展现在企业面前的方案就会有多种。作为一种企业内部数据的标准，以何种形式开发适应中国国情的 XBRL 账簿分类标准，以下分三个思路予以分析。

一、开发中国 XBRL 账簿分类标准的三种思路

思路一：完全沿用国际 XBRL 账簿分类标准模式的构建思路。

由于 XBRL 账簿技术的应用涉及企业基本会计信息，大多数企业不愿意披露关于企业的内部信息，因此从公开媒体能够获得的关于 XBRL 账簿技术的应用信息比较有限，仅包括 2003 年日本的华歌尔公司，2006 年美国的住房与城市发展部门（Housing and Urban Development，HUD）——联邦住房局，以及 2008 年日本的富士通公司等应用。XBRL 账簿技术在这些企业和机构得到了应用，并且都极大地改善了这些企业和组织的信息化水平。

尽管这三个应用案例的背景都不相同，但仍然能够发现它们之间的共同之处。首先，这些组织在成长和发展的过程当中，逐渐形成了一个由许多不同的独

立子系统组成的信息系统。不同的子系统阻碍了信息的交互与集成，导致整个信息系统的效率低下。其次，这些组织都希望不会造成原有业务的中断，并以较小的成本获得信息系统的升级。最终，各组织选择了 XBRL 账簿分类标准作为内部基本信息的标准。在应用的过程当中，并没有彻底改变原有的信息系统，许多历史系统在新信息系统体系下仍然能够继续使用，如图 5-1 所示。这是企业或者机构愿意看到的，彻底的信息化变革一方面代价极大，另一方面也有很大的风险性。

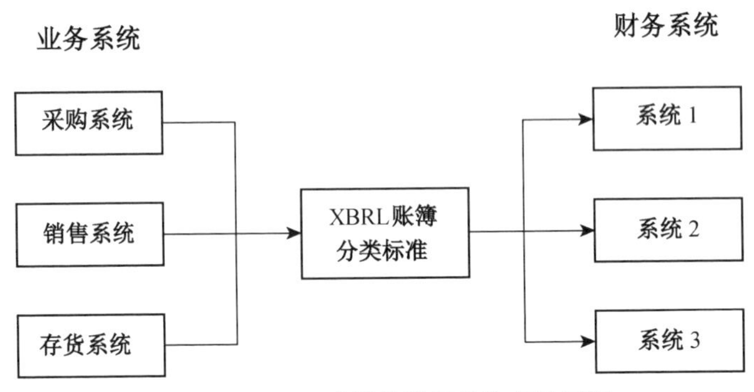

图 5-1　XBRL 账簿分类标准的应用示例

已有的案例显示，企业或者机构通过建立不同子系统到 XBRL 账簿分类标准的接口，实现子系统之间的互通。因此，可以推测企业或者机构只设计和开发子系统与 XBRL 账簿分类标准之间的接口，但没有改变分类标准本身。这种思路可以归结为完全沿用国际 XBRL 账簿分类标准的模式。

思路二：重新构建中国 XBRL 账簿分类标准。

思路二是结合中国的账簿特点，根据已有的相关法规和规定，重新构建中国 XBRL 账簿分类标准。

国际 XBRL 账簿分类标准不是根据我国的账簿特点来制定的，因此尽管国际 XBRL 账簿分类标准已提供了诸多模块，涵盖了很多的业务范围，但是它们未必能够满足中国的实际需要与操作习惯。也就是说，尽管已有模块的业务范围与中国的一致，但它的组织形式未必与中国的一致。可以根据已有的国家规范及标准，进行增加、删除、修改，从而重新构建中国 XBRL 账簿分类标准。

思路三：在国际 XBRL 账簿分类标准中嵌入中国模块。

思路三是在遵循国际 XBRL 账簿分类标准的基础上，依据中国的特色，嵌

入中国模块。

已有的国际分类标准模块包括核心(Core, COR)模块、高级商业概念(Advanced Business Concepts, BUS)模块、多币种(Multi Currency,MUC)模块、英美概念(Concepts for the US,UK, etc,USK)模块、税务审计(Tax Audit File, TAF)模块、汇总报告上下文数据(Summary Reporting Contextual Data,SRCD)模块。其中的英美概念模块是对核心模块的扩展,用于满足英美体系国家的更为复杂的会计需求,使用户能够披露符合 Saxonic 会计模型的附加信息。英美概念模块包含 15 个数据项元素,用于表达分批次成本(job costing)信息和自动化会计分录信息,如表 5-8 所示。

表 5-8 英美概念模块元素信息表

元素名称	元素标识符	标签
endDateRepeatingEntry	gl-usk_endDateRepeatingEntry	重复分录终止日期 (End Date of Repeating Entry)
frequencyInterval	gl-usk_frequencyInterval	频率间隔(Frequency Interval)
frequencyUnit	gl-usk_frequencyUnit	频率单元(Frequency Unit)
jobActive	gl-usk_jobActive	工作有效性(Job Active)
jobCode	gl-usk_jobCode	工作标识(Job Identifier)
jobDescription	gl-usk_jobDescription	工作说明(Job Description)
jobPhaseCode	gl-usk_jobPhaseCode	工作阶段(Job Phase)
jobPhaseDescription	gl-usk_jobPhaseDescription	工作阶段说明(Job Phase Description)
lastDateRepeat	gl-usk_lastDateRepeat	上次重复日期(Last Date Repeat)
nextDateRepeat	gl-usk_nextDateRepeat	下次重复日期(Next Date Repeat)
recurringStdDescription	gl-usk_recurringStdDescription	循环标准说明(Recurring Standard Description)
repetitionsRemaining	gl-usk_repetitionsRemaining	经常性分录重复次数(Repetitions Remaining)
reverse	gl-usk_reverse	转回(Reverse)
reversingDate	gl-usk_reversingDate	转回日期(Reversing Date)
reversingStdId	gl-usk_reversingStdId	转回、标准或主分录编码(ID for Reversing, Standard or Master Entry)

英美概念模块是具有国别特色的模块，所以在设计全球通用账簿标准时，XBRL 账簿分类标准框架考虑到不同国别的实际情况，允许不同国家增加相应的模块，但其前提是应当最大限度地考虑已定义的元素信息。

借鉴英美概念模块的做法，思路三就是沿用 XBRL 账簿分类标准的核心模块，并根据中国特有的披露特征，增加相应的中国模块。

二、综合比较分析

对前述已有的三种思路，做如下的比较分析。

思路一：完全照搬国际 XBRL 账簿分类标准，那么极有可能无法完全满足中国的实际披露需求，势必会造成使用者在进行信息披露时需要信息元素自定义。这种企业级别的 XBRL 账簿分类标准扩展，将导致企业扩展的信息比重过高，造成信息之间的可比性较差。

思路二：充分考虑到中国会计实务的特殊性，结合中国特有的规范以及标准，重新构建中国 XBRL 账簿分类标准。尽管思路二能够体现国家的标准自主权，但与当今国际趋同的趋势相违背。并且随着跨国业务的不断增加，独立封闭的标准也不利于会计信息的跨地域交流。

思路三：借鉴国际 XBRL 账簿分类标准，在此基础上也充分考虑中国会计实务的特色，新增中国概念模块，这样能够以一个整体的、系统的方式选择吸收国际账簿标准，符合系统性、连续性、稳定性的需要，并且能够进一步促进会计信息的国际趋同。XBRL 财务报告在我国已全面实施，XBRL 账簿技术与 XBRL 财务报告技术同属于 XBRL 技术，因此以国际账簿分类标准为基础具有先天的优势，可以与 XBRL 财务报告实现无缝对接。因此本书建议开发中国 XBRL 账簿分类标准时采取思路三的方案。

在借鉴国际标准的同时，还要思考标准本身在本土的适应性，在对国际 XBRL 账簿分类标准的吸收上应当有的放矢。为此提出以下两点建议。

第一，走国际合作的道路。

由于标准之间的差异，应当考虑在国际账簿标准的基础上增加中国模块，这使得分类标准能够符合中国账簿信息特点，从而满足中国企业的实际披露需要。为此，应当组织会计行业内精通会计理论和会计实务的专家来分析和总结中国的账簿特点，以此来研究国际账簿标准的中国模块问题，并确定相符合的信息披

露粒度，能够真正将中国特点融入到标准之中。

同时，XBRL 存在一定的技术先进性，并且需要具有比较丰富的操作经验。因此在标准的互操作问题上，可以由权威部门牵头，积极同 XBRL 国际组织进行广泛的交流与合作，促进标准的国际趋同。应明确一个标准制定规划，争取在最短的时间内形成符合中国实际操作的账簿分类标准。

第二，建立支持账簿分类标准的企业信息系统。

一些企业已加入 XBRL 账簿技术的研究和应用当中，如中国石油、中国东方航空集团有限公司(以下简称东方航空)等，其研究的领域涉及分类标准如何与 ERP 相融合、与企业内部控制相融合等方面。在中国账簿分类标准确立之后，未来会有更多的企业将内部信息应用转向 XBRL 账簿分类标准。

因此应当鼓励国内的软件商尽快围绕 XBRL 账簿分类标准展开一系列的前期研究和软件开发工作，并建立相应的企业信息系统。在此过程中，可以选取部分单位进行试点工作，这有利于问题的尽早发现和提前解决，更好地提升国际标准的中国适应性，从而能够与中国 XBRL 财务报告一起为会计信息资源建设服务。

第五节　中国 XBRL 账簿分类标准的初步设计与制定

根据中国的实际情况，依据已确定的开发思路，本书进一步尝试着开发中国 XBRL 账簿分类标准，以下是设计与制定的具体步骤。

一、中国账簿分类标准的初步依据

制定中国账簿分类标准的依据是在遵循国际 XBRL 账簿分类标准的基础上，兼顾国家关于信息化方面的相关规定，参考下列规范：

规范 1：XBRL 国际组织颁布的 XBRL 通用账簿分类标准；

规范 2：财政部颁布的企业会计准则；

规范 3：财政部颁布的《会计基础工作规范》；

规范 4：财政部颁布的《会计核算软件基本功能规范》；

规范5:财政部颁布的《企业会计准则通用分类标准》;

规范6:《信息技术会计核算软件数据接口第1部分:企业》征求意见稿;

规范7:《信息技术会计核算软件数据接口第2部分:行政事业单位》征求意见稿。

在参考规范的过程中,提取适用于标准构建的信息,这为构建符合中国国情的信息元素提供基础。如果所参考的规范发生变动,应当确定这些变动是否会造成中国XBRL账簿分类标准的变动,如果成立的话,那么应随之将这些变动体现在标准中去。XBRL国际组织已提供了版本(versioning)技术,用于管理不同的分类标准。

二、设计中国账簿分类标准的基本框架结构

与国际标准相一致,本书也建议将中国XBRL账簿分类标准框架分为文件模块、实体模块、分录模块,形成中国XBRL账簿分类标准框架,如图5-2所示。

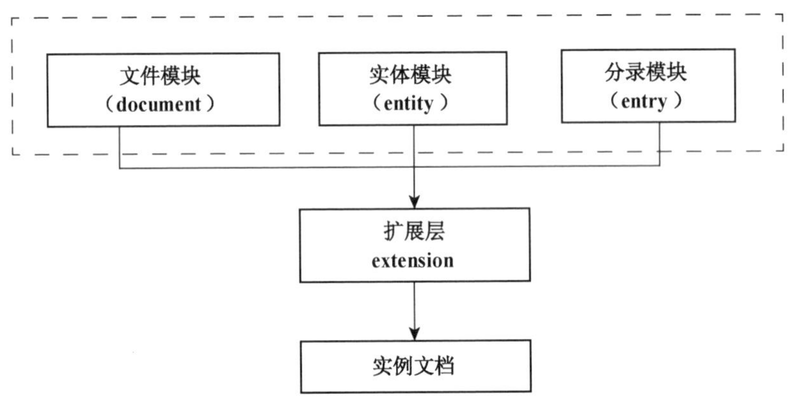

图5-2 中国XBRL账簿分类标准框架

这样的分类标准更具有统一性、一致性、完整性,使用者在使用中国XBRL账簿分类标准时更具有针对性,而不会面对着诸多的模块组合无所适从。

三、构建分类标准元素的提取原则

整个制定中国账簿分类标准的过程中最为核心和关键的步骤是确定构建中

国 XBRL 账簿分类标准元素的提取原则。确定的提取原则是，依据财政部关于电子信息化方面相关的规定，参照国内会计软件的实际情况，对比国际 XBRL 账簿分类标准，提取出中国的分类标准元素。

根据提取原则，能够建立提取分类标准元素的流程图，这可以为制定中国账簿分类标准提供参考，如图 5-3 所示。

首先，从经济业务中按照信息单位的特征，依据财政部关于电子信息化方面相关的规定，参照国内会计软件的实际情况，提取基本信息单位。

其次，按照类别将基本信息单位归属于具体的一种衍生信息单位，分别为账表载体、管理制度、业务性质和实体单位。衍生信息单位是对基本信息单位的进一步分类，这样能更好地理解信息的含义。

最后，参照国际 XBRL 账簿分类标准，将各衍生信息单位汇入到中国 XBRL 账簿分类标准的三个信息模块中，并最终形成中国标准。可以理解，衍生信息单位集合与中国分类标准是等同的，只是分法不同。而在提取的过程中，所运用的技术方法、技术线路和技术规范应当与对国际 XBRL 账簿分类标准解析采用的相一致。

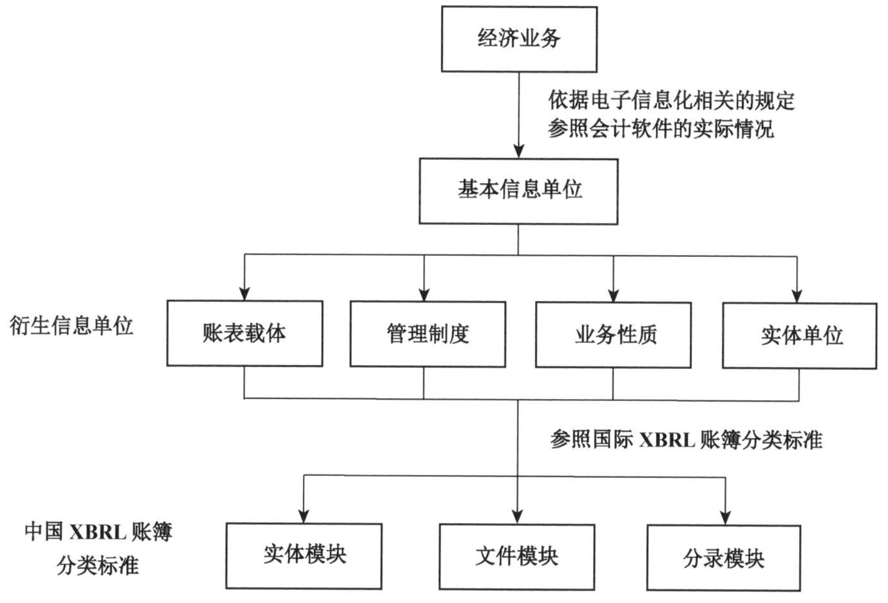

图 5-3　中国账簿分类标准构建流程

四、中国 XBRL 账簿分类标准的构建尝试及草稿

本书进行了中国 XBRL 账簿分类标准的构建尝试，主要工作包括：提取分类标准元素、建立分类标准内容模型、建立分类标准链接库。

（一）提取分类标准元素

第一步，继承国际标准已有的元素。

通过深入解析，同时逐个分析每个元素的内容、功能、层次，理解元素的含义以及使用方式，判断是否与实际业务相适应，从而避免在中国模块中重复定义元素。

第二步，根据中国实际需要新增元素。

从国际账簿标准的基本思想出发，对确有中国“特色”的业务需要，并且是国际标准不能实现的，应当根据中国会计政策法规体系和实务操作传统，遵循 XBRL 账簿分类标准的建模思想和语法规则（参考本书第三章），进行元素制定。针对以下业务内容进行元素新增实践。

首先，考虑到在中国的会计准则中，对一些业务类型允许采用多种可供选择的会计核算方法，例如：对存货允许采用实际成本法和计划成本法；在预算方式上采用固定预算和浮动预算等不同方式。另外，考虑在会计实体信息和会计分录信息中新增“会计政策”类元素，用来表示企业针对特定的业务类型所采用的会计核算方式，如表 5-9 所示。

表 5-9　中国元素（会计政策体系部分）

元素名称	替代组	前缀	父元素标签	元素标签
accountingPolicyStructure	元组	gl-cn	实体信息（Entity Information section）	会计政策体系
accountingPolicyCode	数据项	gl-cn	会计政策体系（Accounting Policy Structure）	会计政策编号
accountingPolicy	数据项	gl-cn	会计政策体系（Accounting Policy Structure）	会计政策
accountingPolicyDescription	数据项	gl-cn	会计政策体系（Accounting Policy Structure）	会计政策说明

（续表）

元素名称	替代组	前缀	父元素标签	元素标签
accountingPolicyPurpose	数据项	gl-cn	会计政策体系(Accounting Policy Structure)	会计政策目的
accountingPolicyStartDate	数据项	gl-cn	会计政策体系(Accounting Policy Structure)	会计政策起始日期
accountingPolicyEndDate	数据项	gl-cn	会计政策体系(Accounting Policy Structure)	会计政策结束日期
entryAccountingPolicyCode	数据项	gl-cn	账户标识符(Account Identifier)	分录会计政策编号
entryAccountingPolicyDescription	数据项	gl-cn	账户标识符(Account Identifier)	分录会计政策说明
entryAccountingPolicyPurpose	数据项	gl-cn	账户标识符(Account Identifier)	分录会计政策目的

其次，考虑到预算工作在中国各级企事业单位中的重要性和普遍性，认为可以在中国账簿分类标准中设置更为全面系统的预算模块内容。目前考虑有两种选择方案：

第一种方案是：在目前的所有文档类型中，除了已有的金额、数量元素外，增设预算金额、预算数量元素。

第二种方案是：沿用国际账簿标准的结构，在 OTHER 类型的文档中的 BUDGET 类型分录中展示预算方面的信息，同时根据中国的实际情况增设一些元素，例如：增加预算考核部门元素、预算精度要求元素。

如前所述，在构建中国账簿分类标准的过程中应以国际标准为基本依据，同时要兼顾国家标准的基本理念和思路，在不违背其基本理念和普遍原则的基础上，尽可能地满足中国特色的业务需要。表 5-10 中列出中国元素关于预算部分的初步设想。

表 5-10　中国元素（预算部分）

元素名称	替代组	前缀	父元素标签	元素标签
budgetSystem	数据项	gl-cn	分录信息(Entry Information)	预算制度

（续表）

元素名称	替代组	前缀	父元素标签	元素标签
budgetValueOrigin	数据项	gl-cn	分录信息（Entry Information）	预算值来源
budgetResponsibleDepartmentCode	数据项	gl-cn	分录信息（Entry Information）	预算责任部门编码
budgetResponsibleDepartment	数据项	gl-cn	分录信息（Entry Information）	预算责任部门名称
budgetCheckingDepartmentCode	数据项	gl-cn	分录信息（Entry Information）	预算考核部门编码
budgetCheckingDepartment	数据项	gl-cn	分录信息（Entry Information）	预算考核部门名称
budgetVariance	数据项	gl-cn	分录信息（Entry Information）	预算差异
flexibleBudget	元组	gl-cn	分录信息（Entry Information）	弹性预算
flexibleBudgetValueOrigin	数据项	gl-cn	弹性预算（Flexible Budget）	弹性预算值来源
flexibleBudgetBasicValue	数据项	gl-cn	弹性预算（Flexible Budget）	弹性预算基值
flexibleBudgetFormula	数据项	gl-cn	弹性预算（Flexible Budget）	弹性预算公式
flexibleBudgetValue	数据项	gl-cn	弹性预算（Flexible Budget）	弹性预算值
flexibleBudgetVariance	数据项	gl-cn	弹性预算（Flexible Budget）	弹性预算差异

（二）建立分类标准内容模型

提取中国账簿分类标准元素仅完成元素声明，仍需要完成内容模型声明。中国 XBRL 账簿分类标准包含了文件模块、实体模块、分录模块，各模块的内容模型的组织形式应当重新定义，包括元素的定义类型、出现次数、父元素信息、子元素信息等。

（三）建立分类标准链接库

建立中国XBRL账簿分类标准链接库是构建中国标准的最后一项工作。前文的元素提取和内容模型建立形成了中国XBRL账簿分类标准模式文档，而完成中国XBRL账簿分类标准链接库的建立，才是真正意义上完成了中国标准构建。分类标准链接库主要包括标签链接库、展示链接库，以及对其他链接库的构建设想。

1. 标签链接库

已有的标签类型包含标准标签与文本注释标签，分别有英文和日文。为了便于使用者对元素的理解，中国也应当制定分类标准元素的中文标签，包括标准中文标签和文本注释中文标签。表5-11给出了元素的中英文标签示例。这是中文标签制定的部分工作。

表5-11　XBRL账簿元素中英文标签示例

元素名称	标准标签	注释标签
uniqueID	Audit Number 审计编码	Unique identifier for this file 文件的特定标识
creationDate	Creation Date 建档日期	Date/time file was created 文件的创建日期/时间
businessDescription	Business Description 业务说明	Description of the nature of the business of the entity 实体单位的业务性质说明
organizationAccountingMethod	Accounting Method 会计方法	For this entity, the method of accounting represented-from: accrual, cash, modified cash, modified accrual, encumbrance, special methods, hybrid methods, other 实体单位的会计表示方法：权责发生制、收付实现制、调整权责发生制、调整收付实现制、保留制、特殊方法、复合方法、其他
postedDate	Date Posted 过账日期	Date this entry was posted (validated) to the general ledger. May not represent the date of accounting significance which is represented by "postingDate" 该分录过账到总账的日期，可能与发布日期(postingDate)的会计意义不同
enteredBy	Entry Creator 分录创建者	Initials/name of operator originally entering 初始录入者的姓名/姓名简写

2. 展示链接库

展示链接库能够表示元素之间的层次关系，从而可以以树状的视图形式提供所有元素之间的层次关系，这对于概括浏览所有元素有较大帮助。

展示链接库的创建是根据分类标准内容模型来进行的。实际上，分类标准内容模型在定义时，也涉及元素之间的层次关系。但是各个元素的内容模型各自定义，比较分散，不便于查找所有的层次关系。展示链接库即是将各个分散的内容模型的层次信息进行汇总，从而提供全面的、完备的层级关系。

3. 其他链接库

国际 XBRL 账簿分类标准具有三类链接库形式，分别是标签链接库、展示链接库，以及定义链接库。标签链接库与展示链接库在前文已提到，而国际 XBRL 语法规范的定义链接库主要是用于禁止重复定义的元素，并无特别用途。中国 XBRL 账簿分类标准可以暂时不考虑定义链接库。

国际 XBRL 账簿分类标准中不涉及计算链接库和公式连接库，原因是账簿着重于对事件进行记录，对事件的表示进行标准化，而并不侧重于验证。但事实上，账簿标准中应确定勾稽关系和规则判断，只是暂时无法进行表示。未来中国 XBRL 账簿分类标准可以尝试使用公式链接库来表示一些规则判断。

依据上述步骤，本书尝试对中国 XBRL 账簿分类标准进行构建，制定了中国 XBRL 账簿分类标准草稿，详细的信息元素信息、元素层级以及中文标签，可参见附录 1。

第六节　本 章 小 结

本章对国际 XBRL 账簿分类标准在中国的适应性水平做了评价。从数据转换的角度分析国际标准具有较强的完备性，同时又从制度、领域、结构等方面对比了标准之间的区别与联系。在此基础上，对比 XBRL 账簿分类标准的不同开发思路，选择采用借鉴国际标准，同时构建中国模块的方案，并尝试着构建中国 XBRL 账簿分类标准，最终完成了中国 XBRL 账簿分类标准草稿。

第六章

XBRL 财务报告分类标准的改进研究

第一节　问题提出：是否存在更为有效的行业分类标准扩展方式

在已有的 XBRL 财务报告分类标准应用和改进研究的基础上，本章提出了进一步的研究方向，主要问题是是否存在更为有效的行业分类标准扩展方式，具体问题主要有两个：

(1) 不同行业的分类标准信息披露是否存在差异，并且这种差异是否在所有行业之间都存在？

已有文献对分类标准信息披露进行检验，研究发现存在信息披露的行业差异(Bonsón 等，2009；赵聪，2011；黄长胤和张天西，2011)。同样地，本章首先对研究样本的行业差异进行实证研究。

在此基础上，进一步探讨信息披露的行业差异是普遍存在的，还是仅由少数行业与其他行业之间的差异引起的。如果差异在行业中普遍存在，那么行业分类标准就应当依照行业特征独自开发。例如，2012 年 12 月，原银监会和财政部在《企业会计准则通用分类标准》的基础上，根据银行业的特征，发布了银行业扩展分类标准。但这样的行业分类标准制定效率就会比较低下。而如果差异在行业中并不普遍，行业之间的信息披露特征又能够呈现出某种“相似”之处，进而依此对行业进行分类，同类行业的分类标准扩展同时进行，那么行业分类标准制定效率将能够得到大幅度的提升，并且有助于提升行业分类标准之间的信息可比性。因此检验差异是否在所有行业之间都存在，就显得尤为关键。

(2) 根据行业分类标准的信息披露特征，能否对行业进行再分类，以此提高行业分类标准扩展的效率？

根据 2001 年的《上市公司行业分类指引》，中国上市公司分为 13 个门类和 91 个大类，如果逐一进行扩展，那么分类标准的行业扩展就会比较缓慢，扩展的效率也会比较低。而依据财务信息元素的使用情况，将披露特征相近的行业归为同一类，属于同类的行业可以同时进行行业扩展，并考虑行业扩展元素的共用，从而能够在很大程度上提高行业分类标准的制定效率，同时促进相近行业之间的信息可比性。

这个问题的研究将采用系统聚类方法完成，将信息披露分为 19 个项目类别，分别统计企业在每个项目类别的披露信息，然后对行业进行系统聚类。

第二节　研 究 设 计

一、研究对象

各上市公司在财务报表表内项目方面的披露差异并不大，主要是依据财政部和证监会等机构的相关要求来进行披露。财务报表附注是对报表表内项目的更进一步详细解释，企业会在报表附注中根据企业的自身情况自愿披露更多的详细信息，企业的差异也因此会在附注中呈现出来。高锦萍和张天西(2006)对 XBRL 财务报告分类标准进行了评价，并以附注项目内容进行归类，分别按“资产负债表项目差异”“利润表项目差异”“现金流量表项目差异”和“会计政策及其他差异”划分。因此，本书同样以财务报表附注项目为研究对象来评价各行业的 XBRL 报告实例差异，分为“资产负债表项目”“利润表项目”“现金流量表项目”“其他项目”。为了更好地区分附注项目内容，还对“资产负债表项目”“其他项目”进行再细分。当上市公司披露的信息并不能全部由 XBRL 分类标准表达时，公司会自定义财务信息元素来满足披露要求。将公司自定义财务信息元素单独归为“扩展项目”，来分析企业在信息自定义方面的表现。最终将信息披露分为 19 个项目类别进行研究。在信息披露过程中，采用上交所

XBRL 报告实例和 XBRL 分类标准进行研究，上交所各项目类别的元素数目如表 6-1 所示。

表 6-1　各项目类别及元素数目

项目类别		项目变量	元素数目(个)
资产负债表项目	流动资产项目	V01	558
	非流动资产项目	V02	712
	流动负债项目	V03	248
	非流动负债项目	V04	72
	所有者权益项目	V05	78
利润表项目		V06	240
现金流量表项目		V07	100
其他项目	会计政策项目	V08	140
	税项项目	V09	14
	企业合并项目	V10	111
	资产证券化项目	V11	11
	关联方项目	V12	151
	股份支付项目	V13	25
	或有事项项目	V14	3
	承诺事项项目	V15	2
	资产负债表日后事项项目	V16	12
	其他重要事项项目	V17	73
	补充资料项目	V18	87
扩展项目		V19	企业自定义

二、研究样本

本书以 2011 年上市公司提交上交所的 XBRL 报告实例作为研究对象，并对样本数据进行如下处理：

(1) 由于金融、保险业选用的分类标准明显与其他行业不同，同时在上交所分类标准中金融、保险业也是唯一具有批量特殊元素的行业，因此剔除该行业的样本。

（2）为了避免信息披露的异常样本，剔除ST、PT的公司样本87个。

（3）制造业门类的样本有413个，占总样本数的一半以上。为避免制造业样本比重过大，因此对制造业的分类细致到大类级别。最终剩余共815个报告实例，分属于21个行业类别，作为本章的研究样本。

样本选择的具体过程如表6-2所示，样本的行业分布如表6-3所示。

表6-2　样本选择过程

初始样本	披露2011年度XBRL财务报告的沪市A股公司	933家
剔除	金融、保险样本公司	31家
	ST、PT样本公司	87家
最终样本		815家

表6-3　样本行业分布

行业类型	行业代码	样本数(个)	样本比例
农、林、牧、渔业	A	16	1.96%
采掘业	B	33	4.05%
制造业	C	413	50.67%
食品、饮料	C0	34	4.17%
纺织、服装、皮毛	C1	31	3.80%
木材、家具	C2	3	0.37%
造纸、印刷	C3	12	1.47%
石油、化学、塑胶、塑料	C4	56	6.87%
电子	C5	28	3.44%
金属、非金属	C6	65	7.98%
机械、设备、仪表	C7	127	15.58%
医药、生物制品	C8	52	6.38%

（续表）

行业类型	行业代码	样本数(个)	样本比例
其他制造业	C9	5	0.61%
电力、煤气及水的生产和供应业	D	47	5.77%
建筑业	E	26	3.19%
交通运输、仓储业	F	51	6.26%
信息技术业	G	37	4.54%
批发和零售贸易	H	64	7.85%
房地产业	J	62	7.61%
社会服务业	K	21	2.58%
传播与文化产业	L	14	1.72%
综合类	M	31	3.80%
全样本		815	100.00%

三、研究方法

通过分类标准与上市公司XBRL报告实例的匹配工作，记录每个项目类别的信息元素披露数量。本章选择的是上交所的分类标准以及依据上交所分类标准披露的XBRL报告实例，从而间接地作为国家（财政部）XBRL财务报告分类标准扩展的依据。

采用分类标准与上市公司XBRL报告实例直接匹配的方法，主要是基于以下原因：

首先，已有的研究由于缺乏XBRL报告实例，往往采用手工翻阅上市公司PDF年报同时依据人工判断的方法，标记分类标准元素的使用情况，以及企业的自愿扩展信息。这种标记过程工作要求非常细致且繁琐，由于人工匹配会加上主观判断，不同人员的匹配结果极有可能不一致，就有可能导致最后的研究结论出现偏差。

其次，通过分类标准与上市公司XBRL报告实例的直接匹配，能够更真实、客观地反映企业的信息披露情况，从而克服由于人工判断带来误差的局限性。

随着 XBRL 报告实例逐渐增加,直接匹配方法对于信息披露的分析更为有效,并且在计算机程序的协助下可以高效完成直接匹配。Zhu 和 Wu(2011)通过设计计算机匹配工具,将 SEC 的 1 231 份 XBRL 报告实例与分类标准进行直接匹配,从而获取精确的大样本数据。

最后,上交所 XBRL 报告实例较少对外公开,而深交所提供的 XBRL 报告实例所包含的信息量过小,不足以满足研究所需。笔者所在的项目课题组获得了上交所 2011 年上市公司的 XBRL 报告实例,作为本书研究的关键数据。

另外,本章通过分析上交所 XBRL 信息披露状况为国家分类标准提供制定依据,采用这种间接方法,主要是基于以下几个原因:

第一,2010 年财政部颁布国家通用分类标准以来,仅在部分企业和会计师事务所进行了试点工作,应用还不全面。如果直接匹配国家分类标准,则需要手工翻阅上市公司的 PDF 年报,这将陷入人工匹配很可能导致结论出现偏差的局面。

第二,上交所的 XBRL 应用较早,从 2008 年起,已全面推行 XBRL 格式的年报披露,要求其所有上市公司同步提交 XBRL 年度财务报告;同时上交所分类标准的研究与制定也比较早,在 2005 年已获得 XBRL 国际组织的 Acknowledged 认证,随着版本的更新,上交所分类标准更趋于完善,并已涵盖了全部行业。

第三,不管是以何种格式进行披露,包括 HTML、WORD、PDF、XBRL 等格式,都是对企业财务状况和经营成果的反映。因此在同一会计准则的披露制度下,不同格式的年报仅是格式不同,而实质相同。国家(财政部)分类标准和上交所分类标准都遵循企业会计准则,因此基于同一准则所生成的不同 XBRL 财务报告实质是一致的,如图 6-1 所示。

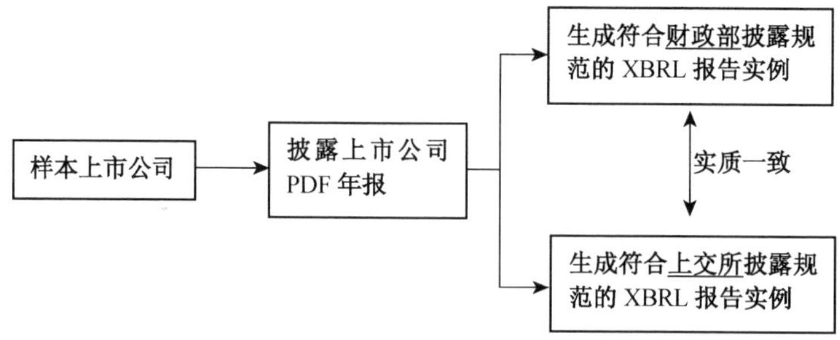

图 6-1　遵循不同规范的 XBRL 财务报告

本书利用团队自行开发的 JAVA 程序，将上交所 XBRL 分类标准中 19 个项目的财务信息元素与 XBRL 报告实例进行批量匹配。如果定义的元素在报告实例中出现，记为 1 个分值，否则为 0。只记录元素在实例文档中是否出现，因此在一个实例文档中出现多次的元素仍记为 1 个分值。在研究过程中，将匹配结果以 Excel 文档格式保存，之后的统计分析均使用统计分析软件 IBM SPSS 20.0，如图 6-2 所示。

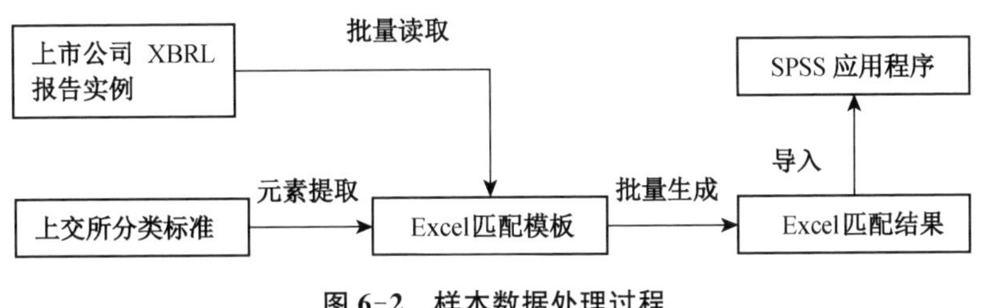

图 6-2　样本数据处理过程

在获取与整理研究数据之后，本书首先使用 Kruskal-Wallis H 非参数检验方法检验不同行业各项目的信息披露是否具有显著差异，并用最小显著性差异(Least-Significant Difference，LSD)检验进行行业间两两比较。对行业进行两两比较的研究方法主要是：LSD 检验、Scheffe's 检验和 Tukey's HSD 检验等(Bowen 等，1982；Errunza，1979；谭克，2005；郭鹏飞、杨朝军、孙培源，2004)。由于 LSD 对两两差异的存在比较敏感(郭鹏飞和孙培源，2003；刘素等，2010；曹裕等，2010)，因此本章选择 LSD 检验。根据上述检验的结论，最后采用系统聚类法(hierachical cluster method)对行业进行分类，并对聚类的结果进行解释说明。

第三节　财务信息披露实证结果

一、元素统计原则

在对财务信息披露进行统计时，需要确定元素的统计原则，究竟是统计财务信息元素还是统计 XBRL 语法元素，在第三章的研究中已明确应当统计财务信息元素，下文还将列举具体实例进行说明。已有的分类标准财务信息元素提取方式包括准则法与实务法（李争争，2013）。准则法与实务法的元素提取依据不同。其中准则法是依据法规、会计准则与相关会计制度等政策法规，从中逐条提取财务信息并建立关联，从而构建财务信息元素集合，并最终形成分类标准的方法。实务法则是依据财务报告信息的报送和披露的实践，以企业在实务中报送的财务报告与其他相关资料为起点，从中提取财务信息元素并建立关联，最终形成分类标准的方法。2010年财政部颁布的XBRL《企业会计准则通用分类标准》是依据准则法制定的。

不论以何种方式提取元素，制定的分类标准都包含了财务信息元素的实质，而财务信息元素的实质又以XBRL语法元素的形式表现。本书对分类标准的评价与改进主要是围绕着分类标准所能涵盖的信息范围，进行相关的映射匹配，以此来衡量分类标准的完备性与相关性。因此在进行信息披露统计时需要区分财务信息元素与XBRL语法元素，也就是判断XBRL语法元素能否真实地反映财务信息元素，如果不能，应当做哪些调整。

表6-4　货币资金表中的财务信息元素

项目	原币金额	折算汇率	人民币金额
库存现金	—	—	*库存现金*
人民币	—	—	*库存现金人民币金额*
美元	*库存现金美元的原币金额*	*库存现金美元的折算汇率*	*库存现金美元的人民币金额*
欧元	*库存现金欧元的原币金额*	*库存现金欧元的折算汇率*	*库存现金欧元的人民币金额*
库存现金其他币种	*库存现金其他币种的原币金额*	*库存现金其他币种的折算汇率*	*库存现金其他币种的人民币金额*
……			
银行存款	—	—	*银行存款*
人民币	—	—	*银行存款人民币金额*
美元	*银行存款美元的原币金额*	*银行存款美元的折算汇率*	*银行存款美元的人民币金额*

（续表）

项目	原币金额	折算汇率	人民币金额
欧元	*银行存款欧元的原币金额*	*银行存款欧元的折算汇率*	*银行存款欧元的人民币金额*
银行存款其他币种	*银行存款其他币种的原币金额*	*银行存款其他币种的折算汇率*	*银行存款其他币种的人民币金额*
……			
其他货币资金	—	—	*其他货币资金*
人民币	—	—	*其他货币资金人民币金额*
美元	*其他货币资金美元的原币金额*	*其他货币资金美元的折算汇率*	*其他货币资金美元的人民币金额*
欧元	*其他货币资金欧元的原币金额*	*其他货币资金欧元的折算汇率*	*其他货币资金欧元的人民币金额*
其他货币资金其他币种	*其他货币资金其他币种的原币金额*	*其他货币资金其他币种的折算汇率*	*其他货币资金其他币种的人民币金额*
……			
合计	—	—	*货币资金*

注:财务信息元素在表格中以斜体方式列示,以示强调。

表 6-4 描述了包括库存现金、银行存款、其他货币资金的汇总与明细信息,预先设定了人民币、美元、欧元等币种,并提供币种的扩展机制。将财务信息元素填入货币资金空表中(斜体方式展示),共计 34 个财务信息元素。以货币资金表为例,在进行分类标准评价时,就是判断这 34 个财务信息元素能否有效满足信息披露者的要求。

财务信息元素以 XBRL 语法元素的方式进行定义,而不同的建模方式选择的语法元素可能不同。以下分别以元组建模与维度建模对货币资金表进行 XBRL 语法元素表示。

图 6-3 展示了以元组建模方式的 XBRL 语法元素层次关系,其中需要定义元组元素组织其他元素的关系,包括库存现金其他币种明细、银行存款其他

币种明细，以及其他货币资金其他币种明细，因此需要定义 40 个 XBRL 语法元素①。

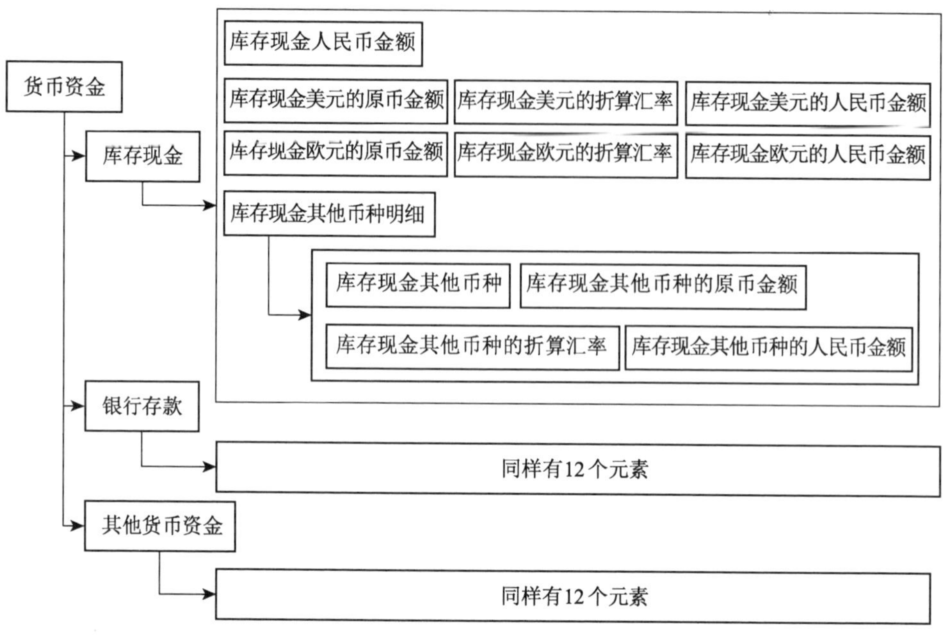

图 6-3　货币资金表的元组建模

图 6-4 展示了以维度建模方式的 XBRL 语法元素层次关系，维度建模将货币资金分为数据维度与计量对象，数据维度包括货币资金类别与货币类别，计量对象包括原币金额、折算汇率与人民币金额。维度规范将表格细分为轴(axis)与行(项目 line items)，并分别进行 XBRL 语法元素定义，同时建立轴与行之间的关联。由图 6-4 可知，以维度进行建模的 XBRL 语法元素数量为 15 个。

由此可以判断以 XBRL 语法元素作为统计口径，由于不同的 XBRL 建模方式，将使得统计结果不一致，从而得到不一样的结论。然而财务信息元素又是以 XBRL 语法元素的方式进行定义，那么在进行分类标准评价时，又无法完全摆脱 XBRL 语法元素的影响。因此本书在进行信息披露匹配时，持有这样的统计原则：即统计财务信息元素实质，并以 XBRL 语法元素为辅助。

① 在分类标准中，可能还会定义一些抽象元素，用于展示元素之间的层次关系。

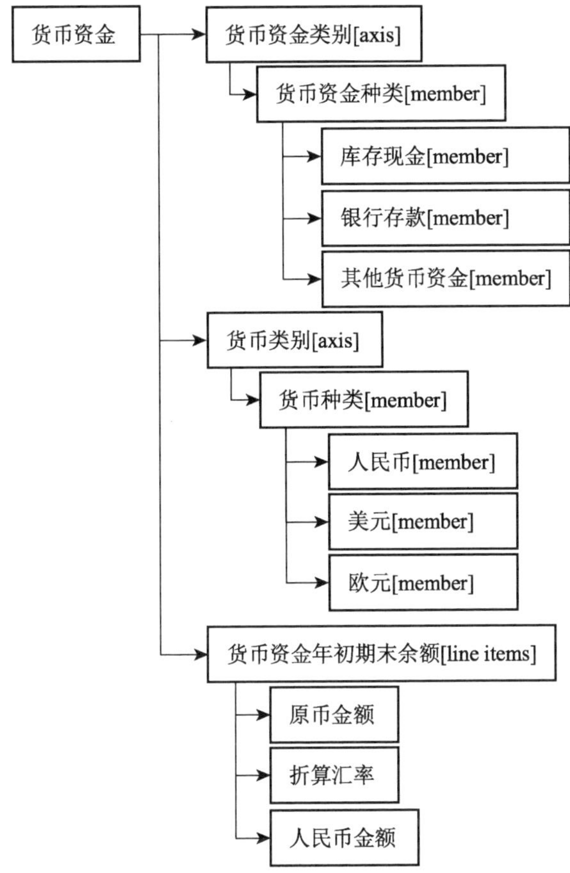

图 6-4　货币资金表的维度建模

二、描述统计结果

2011 年各行业的财务信息元素使用情况(19 个项目类别)的描述性统计结果如表 6-5 所示,其中"扩展项目"部分的描述统计结果如表 6-6 所示。

表 6-5　财务信息元素使用的描述性统计(合计)　　单位:个

行业类别与代码	最小值	最大值	中位数	平均值	标准差	样本数
(A) 农、林、牧、渔业	606	1 087	827.50	850.13	142.25	16
(B) 采掘业	593	1 199	909.00	905.33	132.47	33

（续表）

行业类别与代码	最小值	最大值	中位数	平均值	标准差	样本数
(C0) 食品、饮料	615	1 132	857.50	876.35	127.26	34
(C1) 纺织、服装、皮毛	619	1 132	857.00	872.87	139.07	31
(C2) 木材、家具	750	862	777.00	796.33	58.45	3
(C3) 造纸、印刷	737	1 138	934.00	911.83	113.84	12
(C4) 石油、化学、塑胶、塑料	653	1 106	889.50	890.84	102.14	56
(C5) 电子	622	1 495	938.50	920.96	159.64	28
(C6) 金属、非金属	629	1 266	884.00	884.54	123.09	65
(C7) 机械、设备、仪表	621	1 335	902.00	909.47	129.16	127
(C8) 医药、生物制品	673	1 351	886.00	908.37	134.71	52
(C9) 其他制造业	784	1 120	960.00	955.40	139.94	5
(D) 电力、煤气及水的生产和供应业	604	1 834	901.00	912.77	185.36	47
(E) 建筑业	551	1 642	965.50	1 021.77	260.09	26
(F) 交通运输、仓储业	594	1 190	819.00	854.78	144.42	51
(G) 信息技术业	690	1 082	875.00	890.14	105.45	37
(H) 批发和零售贸易	515	1 244	854.00	871.23	150.96	64
(J) 房地产业	654	1 090	828.50	844.50	117.66	62
(K) 社会服务业	523	1 132	820.00	845.48	159.50	21
(L) 传播与文化产业	669	1 061	908.00	884.00	113.22	14
(M) 综合类	715	1 168	894.00	920.87	110.11	31
全样本	515	1 834	883	892.20	142.18	815

由表 6-5 中可知，(E)建筑业使用的财务信息元素最多，平均每个公司使用 1 021.77 个元素，其次是(C9)其他制造业，使用的元素个数也达到 955.40 个。而(C2)木材、家具使用的元素最少，仅为 796.33 个。传统行业(A)农、林、牧、渔

业使用的元素也仅有850.13个。这表明各行业使用的财务信息元素数目差异较大，最大的行业差异可以达到28.3%。

表6-6 财务信息元素使用的描述性统计（扩展部分） 单位：个

行业类别与代码	最小值	最大值	中位数	平均值	标准差	样本数
(A) 农、林、牧、渔业	0	4	0.00	0.25	1.00	16
(B) 采掘业	0	187	0.00	23.21	49.51	33
(C0) 食品、饮料	0	34	0.00	2.29	6.67	34
(C1) 纺织、服装、皮毛	0	44	0.00	6.26	12.62	31
(C2) 木材、家具	0	0	0.00	0.00	0.00	3
(C3) 造纸、印刷	0	17	0.00	3.58	5.66	12
(C4) 石油、化学、塑胶、塑料	0	95	0.00	4.32	15.13	56
(C5) 电子	0	31	0.00	2.82	6.57	28
(C6) 金属、非金属	0	142	0.00	4.86	19.07	65
(C7) 机械、设备、仪表	0	122	0.00	5.17	17.51	127
(C8) 医药、生物制品	0	131	0.00	10.48	26.54	52
(C9) 其他制造业	0	3	0.00	0.60	1.34	5
(D) 电力、煤气及水的生产和供应业	0	131	0.00	6.96	21.84	47
(E) 建筑业	0	89	3.00	16.58	24.70	26
(F) 交通运输、仓储业	0	232	0.00	9.47	33.25	51
(G) 信息技术业	0	192	0.00	10.49	32.44	37
(H) 批发和零售贸易	0	42	0.00	3.69	8.33	64
(J) 房地产业	0	47	0.00	3.94	9.80	62
(K) 社会服务业	0	62	0.00	6.10	14.27	21
(L) 传播与文化产业	0	32	0.00	3.07	8.74	14
(M) 综合类	0	50	0.00	3.42	9.50	31
全样本	0	232	0.00	6.52	21.11	815

由表 6-6 可以观察到，采掘业财务信息元素扩展部分最多，平均达到23.21 个；建筑业次之，扩展个数达到 16.58 个。而(C2)木材、家具，(A)农、林、牧、渔业，(C9)其他制造业扩展的元素个数较少，分别为 0.00 个、0.25 个、0.60 个，平均没有达到 1 个元素。各行业使用的元素扩展数目差异也较为明显。由表 6-6 还可以观察到元素扩展的部分占元素总数的比例较小，全样本均值是0.73%，采掘业的比例最高，达到 2.56%，这一系列数据能表明，在很大程度上企业可以直接从上交所 XBRL 分类标准中选择信息元素，完成数据的标记，而无须进行信息元素自定义，也说明了上交所 XBRL 分类标准定义的信息较为全面，能够涵盖行业的披露特征，从而能够作为中国(财政部)XBRL 财务报告分类标准行业扩展的参考依据。

三、行业间差异的检验

本章对财务报表附注的 19 个项目类别分别进行检验，分析各项目是否存在显著的行业差异，使用 Kruskal-Wallis H 非参数检验方法，检验结果如表 6-7 所示。

表 6-7　Kruskal-Wallis H 检验

项目	卡方检验值	自由度	P 值
流动资产	105.36	20	0.000***
非流动资产	43.41	20	0.002***
流动负债	59.46	20	0.000***
非流动负债	104.66	20	0.000***
所有者权益	41.34	20	0.003***
利润表	44.96	20	0.001***
现金流量表	18.44	20	0.558
会计政策	50.53	20	0.000***
税项	13.96	20	0.832
企业合并	27.59	20	0.119
资产证券化	40.88	20	0.004***

（续表）

项目	卡方检验值	自由度	P值
关联方	32.22	20	0.041**
股份支付	36.18	20	0.015**
或有事项	48.35	20	0.000***
承诺事项	38.56	20	0.008***
资产负债表日后事项	11.78	20	0.924
其他重要事项	26.51	20	0.150
补充资料	25.39	20	0.187
扩展	43.42	20	0.002***

注：表中，*，**，*** 分别表示 90%，95%，99%的置信水平下显著。

表 6-7 的结果显示，有 13 个检查结果在 95%及以上的置信水平下显著。另有6 个不显著，分别是“现金流量表”“税项”“企业合并”“资产负债表日后事项”“其他重要事项”“补充资料”，它们并未体现出行业差异。

为了进一步详细检验行业间各项目差异的具体情况，依次对 19 个项目进行行业两两比较的 LSD 检验。每个项目的行业两两比较结果都有 210 个，限于篇幅，这里仅将一些重要的 LSD 检验结果列出。

表 6-8 中，“流动资产”项目的 LSD 检验结果中，(E)建筑业与其余 16 个行业存在显著差异，(J)房地产业与(K)社会服务业则分别与其余 16 个行业和 17 个行业存在差异。同时，A、C0、C3、C4、C6、C7、D 两两之间仅有 4 个显著差异，呈现一定的相近性。C1、H、M 均不存在显著差异。(C5)电子业、(G)信息技术业与(L)传播与文化产业均不存在显著差异。

表 6-9 中，“非流动资产”项目的 LSD 检验结果中，(E)建筑业与其余 19 个行业存在显著差异，(C5)电子业、(G)信息技术业与(L)传播与文化产业均不存在显著差异。(J)房地产业与其余 17 个行业存在差异。同时，A、C0、C3、C4、C6、C7、D 两两之间仅有 2 个显著差异，呈现一定的相近性。C1、C8、F、H、K、M 两两之间仅有 1 个显著差异，同样呈现一定的相近性。

表 6-10 中，“流动负债”项目的 LSD 检验结果中，(E)建筑业与其余 18 个行

表 6-8　各行业“流动资产”信息元素披露两两比较的 LSD 检验结果

	A	B	C0	C1	C2	C3	C4	C5	C6	C7	C8	C9	D	E	F	G	H	J	K	L	M
A																					
B	—																				
C0	—	—																			
C1	—	—	—																		
C2	—	—	—	—																	
C3	—	—	—	—	—																
C4	—	—	—	—	—	—															
C5	**	***	*	*	—	—	**														
C6	—	—	—	—	—	—	—	**													
C7	**	***	—	—	—	—	**	—	**												
C8	*	**	—	—	—	—	—	—	—	—											
C9	—	—	—	—	—	—	—	—	—	—	—										
D	—	—	—	—	—	—		***	—	***	**	—									
E	***	***	***	***	*	—	***	—	***	*	**	—	***								
F	—	*	***	***	—	***	***	***	***	***	***	—	*	***							
G	**	***	*	—	—	—	*	—	*	—	—	—	***	—	***						
H	—	—	—	—	—	—	—	***	—	***	**	—	—	***	**	***					
J	—	*	***	***	—	***	***	***	***	***	***	*	**	***	—	***	**				
K	*	**	***	***	—	***	***	***	***	***	***	*	**	***	—	***	**	—			
L	—	—	—	—	—	—	—	—	—	—	—	—	—	*	***	—	—	***	***		
M	—	—	—	—	—	—	—	*	—	—	—	—	—	***	***	—	—	***	***	—	

表 6-9 各行业“非流动资产”信息元素披露两两比较的 LSD 检验结果

	A	B	C0	C1	C2	C3	C4	C5	C6	C7	C8	C9	D	E	F	G	H	J	K	L	M
A																					
B	—																				
C0	—	—																			
C1	—	—	—																		
C2	—	—	—	—																	
C3	—	—	—	—	—																
C4	—	—	—	—	—	—															
C5	—	—	—	—	—	—	—														
C6	—	—	*	—	—	—	—	—													
C7	—	—	—	—	—	—	—	—	—												
C8	—	—	—	*	—	—	—	—	—	—											
C9	*	—	—	*	*	—	—	—	—	—	—										
D	—	—	—	—	—	—		—	**	—	—	—									
E	***	**	**	***	**	**	***	**	***	***	**	—	**								
F	—	—	—	—	—	—	—	—	—	—	—	*	—	***							
G	—	—	—	—	—	—	—	—	—	—	*	**	*	***	—						
H	—	—	—	—	—	—	—	—	—	—	—	*	—	***	—	—					
J	—	***	***	**	—	—	***	***	**	***	***	***	***	***	***	**	***				
K	—	—	—	—	—	—	—	—	—	—	—	—	—	**	—	—	—	**			
L	—	—	—	—	—	—	—	—	—	—	—	—	—	**	—	—	—	**	—		
M	—	—	—	—	—	—	—	—	*	—	—	—	—	*	—	*	—	***	—	—	

表 6-10　各行业"流动负债"信息元素披露两两比较的 LSD 检验结果

	A	B	C0	C1	C2	C3	C4	C5	C6	C7	C8	C9	D	E	F	G	H	J	K	L	M
A																					
B	*																				
C0	—	***																			
C1	—	**	—																		
C2	—	*	—	—																	
C3	*	—	**	*	*																
C4	—	—	**	—	—	—															
C5	—	**	—	—	—	*	—														
C6	**	—	***	***	*	—	—	**													
C7	—	—	**	—	—	—	—	—	**												
C8	—	**	—	—	—	*	—	—	***	—											
C9	—	—	*	—	—	—	—	—	—	—	—										
D	**	—	***	***	**	—	*	***	—	**	***	—									
E	***	**	***	***	***	—	***	***	**	***	***	—	*								
F	—	—	**	—	—	—	—	—	—	—	—	—	**	***							
G	—	**	—	—	—	**	*	—	***	*	—	—	***	***	—						
H	—	**	—	—	—	*	—	—	***	—	—	—	***	***	—	—					
J	—	—	*	—	—	—	—	—	**	—	—	—	**	***	—	—	—				
K	—	*	—	—	—	—	—	—	**	—	—	—	**	***	—	—	—	—			
L	—	**	—	—	—	**	*	—	***	*	—	—	***	***	—	—	—	—	—		
M	—	—	**	*	—	—	—	—	—	—	—	—	—	***	—	**	—	—	—	**	

业存在显著差异，(C5)电子业、(G)信息技术业与(L)传播与文化产业均不存在显著差异。(B)采掘业与其余 11 个行业存在差异。C1、C8、F、H、J、K、M 两两之间仅有 1 个显著差异，同样呈现一定的相近性。

表 6-11 中，"非流动负债"项目的 LSD 检验结果中显著的达到 108 个，是所有项目中最高的。其中(E)建筑业与其余 17 个行业存在显著差异，(G)信息技术业与(L)传播与文化产业也与其余 16 个行业存在显著差异。B、C1、C3、C5、C6、C7、C8、D、F、H、J 则分别与其余的 13 个行业、13 个行业、13 个行业、9 个行业、12 个行业、10 个行业、10 个行业、15 个行业、10 个行业、13 个行业、9 个行业存在显著差异。"非流动负债"项目更多地体现出行业特征。

表 6-12 中，"扩展项目"的 LSD 检验结果中，(E)建筑业与其余 14 个行业存在显著差异，(C5)电子业、(G)信息技术业与(L)传播与文化产业均不存在显著差异。(B)采掘业与其余 19 个行业存在差异。A、C0、C3、C4、C6、C7、D 两两之间不存在显著差异，呈现出一定的相近性。C1、C8、F、H、J、K、M 两两之间仅有 2 个显著差异，同样呈现一定的相近性。

结合其余项目的 LSD 检验结果，可以总结出以下结论：

(1) 建筑业与其他行业在很多项目都有显著差异，其中"流动资产""非流动资产""流动负债""非流动负债""所有者权益""利润表"等项目的差异尤为明显。

(2) 采掘业与其他行业在"会计政策""元素扩展"项目差异明显，分别与 18 个行业和 19 个行业存在显著差异。

(3) 木材、家具业在"关联方"项目与其他行业差异明显，与其余 19 个行业存在显著差异。

(4) 电子业、信息技术业、传播与文化产业呈现出相近关系，仅在少数几个项目中存在显著差异。

(5) C0、C3、C4、C7 等行业之间的信息披露呈现相近关系，仅在少数几个项目中存在显著差异。

(6) C1、H、K、M 等行业之间的信息披露也呈现相近关系，仅在少数几个项目中存在差异。

结合 19 个项目的 LSD 检验结果，发现两两比较的显著结果并不表现在所有行业之间。并且除少数信息披露较为特别的行业如(B)采掘业，(C2)木材、家具，(E)建筑业之外，其他的行业还可继续分类，这也为后面的行业聚类提供了线索。

表 6-11　各行业“非流动负债”信息元素披露两两比较的 LSD 检验结果

	A	B	C0	C1	C2	C3	C4	C5	C6	C7	C8	C9	D	E	F	G	H	J	K	L	M
A																					
B	*																				
C0	—	***																			
C1	—	***	—																		
C2	—	—	—	—																	
C3	**	—	***	***	—																
C4	—	**	—	***	—	**															
C5	—	**	—	*	—	**	—														
C6	—	—	***	***	—	—	—	*													
C7	—	***	—	**	—	***	—	—	***												
C8	—	***	—	*	—	***	—	—	**	—											
C9	—	—	—	*	—	—	—	—	—	—	—										
D	**	—	***	***	—	—	***	***	*	***	***	—									
E	***	*	***	***	*	—	***	***	***	***	***	—	—								
F	—	—	**	***	—	—	—	—	—	*	*	—	**	***							
G	**	***	**	—	—	***	***	***	***	***	***	**	***	***	***						
H	—	***	—	—	—	***	***	*	***	***	**	*	***	***	***	—					
J	—	***	—	**	—	**	—	—	**	—	—	—	***	***	—	***	**				
K	—	***	—	—	—	**	—	—	**	—	—	—	***	***	*	*	—	—			
L	**	***	*	—	—	***	***	**	***	**	**	**	***	***	***	—	—	**	*		
M	—	*	—	**	—	*	—	—	—	—	—	—	**	***	—	***	***	—	—	***	

表 6-12 各行业“扩展项目”信息元素披露两两比较的 LSD 检验结果

	A	B	C0	C1	C2	C3	C4	C5	C6	C7	C8	C9	D	E	F	G	H	J	K	L	M
A																					
B	***																				
C0	—	***																			
C1	—	***	—																		
C2	—	*	—	—																	
C3	—	***	—	—	—																
C4	—	***	—	—	—	—															
C5	—	***	—	—	—	—	—														
C6	—	***	—	—	—	—	—	—													
C7	—	***	—	—	—	—	—	—	—												
C8	*	***	*	—	—	—	—	—	—	—											
C9	—	**	—	—	—	—	—	—	—	—	—										
D	—	***	—	—	—	—	—	—	—	—	—	—									
E	**	—	***	*	—	*	**	**	**	**	—	—	*								
F	—	***	—	—	—	—	—	—	—	—	—	—	—	—							
G	—	**	*	—	—	—	—	—	—	—	—	—	—	—	—						
H	—	***	—	—	—	—	—	—	—	—	*	—	—	***	—	—					
J	—	***	—	—	—	—	—	—	—	—	*	—	—	***	—	—	—				
K	—	***	—	—	—	—	—	—	—	—	—	—	—	*	—	—	—	—			
L	—	***	—	—	—	—	—	—	—	—	—	—	—	*	—	—	—	—	—		
M	—	***	—	—	—	—	—	—	—	—	—	—	—	**	—	—	—	—	—	—	

第四节 行业聚类分析

一、系统聚类方法

聚类分析的本质是依据所定义的距离的远近将数据分为若干个类别，并使得类别内部的差异足够小，而类别之间的差异足够大。系统聚类方法是常用的一种聚类分析方法，是数据处理中经常使用的一种多元统计方法，可以对样本进行聚类（Q 型系统聚类），也可以对变量进行聚类（R 型系统聚类）（王学民，2009）。

系统聚类的原理大致如下所述：

首先，将样本或者变量各自作为一类，依据所定义的距离公式，计算各样本或变量之间的距离。

其次，将距离最近的两类并为一个类别，并计算新产生类别与其他各类之间的距离。重复本操作，直到所有样本或变量都合并为一个类别为止。

最后，根据各类之间的远近关系，整个处理过程可以画成一张完整的分类图，又称谱系图。

聚类结果存在一定的层次关系，因此又称层次聚类方法。

在系统聚类方法中，会涉及类别之间距离的定义问题。常用的距离定义方法包括，最短距离法（nearest neighbor）、最长距离法（furthest neighbor）、重心法（centroid clustering）、组间平均距离法（between-groups linkage）、离差平方和法（ward's method）。

二、系统聚类结果

以前文定义的 19 个项目变量来区分各行业的信息披露行为，使用 SPSS 对公司的信息披露数据进行 Q 型系统聚类。聚类方法采用离差平方和法（ward's method），选择默认的平方欧几里得距离作为距离的测度。为了消除变量的不同对聚类结果的影响，在聚类之前还对数据进行了标准化处理，将全部数据化为 Z 评分。行业聚类分析谱系图如图 6-5 所示。

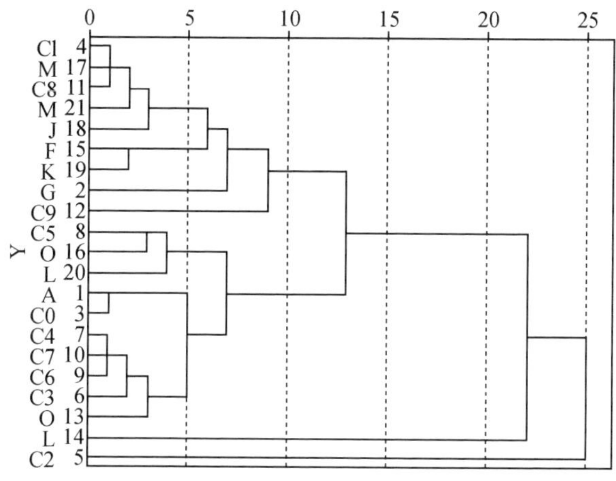

图 6-5 行业聚类分析谱系图

通过比较聚类的结果，最终将所有行业分成 7 个类别，如表 6-13 所示。

表 6-13 行业聚类分析结果

聚类结果	第一类	第二类	第三类	第四类	第五类	第六类	第七类
行业代码	A、C0、C3、C4、C6、C7、D	B	C1、C8、F、H、J、K、M	C2	C5、G、L	C9	E

运用 SPSS 中的 Means 过程计算出各个类别中 19 个变量是否有显著差异的方差分析表，结果如表 6-14 所示。

表 6-14 变量之间的单因素方差分析

变量	平方和	自由度	均方	F	显著性
V01	3 129.01	6	521.50	3.02	**
V02	2 592.47	6	432.08	5.47	**
V03	603.70	6	100.62	5.78	**
V04	382.23	6	63.71	3.76	**
V05	48.27	6	8.05	3.76	**
V06	367.09	6	61.18	7.93	***
V07	109.08	6	18.18	7.65	***
V08	96.50	6	16.08	2.43	*

（续表）

变量	平方和	自由度	均方	F	显著性
V09	2.74	6	0.46	11.51	***
V10	77.10	6	12.85	1.44	—
V11	0.19	6	0.03	3.37	*
V12	751.62	6	125.27	8.50	***
V13	5.01	6	0.84	3.39	**
V14	1.79	6	0.30	8.22	***
V15	0.36	6	0.06	3.03	**
V16	3.37	6	0.56	16.06	***
V17	32.92	6	5.49	8.22	***
V18	52.10	6	8.68	6.73	**
V19	504.63	6	84.11	10.31	***

注：表中，“—”表示结果不显著，“ * ”“ ** ”“ *** ”分别表示 90%，95%，99%的置信水平下显著。

由表 6-14 可知，各个类别之间在 18 个项目变量上都是有显著差异的，且这种差异均具有统计意义。

三、聚类结果分析

第一类包含 7 个行业，分别是(A)农、林、牧、渔业，(C0)食品、饮料，(C3)造纸、印刷，(C4)石油、化学、塑胶、塑料，(C6)金属、非金属，(C7)机械、设备、仪表，(D)电力、煤气及水的生产和供应业。第一类在信息披露上整体低于平均值，可以概括为“低使用率行业”。

第三类包括 7 个行业，分别是(C1)纺织、服装、皮毛，(C8)医药、生物制品，(F)交通运输、仓储业，(H)批发和零售贸易，(J)房地产业，(K)社会服务业，(M)综合类。第三类在信息披露上高于第一类，可以概括为“中使用率行业”。

第五类包括 3 个行业，分别是(C5)电子、(G)信息技术业、(L)传播与文化产业。第五类的信息披露水平较高，并且它们在“流动资产”“非流动资产”“流动负债”“非流动负债”“利润表”等项目都披露比较充分。可以概括为“高使用率行业”。电子与信息技术行业的技术专业复杂性较高，更新较快，从而导致投资者与公司之间的信息不对称相较于其他行业更为严重，基于这点考虑，电子与信息技术行业增强了公司自愿性信息披露的动机。这个结论与汪炜和蒋高峰(2004)的研究结果一致,其研究发现高技术产业的公司信息专有性更强,也更为复杂,并且伴随着经营的业绩存在很大的不确定性,投资者对其自愿披露信息的依赖性更强。同时,高新技术是文化创意产业发展的重要支撑,当前的传媒产业和高科技产业一样,属于高风险、高智力、高投入、高回报的产业。这些行业都属于高技术行业,表明高技术行业公司的信息披露程度较高。

第二类、第四类、第六类、第七类分别是(B)采掘业,(C2)木材、家具,(C9)其他制造业,(E)建筑业。根据聚类分析的结果,由于信息使用的特征与其他行业有显著差异,因此这些行业各自成一类。而聚类分析出来的这些特殊行业,除了(C9)其他制造业之外,结果与前面 LSD 两两比较的结果完全一致。其中(B)采掘业的元素扩展表现最为突出,平均值达到 23.21 个,并且这些扩展元素极具行业特征。出于改善公众形象以及缓解金融部门对该行业风险的关注,采掘业企业会自愿披露更多的信息(马连福等,2004)。(C2)木材、家具使用的财务报表附注元素最少,仅为 796.33 个,各项目分类也低于其他的行业分类,并且不存在元素扩展现象。但由于(C2)木材、家具的样本数较少,因此尽管聚类成为单独一类,在未来制定扩展分类标准时,可以将其从属于其他类别。(C9)其他制造业在信息披露上比较充分,各企业的披露特点不尽相同,因此未来制定行业扩展分类标准时也应该考虑其特征,促使其披露更加规范化。(E)建筑业在信息披露的表现最为突出,总计元素披露数目达到 1 021.77 个,并且在“流动资产”“非流动资产”“流动负债”“非流动负债”“利润表”等项目披露充分。另外元素扩展项目的平均值也达到了 16.58 个,同样具备行业特征。建筑业的突出表现与王惠芳和原改省(2006)的研究结果一致,研究发现建筑业信息披露存在“行业羊群效应”,在行业内存在一定程度的信息自愿披露趋从行为。

第五节　本 章 小 结

中国财务报告分类标准的行业扩展刚刚起步,未来还将进行更多行业分类标准扩展。本章从财务报告的 19 个项目类别出发,分析各行业各个项目的披露情况,进而通过系统聚类方法将已有的 21 个行业大类归纳为 7 类,如图 6-6 所示。同属一类的行业在进行行业分类标准扩展时可以同时进行，并且可以对扩展元素的共用加以考虑。这样能够极大提升行业分类标准的创建效率与标准质量。最终结合实际情况分析，得到以下结论：

（1）采掘业与建筑业的行业特征较为明显，未来的行业扩展应予以单独开发。

（2）尽管木材、家具业与其他制造业同样单独聚成一类，但由于其披露特征和行业优先性等因素，应该考虑在其他行业扩展的基础上进行。

（3）剩余的17个行业大类根据披露特征，可分为"低使用率行业""中使用率行业"和"高使用率行业"。在进行行业扩展时，应当考虑行业相关性，提高信息元素定义的行业共用率，从而提高行业分类标准制定的效率。

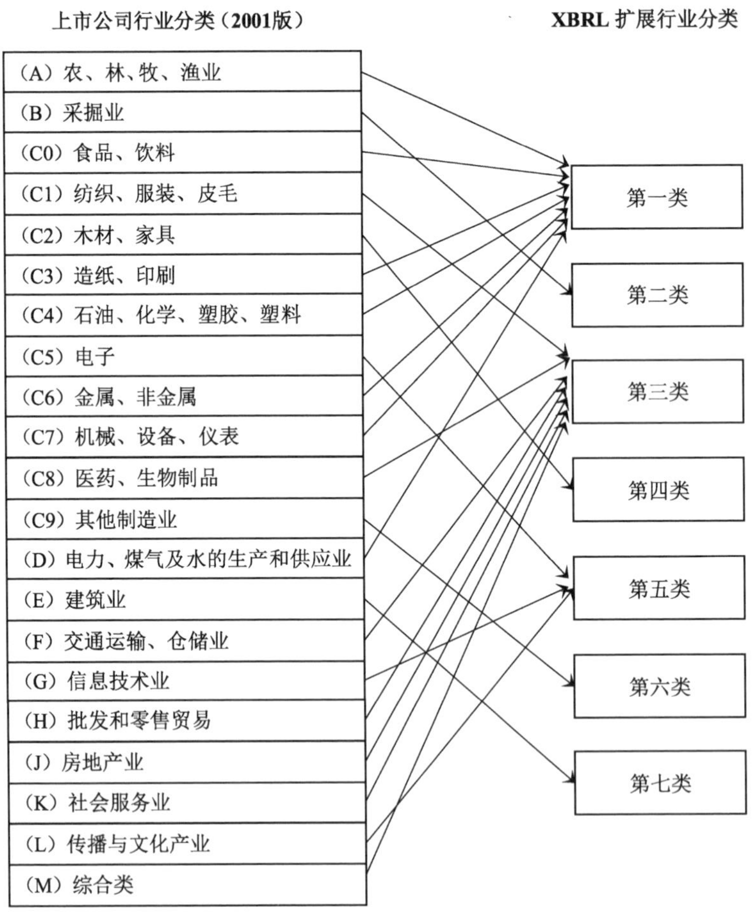

图6-6　XBRL行业扩展重分类图

本章对行业进行分类的目的不在于重新制定行业分类指引，而是依据上市公司的披露实务，客观反映各行业在信息元素披露之间的关系，在此基础上对行业进行聚类。这种做法能够打破原有的行业界限，降低行业扩展成本，提高行业扩展效率，从而加速中国财务报告分类标准的行业扩展，并促进 XBRL 在中国的应用。

本章在比较行业之间的信息披露差异时，仅采用财务信息元素数目变量，而缺乏对财务信息元素的实质分析，这一局限可能会对研究结果的准确性产生影响。另外，采用哪些项目信息进行聚类能够得到更好的分类效果，还需要结合行业的实务特点一起考虑。这些都值得我们在未来的研究中做更进一步的探索。

第七章

基于竞争博弈的 XBRL 技术扩散机制

第一节 博弈模型

构建基于竞争博弈的 XBRL 技术扩散机制，一方面是希望在 XBRL 技术推进过程中能够充分考虑信息披露企业的利益。已有许多研究显示，信息披露有助于缓解资本市场参与者间的信息不对称和促进资源的有效配置（王雄元，2005；罗炜和朱春艳，2010）。其中自愿性信息披露还可以为公司带来降低代理成本、降低信息不对称程度、增强上市公司股票的流动性、降低公司的融资成本、降低公司的诉讼风险和法律成本等好处（Ali 等，2007；Chen 等，2008）。而 XBRL 财务报告是什么，它能给投资者和企业带来什么？通俗而言，XBRL 财务报告就是传统财务报告的 XBRL 表示。那么通过披露 XBRL 财务报告同样能够获得上述的诸多益处。因此，我们可以说 XBRL 技术应用具有很强的外部性，并且它同样可以使企业受益。当前企业并不是没有很强的动机采取 XBRL，而是在权衡新技术带来的收益以及为此付出的成本。或者，更准确地讲，面对当前的 XBRL 披露和推进机制，企业并没有很强的动机主动采取。

另一方面则是在竞争博弈基础上如何协调政府的力量。在公共产品的技术开发、组织及推进等方面，政府往往会扮演重要的引导角色。由于 XBRL 财务报告的公共产品属性，目前各国 XBRL 的实施基本都是由政府或监管机构主导。但并不能因此忽视市场竞争机制的作用。可以确切地说，政府的作用非常关键但并不绝对，如果监管机构未考虑信息披露主体企业的成本效益，那么

XBRL 技术推进在短期内可以实现，却不利于长期发展。

一、模型假设

在目前中国的 XBRL 财务报告披露实践中，实施企业通过 XBRL 公共报送平台报送其年度 XBRL 财务报告，这仅是信息的单方向的传递，其获取的效益不足以弥补付出的成本。因此，为了提升企业采用 XBRL 技术的动力，需要发现更多采用该技术的潜在效益增长点。2009 年荷兰国际集团开启的一个 XBRL 项目将 XBRL 技术用于处理中小企业的贷款信息，目的是使贷款决策更加迅速。荷兰国际集团承诺，如果公司报送 XBRL 格式的年报，那么 50 万欧元以内的贷款申请将在 4 天之内予以答复，100 万欧元以内的申请则会在 10 天之内处理完毕，这将极大缩短中小企业贷款申请的批复时间。同时，为了进一步鼓励企业进行 XBRL 信息披露，2014 年荷兰国际集团还宣布了一项优惠措施，即从 2015 年第一季度开始将为报送 XBRL 格式财务报告的中小企业提供贷款利率的折扣优惠。这些措施同时给信息披露方(企业)和使用方(银行)带来了效益。企业能够缩短贷款批复时间并且获得贷款利率的折扣优惠，对于银行而言，可以对 XBRL 标准化的财务报告进行自动处理，提升办公效率，并且由于标准化的数据更具有可比性，使银行能够进行更深入的数据分析，从而更有利于决策制定。

受上述案例的启发，在中国现有的企业单方信息披露基础上引入更多的利益相关者，例如类似银行的信息使用方，这些信息使用方的出现能够增加信息披露方的获益可能性。出于简化，本书假设一个由政府构建与维护的信息平台，这个平台包含两个信息披露企业(i 和 j)和一个信息使用方。由于研究的重点在于分析竞争环境下信息披露方之间策略选择的相互影响以及政府行为的影响作用，因而仅选择两个信息披露企业的假设并不影响结论。

在不影响问题本质的前提下，本书对一些复杂情况做了简化，对模型做出如下假设：

假设 1. XBRL 技术能够提升信息披露的效用与信息使用的效率，从而使 XBRL 技术采纳者(包括信息披露方与信息使用方)都能够从中受益。

假设 2. XBRL 技术存在一定的采纳成本，但随着采纳时间的推迟，技术更新将使 XBRL 的采纳成本降低。

假设3. 信息使用方具有较强的议价能力，信息披露方仅能决定何时采纳XBRL技术。

二、基础变量

u_i^0：在没有任何企业采纳XBRL技术的情况下，企业 i 的效用。

u_i^1：仅有企业 i 采纳XBRL技术的情况下，企业 i 的效用。

u_i^2：仅有企业 j 采纳XBRL技术的情况下，企业 i 的效用。

u_i^3：在所有企业都采纳XBRL技术的情况下，企业 i 的效用。

t_i：企业 i 采纳XBRL技术的时间。

$C_i(t_i)$：在 t_i 时间，采纳XBRL技术的成本。采纳成本会随着时间的推移而逐渐降低，即 $C_i(t_i)=c_i^0\mathrm{e}^{-\lambda_i t_i}$，其中 $C_i(0)=c_i^0$ 是企业 i 在 $t_i=0$ 时立即采纳XBRL技术的初始成本，$\lambda_i>\gamma$（λ_i 为XBRL成本下降率，γ 为利率）。

δ_i：政府或信息使用方为鼓励企业 i 披露XBRL信息提供一定辅助，这形成了辅助系数 δ_i，满足 $0\leqslant\delta_i<1$。不失一般性，将本书模型考虑的辅助措施视为政府辅助行为，因此，企业在采纳XBRL技术的净成本为 $NC_i(t_i)=(1-\delta_i)c_i^0\mathrm{e}^{-\lambda_i t_i}$。

w_i：信息使用者通过企业 i 披露的XBRL信息能够更有效地进行决策分析，从而带来一定的外部社会效用。

$U_G(t_i, t_j)$：企业 i 和 j 决策之后，政府的效用函数。这里定义其效用大小为企业的收益之和，加上新技术实施后带来的社会效益，再减去政府辅助成本。

三、模型建立

XBRL技术能够提升信息披露的效用，因此满足 $u_i^0<u_i^1$，$u_i^2<u_i^3$。在决策是否采用XBRL技术时，假设一方企业（比如 i）由于当前的采纳成本大于其净收益，会选择暂不采纳XBRL技术，而另一方企业 j 较早地选择采纳XBRL技术，这使得企业 j 会优先受益，导致 i 的效用受到影响，因此满足 $u_i^2<u_i^0$。

企业可以选择先行或者后行采纳，选择的不同会导致企业的收益函数也不同。根据企业 i 的效用确定它的收益函数，如下所示：

$$U_i(t_i, t_j)=\begin{cases}L_i(t_i, t_j), \text{当 } t_i\leqslant t_j, \text{即 } i \text{ 为 XBRL 先行者}\\ F_i(t_i, t_j), \text{当 } t_i\geqslant t_j, \text{即 } i \text{ 为 XBRL 后行者}\end{cases}$$

$$L_i(t_i, t_j) = \int_0^{t_j} u_i^0 e^{-\gamma t} dt + \int_{t_i}^{t_j} u_i^1 e^{-\gamma t} dt + \int_{t_j}^{\infty} u_i^3 e^{-\gamma t} dt - (1-\delta_i) c_i^0 e^{-\lambda_i t_i} \tag{1}$$

$$F_i(t_i, t_j) = \int_0^{t_j} u_i^0 e^{-\gamma t} dt + \int_{t_j}^{t_i} u_i^2 e^{-\gamma t} dt + \int_{t_i}^{\infty} u_i^3 e^{-\gamma t} dt - (1-\delta_i) c_i^0 e^{-\lambda_i t_i} \tag{2}$$

企业 i 和 j 技术采纳行为引起的外部社会效益则是 $W(t_i, t_j) = \int_{t_i}^{\infty} w_i e^{-\gamma t} dt + \int_{t_j}^{\infty} w_j e^{-\gamma t} dt$，总的辅助成本为 $\Delta(t_i, t_j) = \delta_i c_i^0 e^{-\lambda_i t_i} + \delta_j c_j^0 e^{-\lambda_j t_j}$，因而政府的效用函数为：

$$U_G(t_i, t_j) = U_i(t_i, t_j) + U_j(t_i, t_j) + W(t_i, t_j) - \Delta(t_i, t_j) \tag{3}$$

第二节 博弈模型分析

这是一个两阶段的博弈模型，博弈的顺序为政府先确定辅助系数，企业在观察后通过最大化自身的收益分析，选择最优技术采纳时间。其中涉及政府如何确定辅助系数，企业如何确定最优采纳时间是两个不同阶段的问题。对这些问题的求解需要采用逆向归纳法。这也就是首先在给定的辅助系数下，对企业进行采纳时间的纳什均衡分析，而政府观察到其辅助系数导致的竞争博弈结果，在此基础上确定其最优辅助系数。

一、企业采纳时间纳什均衡分析

（一）XBRL 效率和采纳动机

在给定的辅助系数下针对上述博弈模型，首先分析企业的 XBRL 技术最优采纳时间。市场中企业的效率与动机并不相同，需要对企业的竞争特性进行定义，分别是 XBRL 采纳效率和 XBRL 采纳动机。通过 XBRL 技术提升的效率与增加成本的比值来定义采纳效率。根据企业的采纳策略，分别定义先行 XBRL 效率和后行 XBRL 效率。

定义 1 （XBRL 效率）

(1) 先行 XBRL 效率：

$$E_i^l = \frac{u_i^1 - u_i^0}{-NC_i'(0)}$$

(2) 后行 XBRL 效率：

$$E_i^f = \frac{u_i^3 - u_i^2}{-NC_i'(0)}$$

其中 $-NC_i'(0)$ 是 XBRL 净采纳成本的一阶导数，$u_i^1 - u_i^0$ 和 $u_i^3 - u_i^2$ 分别表示先行 XBRL 效用和后行 XBRL 机会成本。

结合上述定义，如果 $E_i = \min(E_i^l, E_i^f) \geqslant 1$，则称企业 i 是 XBRL 有效的，否则是 XBRL 无效的。

如果先行效用大于后行机会成本，那么企业会主动采纳 XBRL 技术，相反如果机会成本过大，企业会因为不愿承担这样的损失而具有被动采纳 XBRL 技术的动机。下面分别定义这两类采纳动机。

定义 2 （XBRL 采纳动机）

(1) 主动采纳动机：

$$u_i^1 - u_i^0 - (u_i^3 - u_i^2) > 0$$

(2) 被动采纳动机：

$$u_i^1 - u_i^0 - (u_i^3 - u_i^2) < 0$$

企业在确定 XBRL 采纳时间时，会同时考虑 XBRL 效率和 XBRL 采纳动机。例如具有主动采纳动机的企业不一定立刻采纳 XBRL 技术，仍需要考虑它的 XBRL 效率。

（二）企业的最优反应函数

用 t_i^l 和 t_i^f 分别表示企业 i 的最优先行时间和最优后行时间，$\widetilde{t_j}$ 表示 j 的 XBRL 采纳时间，这个时间对于 i 来说是无差异点（i 选择先行或者后行没有差别）。为了分析采纳时间的纳什均衡，需先确定企业的采纳时间最优反应函数（定理 4），而定理 1～3 则是为证明定理 4 做铺垫。

定理 1a 如果 $NC_i'(0) < u_i^0 - u_i^1$，那么 $t_i^l = \dfrac{1}{\lambda_i - \gamma} \ln \dfrac{(1-\delta_i)c_i^0\lambda_i}{u_i^1 - u_i^0}$，否则 $t_i^l = 0$。

证明：如果 $NC_i'(0) < u_i^0 - u_i^1$，即 $\dfrac{-NC_i'(0)}{u_i^1 - u_i^0} > 1$，对式(1)$L_i(t_i, t_j)$ 关于 t_i 分别作一阶求导和二阶求导：

$$L_i'(t_i, t_j) = \frac{\partial L_i(t_i, t_j)}{\partial t_i} = (u_i^0 - u_i^1)e^{-\gamma t_i} + (1-\delta_i)c_i^0\lambda_i e^{-\lambda_i t_i} \tag{4}$$

$$L_i''(t_i, t_j) = \frac{\partial^2 L_i(t_i, t_j)}{\partial t_i^2} = -\gamma(u_i^0 - u_i^1)e^{-\gamma t_i} - (1-\delta_i)c_i^0\lambda_i^2 e^{-\lambda_i t_i} \tag{5}$$

令 $L'_i(t_i, t_j) = 0$，得 $\hat{t_i} = \frac{1}{\lambda_i - \gamma}\ln\frac{(1-\delta_i)c_i^0\lambda_i}{u_i^1 - u_i^0}$，将式(3)$e^{-\gamma\hat{t_i}} = \frac{(1-\delta_i)c_i^0\lambda_i e^{-\lambda_i\hat{t_i}}}{u_i^1 - u_i^0}$ 代入 $L''_i(t_i, t_j)$，可得 $L''_i(\hat{t_i}, t_j) = -\gamma(u_i^0 - u_i^1)\frac{(1-\delta_i)c_i^0\lambda_i e^{-\lambda_i\hat{t_i}}}{u_i^1 - u_i^0} - (1-\delta_i)C_i^0\lambda_i^2 e^{-\lambda_i\hat{t_i}} = (1-\delta_i)(\gamma - \lambda_i)\lambda_i e^{-\lambda_i\hat{t_i}} < 0$，因此当 $t_i = \hat{t_i}$ 时，$L_i(t_i, t_j)$ 取最大值。又 $\frac{(1-\delta_i)c_i^0\lambda_i}{u_i^1 - u_i^0} = \frac{-NC'_i(0)}{u_i^1 - u_i^0} > 1$，则有 $\ln\frac{(1-\delta_i)C_i^0\lambda_i}{u_i^1 - u_i^0} > 0, t_i \in (0, +\infty)$。因此 $t_i^l = \frac{1}{\lambda_i - \gamma}\ln\frac{(1-\delta_i)c_i^0\lambda_i}{u_i^1 - u_i^0}$ 是合理的时间。

如果 $NC'_i(0) \geqslant u_i^0 - u_i^1$，即 $(1-\delta_i)c_i^0\lambda_i \leqslant u_i^1 - u_i^0$，由于 $L'_i(t_i, t_j) = (u_i^0 - u_i^1)e^{-\gamma t_i} + (1-\delta_i)c_i^0\lambda_i e^{-\lambda_i t_i} \leqslant (u_i^0 - u_i^1)e^{-\gamma t_i} + (u_i^1 - u_i^0)e^{-\lambda_i t_i} = (u_i^1 - u_i^0)(e^{-\lambda_i t_i} - e^{-\gamma t_i}) < 0$，那么 $L_i(t_i, t_j)$ 是严格递减函数，因此对于 i 而言，在 $t_i = 0$ 有最大值，$t_i^l = 0$。证毕。

定理 1b 如果 $NC'_i(0) < u_i^2 - u_i^3$，那么 $t_i^f = \frac{1}{\lambda_i - \gamma}\ln\frac{(1-\delta_i)c_i^0\lambda_i}{u_i^3 - u_i^2}$，否则 $t_i^f = 0$。

证明：与定理 1a 的证明过程类似。

定理 2a 在企业 i 具有 XBRL 主动采纳动机的前提下，如果 $NC'_i(0) < u_i^2 - u_i^3$，那么 $t_i^l < t_i^f$，否则 $t_i^l = t_i^f = 0$。

证明：具有 XBRL 主动采纳动机，则有 $u_i^0 - u_i^1 < u_i^2 - u_i^3$，那么：

(1) 如果 $NC'_i(0) < u_i^2 - u_i^3$ 时，满足 $NC'_i(0) < u_i^0 - u_i^1$ 或者 $u_i^0 - u_i^1 \leqslant NC'_i(0) < u_i^2 - u_i^3$。

当 $NC'_i(0) < u_i^0 - u_i^1$ 时，$t_i^l = \frac{1}{\lambda_i - \gamma}\ln\frac{(1-\delta_i)c_i^0\lambda_i}{u_i^1 - u_i^0}$，

$t_i^f = \frac{1}{\lambda_i - \gamma}\ln\frac{(1-\delta_i)c_i^0\lambda_i}{u_i^3 - u_i^2}$，有 $t_i^l < t_i^f$。

当 $u_i^0 - u_i^1 \leqslant NC_i'(0) < u_i^2 - u_i^3$ 时，那么 $t_i^l = 0, t_i^f = \frac{1}{\lambda_i - \gamma} \ln \frac{(1-\delta_i)c_i^0 \lambda_i}{u_i^3 - u_i^2}$，有 $t_i^l < t_i^f$。

(2) 如果 $NC_i'(0) \geqslant u_i^2 - u_i^3 > u_i^0 - u_i^1$ 时，那么 $t_i^l = t_i^f = 0$。证毕。

定理 2b 在企业 i 具有 XBRL 被动采纳动机的前提下，如果 $NC_i'(0) < u_i^0$ u_i^1，那么 $t_i^l > t_i^f$，否则 $t_i^l = t_i^f = 0$。

证明：与定理 2a 的证明过程类似。

定理 3a 如果企业 i 具有 XBRL 主动采纳动机，那么 $h(t) = L_i(t_i^l, t) - F_i(t_i^f, t)$ 是严格递增函数，并且存在 $\tilde{t}_j \in (t_i^l, t_i^f)$，使得 $h(\tilde{t}_j) = L_i(t_i^l, \tilde{t}_j) - F_i(t_i^f, \tilde{t}_j) = 0$。

证明：令 $h(t) = L_i(t_i^l, t) - F_i(t_i^f, t)$。

$h(t_i^l) = L_i(t_i^l, t_i^l) - F_i(t_i^f, t_i^l) = F_i(t_i^l, t_i^l) - F_i(t_i^f, t_i^l) < 0$（$t_i^f$ 是后行最优时间）

$h(t_i^f) = L_i(t_i^l, t_i^f) - F_i(t_i^f, t_i^f) = L_i(t_i^l, t_i^f) - L_i(t_i^f, t_i^f) > 0$（$t_i^l$ 是先行最优时间）

$$
\begin{aligned}
h(t) &= L_i(t_i^l, t) - F_i(t_i^f, t) \\
&= \int_0^{t_i^l} u_i^0 \mathrm{e}^{-\gamma t} \mathrm{d}t + \int_{t_i^l}^{t} u_i^1 \mathrm{e}^{-\gamma t} \mathrm{d}t + \int_t^{\infty} u_i^3 \mathrm{e}^{-\gamma t} \mathrm{d}t - (1-\delta_i) C_i(t_i^l) \\
&\quad - \left[\int_0^{t} u_i^0 \mathrm{e}^{-\gamma t} \mathrm{d}t + \int_t^{t_i^f} u_i^2 \mathrm{e}^{-\gamma t} \mathrm{d}t + \int_{t_i^f}^{\infty} u_i^3 \mathrm{e}^{-\gamma t} \mathrm{d}t - (1-\delta_i) C_i(t_i^f) \right]
\end{aligned}
$$

因为企业 i 具有 XBRL 主动采纳动机，即 $u_i^1 - u_i^0 - (u_i^3 - u_i^2) > 0$，可得 $\frac{\partial h(t)}{\partial t} = (-u_i^0 + u_i^1 + u_i^2 - u_i^3) \mathrm{e}^{-\gamma t} > 0$，$h(t)$ 是严格递增函数。再根据介值定理，必有一点 $\tilde{t}_j \in (t_i^l, t_i^f)$，使得 $h(\tilde{t}_j) = L_i(t_i^l, \tilde{t}_j) - F_i(t_i^f, \tilde{t}_j) = 0$。证毕。

定理 3b 如果企业 i 具有 XBRL 被动采纳动机，那么 $h(t) = L_i(t_i^l, t) - F_i(t_i^f, t)$ 是严格递减函数，并且存在 $\tilde{t}_j \in (t_i^f, t_i^l)$，使得 $g(\tilde{t}_j) = L_i(t_i^l, \tilde{t}_j) - F_i(t_i^f, \tilde{t}_j) = 0$。

证明：证明过程与定理 3a 类似。

定理 4 （最优反应函数）。

(1) 在企业 i 具有 XBRL 主动采纳动机的前提下，如果 i 不是 XBRL 有效，那么 i 对于 j 的最优反应如下：

$$R_i(t_j)=\begin{cases} t_i^f, & \text{当 } t_j<\widetilde{t_j} \\ t_i^l \text{ 或 } t_i^f, & \text{当 } t_j=\widetilde{t_j} \\ t_i^l, & \text{当 } t_j>\widetilde{t_j} \end{cases}$$

其中 $0\leqslant t_i^l<t_i^f$；否则 $R_i(t_j)=0$。

(2) 在企业 i 具有 XBRL 被动采纳动机的前提下，如果 i 不是 XBRL 有效，那么 i 对于 j 的最优反应如下：

$$R_i(t_j)=\begin{cases} t_i^l, & \text{当 } t_j<\widetilde{t_j} \\ t_i^l \text{ 或 } t_i^f, & \text{当 } t_j=\widetilde{t_j} \\ t_i^f, & \text{当 } t_j>\widetilde{t_j} \end{cases}$$

其中 $0\leqslant t_i^f<t_i^l$；否则 $R_i(t_j)=0$。

定理 4a 已知企业 i 具有 XBRL 主动采纳动机，如果 i 是 XBRL 有效的，那么根据定理 2a，可知 $t_i^l=t_i^f=0$，因此有 $R_i(t_j)=0$。定理 4a 后半部分得证。

如果 i 不是 XBRL 有效的，那么存在 t_i^l 和 t_i^f，满足 $t_i^l<t_i^f$。根据定理 3a，当 $t_j<\widetilde{t_j}$，可得，$h(t_j)=L_i(t_i^l, t_j)-F_i(t_i^f, t_j)<0$，即 $F_i(t_i^f, t_j)>L_i(t_i^l, t_j)$；当 $t_j>\widetilde{t_j}$，可得 $h(t_j)=L_i(t_i^l, t_j)-F_i(t_i^f, t_j)>0$，即 $F_i(t_i^f, t_j)<L_i(t_i^l, t_j)$。

(1) 当 $t_j<\widetilde{t_j}$ 时，分 $t_i\leqslant t_j$ 和 $t_i\geqslant t_j$ 两种情况进行讨论：

当任意的 $t_i\leqslant t_j$ 并且 $t_i\neq t_i^f$，有：

$$U_i(t_i, t_j)=L_i(t_i, t_j)\leqslant L_i(t_i^l, t_j)<F_i(t_i^f, t_j)\leqslant L_i(t_i^f, t_j)=U_i(t_i^f, t_j)$$

当任意的 $t_i\geqslant t_j$ 并且 $t_i\neq t_i^f$，有：

$$U_i(t_i, t_j)=F_i(t_i, t_j)<F_i(t_i^f, t_j)=U_i(t_i^f, t_j)$$

从而，任意的 $t_i\neq t_i^f$，满足 $U_i(t_i, t_j)<U_i(t_i^f, t_j)$。因此，当 $t_j<\widetilde{t_j}$，最优反应函数 $R_i(t_j)=t_i^f$。

(2) 当 $t_j=\widetilde{t_j}$ 时，分 $t_i\leqslant\widetilde{t_j}$ 和 $t_i\geqslant\widetilde{t_j}$ 两种情况进行讨论：

当任意的 $t_i\leqslant\widetilde{t_j}$ 并且 $t_i\neq t_i^l$，有：

$$U_i(t_i, \widetilde{t_j})=L_i(t_i, \widetilde{t_j})<L_i(t_i^l, \widetilde{t_j})=U_i(t_i^l, \widetilde{t_j})$$

当任意的 $t_i\geqslant\widetilde{t_j}$ 并且 $t_i\neq t_i^f$，有：

$$U_i(t_i, \widetilde{t_j})=F_i(t_i, \widetilde{t_j})<F_i(t_i^f, \widetilde{t_j})=U_i(t_i^f, \widetilde{t_j})$$

因此，当 $t_j=\tilde{t}_j$，最优反应函数 $R_i(t_j)=t_i^l$ 或 t_i^f。

(3) 当 $t_j>\tilde{t}_j$ 时，同样分 $t_i\leqslant\tilde{t}_j$ 和 $t_i\geqslant\tilde{t}_j$ 两种情况进行讨论：

当任意的 $t_i\leqslant t_j$ 并且 $t_i\neq t_i^l$，有：

$$U_i(t_i,\ t_j)=L_i(t_i,\ t_j)<L_i(t_i^l,\ t_j)=U_i(t_i^l,\ t_j)$$

当任意的 $t_i\geqslant t_j$ 并且 $t_i\neq t_i^l$，有：

$$U_i(t_i,\ t_j)=F_i(t_i,\ t_j)<F_i(t_i^f,\ t_j)<L_i(t_i^l,\ t_j)<F_i(t_i^l,\ t_j)=U_i(t_i^l,\ t_j)$$

从而，任意的 $t_i\neq t_i^l$，满足 $U_i(t_i,\ t_j)<U_i(t_i^l,\ t_j)$。因此，当 $t_j>\tilde{t}_j$，最优反应函数 $R_i(t_j)=t_i^l$。证毕。

定理 4b 的证明与定理 4a 类似，这里不再赘述。

（三）采纳时间纳什均衡分析

通过最优反应函数可以观察到每个企业的 XBRL 采纳时间与其效率和动机类型相关，并很可能受到另一企业的行为的影响。其中，①当企业 i 是 XBRL 有效时，那么它的最优反应是选择立即采纳 XBRL 技术，与企业 j 的策略无关；②当企业 i 具有 XBRL 主动采纳动机并且是 XBRL 无效时，当企业 j 的采纳时间超过$\tilde{t}_j$时，企业 i 的策略会从 XBRL 后行改为 XBRL 先行；③当企业 i 具有 XBRL 被动采纳动机并且是 XBRL 无效时，当企业 j 的采纳时间超过$\tilde{t}_j$时，企业 i 的策略会从 XBRL 先行转到 XBRL 后行。根据企业的最优反应函数，可以分别确定不同效率和动机组合下 XBRL 采纳时间的纳什均衡。需要讨论的不同组合有 10 种，企业之间的博弈结果如表 7-1 所示。下文对各类型组合的博弈结果予以详细分析。

表 7-1　不同竞争特性企业组合的博弈结果

组合	企业 i		企业 j		纳什均衡
	采纳动机	XBRL 效率	采纳动机	XBRL 效率	
1	主动采纳	有效	主动采纳	有效	(0, 0)
2	主动采纳	有效	主动采纳	无效	$(0,\ t_j^f)$
3	主动采纳	有效	被动采纳	有效	(0, 0)
4	主动采纳	有效	被动采纳	无效	不存在
5	主动采纳	无效	主动采纳	无效	$(t_i^l,\ t_j^f)$或$(t_i^f,\ t_j^l)$

（续表）

组合	企业 i		企业 j		纳什均衡
	采纳动机	XBRL 效率	采纳动机	XBRL 效率	
6	主动采纳	无效	被动采纳	有效	$(t_i^f, 0)$
7	主动采纳	无效	被动采纳	无效	不存在
8	被动采纳	有效	被动采纳	有效	(0，0)
9	被动采纳	有效	被动采纳	无效	不存在
10	被动采纳	无效	被动采纳	无效	不存在

组合 1、3、8 的共同特征是两个企业都是 XBRL 有效的。根据最优反应函数的结论，当企业是 XBRL 有效时，它的反应取值为零。那么可得，组合 1、3、8 中存在 XBRL 采纳的纳什均衡，并且均为(0，0)，如图 7-1 所示。组合 2 中企业 i 是 XBRL 有效，它的反应取值为零。而企业 j 具有 XBRL 主动采纳动机，并且不是 XBRL 有效，它的反应时间可根据定理 4a 获得，可得均衡点$(0, t_j^f)$，如图 7-2 所示。组合 6 中企业 j 是 XBRL 有效，它的反应取值为零，而企业 i 具有 XBRL 被动采纳动机，并且不是 XBRL 有效，它的反应时间可根据定理 4b 获得，可得均衡点$(t_i^f, 0)$，如图 7-3 所示。

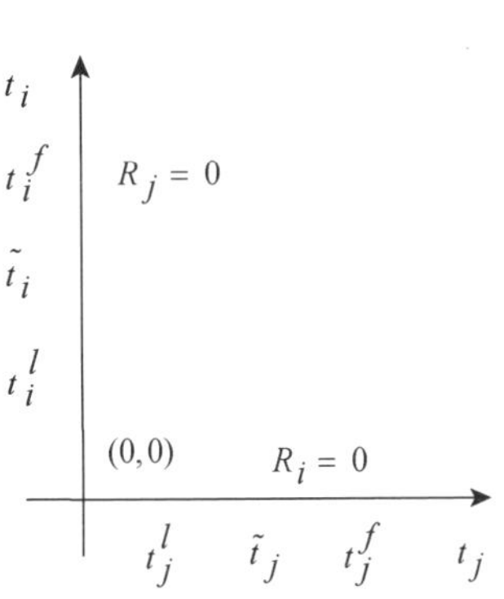

图 7-1　组合 1、3、8 的反应函数交点

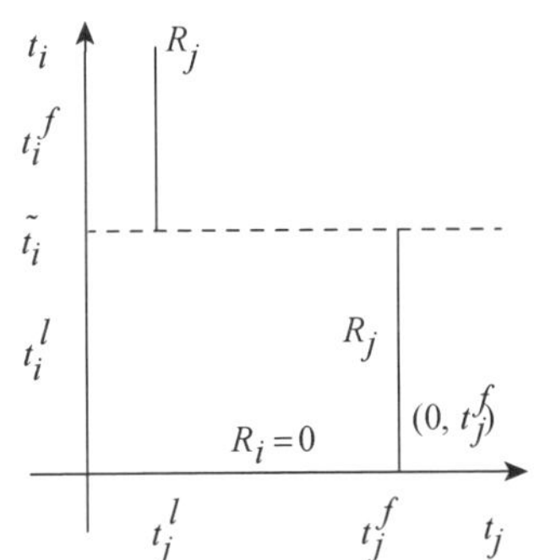

图 7-2　组合 2 的反应函数交点

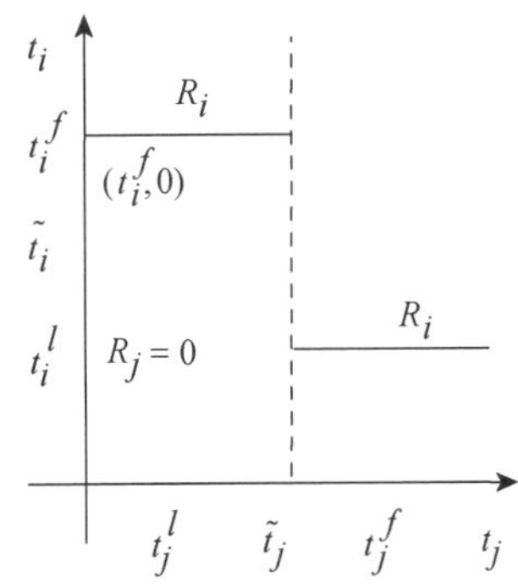

图 7-3　组合 6 的反应函数交点

组合 5 中，随着 $\tilde{t}_i$ 和$\tilde{t}_j$ 取值范围的变化，博弈的结果也会不同，如图 7-4 所

示。当 $t_i^l \leqslant \tilde{t}_i \leqslant t_i^f, t_j^l \leqslant \tilde{t}_j \leqslant t_j^f$ 时,反应函数交点为$(t_i^l,\ t_j^f)$或者$(t_i^f,\ t_j^l)$。当 $t_i^l \leqslant \tilde{t}_i \leqslant t_i^f, \tilde{t}_j \leqslant t_j^l \leqslant t_j^f$ 时,交点为$(t_i^l,\ t_j^f)$,企业 i 为 XBRL 先行者。当 $\tilde{t}_i \leqslant t_i^l \leqslant t_i^f, t_j^l \leqslant \tilde{t}_j \leqslant t_j^f$ 时,交点为$(t_i^f,\ t_j^l)$,企业 j 为 XBRL 先行者。

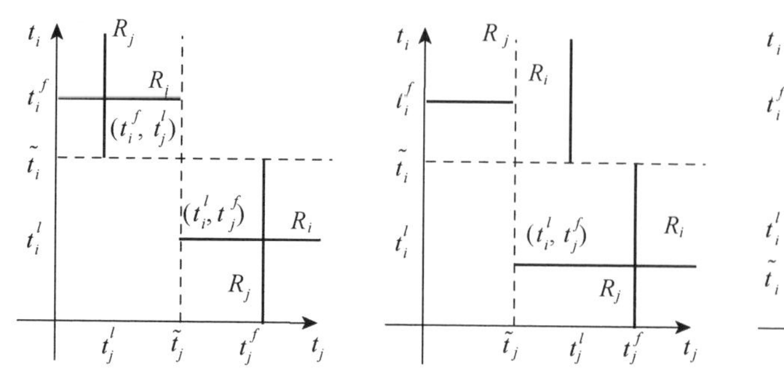

图 7-4　组合 5 的反应函数交点

组合 4、7、9、10 的共同特征是企业 j 是被动 XBRL 采纳动机,并且不是 XBRL 有效。组合 7 中,当 i 是主动 XBRL 采纳动机,并且不是 XBRL 有效时,那么企业反应函数的交点为$(t_i^f,\ t_j^f)$和$(t_i^l,\ t_j^l)$,如图 7-5 所示。企业的策略相同,同时为 XBRL 先行或者 XBRL 后行。那么此时必满足 $t_i^f = t_j^f$ 或者 $t_i^l = t_j^l$。而企业 j 具有 XBRL 被动采纳动机,根据定理 3b,存在 $\tilde{t}_i(t_j^f < \tilde{t}_i < t_j^l)$,使得 $h(\tilde{t}_i) = L_j(\tilde{t}_i,\ t_j^l) - F_j(\tilde{t}_i,\ t_j^f) = 0$。再由于$(t_i^f,\ t_j^f)$是交点,根据定理 4b,可知 $\tilde{t}_i \leqslant t_i^f$,从而得 $t_j^f < \tilde{t}_i \leqslant t_i^f$,这与 $t_i^f = t_j^f$ 相矛盾。即$(t_i^f,\ t_j^f)$不是均衡点。同样的分析可以证明$(t_i^l,\ t_j^l)$不是均衡点。因此组合 7 不存在纳什均衡。

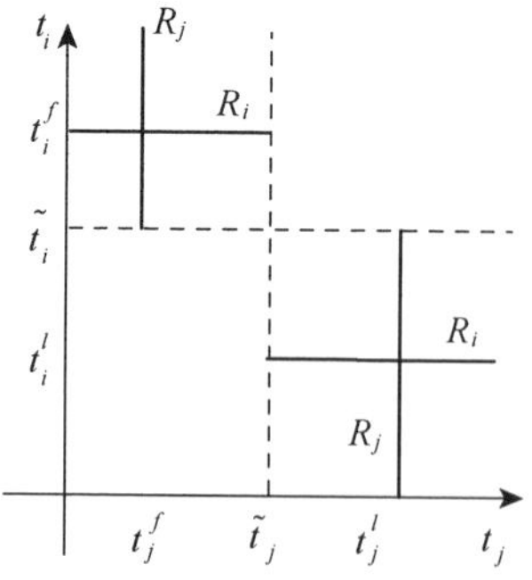

图 7-5　组合 7 的反应函数交点

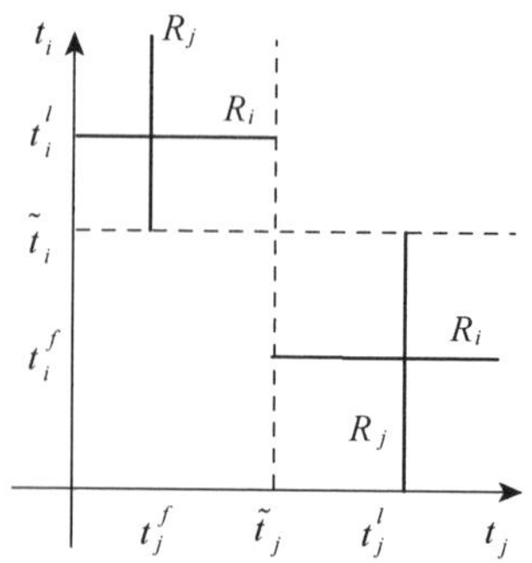

图 7-6　组合 10 的反应函数交点

组合 10 中,当 i 是被动 XBRL 采纳动机,并且不是 XBRL 有效时,那么企业反

应函数的交点为 $(t_i^l,\ t_j^f)$ 和 $(t_i^f,\ t_j^l)$，如图 7-6 所示。以交点 $(t_i^l,\ t_j^f)$ 为例进行证明。根据定理 4b，可知，当 $t_j \leqslant \tilde{t}_j$，企业 i 的最优反应函数 $R_i(t_j) = t_i^l$。因为交点为 $(t_i^l,\ t_j^f)$，可得 $t_j^f \leqslant \tilde{t}_j$。再根据定理 3b，可知 $t_i^f < \tilde{t}_j < t_i^l$。从而可得 $t_j^f < t_i^l$。先行者的采纳时间不能在后行者之后，与定义相矛盾。即 $(t_i^l,\ t_j^f)$ 不是均衡点。同样的分析可以证明 $(t_i^f,\ t_j^l)$ 不是均衡点。因此组合 10 不存在纳什均衡。

组合 4、9 中，i 是 XBRL 有效时，根据定理 5，i 的最优反应时间是 $R_i = 0$。企业反应函数的交点是 $(0,\ t_j^l)$，如图 7-7、图 7-8 所示。而 $t_j^l > 0$ 与 XBRL 技术先行时间应在后行之前相矛盾。因此 $(0,\ t_j^l)$ 不是均衡点。因此组合 4、9 同样不存在纳什均衡。

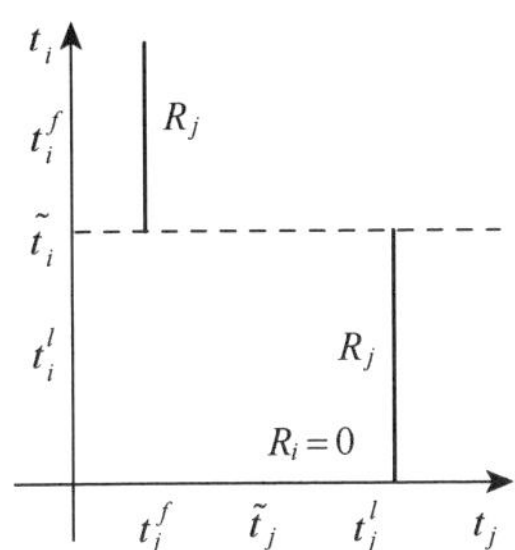

图 7-7　组合 4 的反应函数交点

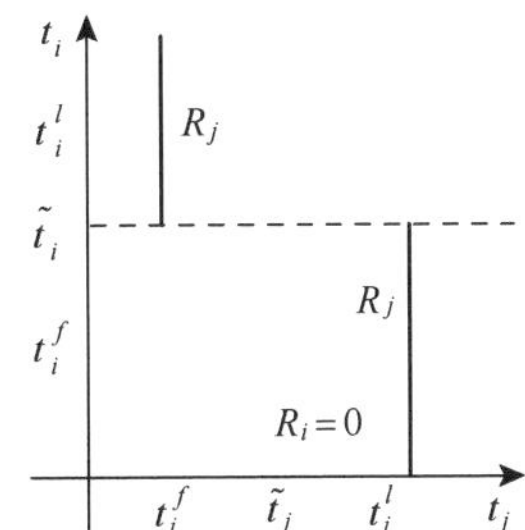

图 7-8　组合 9 的反应函数交点

综合上述分析，在市场竞争环境下，不同效率和动机的企业组合将产生不同的博弈结果，其中，组合 4、7、9、10 并不存在纳什均衡解。可以通过外部因素（例如政府行为）的调整影响企业的 XBRL 采纳动机或是 XBRL 效率，可以改变企业竞争的纳什均衡结果。

二、政府最优辅助系数

政府提供的辅助是为了减轻企业采纳 XBRL 技术的成本，提高企业采用新技术的积极性。然而政府的辅助不能盲目，可根据社会福利的最大化，选择相应的最优辅助系数。根据前面的企业竞争博弈结果，可以确定最优辅助系数。同时，由于不同效率和动机的企业组合的竞争结果不同，政府的辅助策略亦应有所不同，需要对每种组合的最优辅助问题求解。

以组合 2 为例进行分析，在组合 2 中，其博弈结果为 $(0,\ t_j^f)$，将其代入政府

效用函数 $U_G(0, t_j^f)$，可得：

$$\begin{aligned} U_G(0, t_j^f) &= L_i(0, t_j^f) + F_j(0, t_j^f) + W(0, t_j^f) - \Delta(0, t_j^f) \\ &= \int_0^{tf} u_i^1 e^{-\gamma t} dt + \int_{tf}^{\infty} u_i^3 e^{-\gamma t} dt - c_i^0 + \int_0^{tf} u_j^2 e^{-\gamma t} dt + \int_{tf}^{\infty} u_j^3 e^{-\gamma t} dt \\ &\quad + \int_{tf}^{\infty} u_i^3 e^{-\gamma t} dt - c_j^0 e^{-\lambda j t j} + \int_0^{\infty} w_i e^{-\gamma t} dt + \int_{tf}^{\infty} w_j e^{-\gamma t} dt \end{aligned}$$

其中 $t_j^f = \dfrac{1}{\lambda_j - \gamma} \ln \dfrac{(1-\delta_j) c_j^0 \lambda_j}{u_j^3 - u_j^2}$。

1. 对企业 i 的最优辅助系数求解

企业 i 具有主动 XBRL 采纳动机并且 XBRL 是有效的，因此满足 $\dfrac{u_i^3 - u_i^2}{-NC_i'(0)} = \dfrac{u_i^3 - u_i^2}{\lambda_i (1-\delta_i) c_i^0} \geqslant 1$，可推得 $1 - \dfrac{u_i^3 - u_i^2}{\lambda_i c_i^0} \leqslant \delta_i < 1$，此为企业 i 最优辅助系数的约束条件。将组合 2 的博弈结果代入政府效用函数 $U_G(0, t_j^f)$，并求关于 δ_i 的偏导数。由于 $U_G(0, t_j^f)$ 不含 δ_i，其导数恒为零。因此在此情景下对企业 i 的最优辅助系数为符合 δ_i 约束条件的任意系数。

2. 对企业 j 的最优辅助系数求解

企业 j 具有主动 XBRL 采纳动机并且 XBRL 是无效的，因此满足 $\dfrac{u_j^3 - u_j^2}{-NC_i'(0)} = \dfrac{u_j^3 - u_j^2}{\lambda_j (1-\delta_j) c_j^0} < 1$，可推得 $0 \leqslant \delta_j < 1 - \dfrac{u_j^3 - u_j^2}{\lambda_j c_j^0}$，此为企业 j 最优辅助系数的约束条件。再求组合 2 政府效用函数 $U_G(0, t_j^f)$ 关于 δ_j 的偏导数：

$$\begin{aligned} \frac{\partial U_G(0, t_j^f)}{\partial \delta_j} &= u_i^1 e^{-\gamma tf} \frac{\partial t_j^f}{\partial \delta_j} - u_i^3 e^{-\gamma tf} \frac{\partial t_j^f}{\partial \delta_j} + u_j^2 e^{-\gamma tf} \frac{\partial t_j^f}{\partial \delta_j} - u_j^3 e^{-\gamma tf} \frac{\partial t_j^f}{\partial \delta_j} \\ &\quad - w_j e^{-\gamma tf} \frac{\partial t_j^f}{\partial \delta_j} + \lambda_j c_j^0 e^{-\lambda j tf} \frac{\partial t_j^f}{\partial \delta_j} \\ &= e^{-\gamma tf} \frac{\partial t_j^f}{\partial \delta_j} (u_i^1 - u_i^3 + u_j^2 - u_j^3 - w_j) + e^{-\lambda j tf} \frac{\partial t_j^f}{\partial \delta_j} \lambda_j c_j^0 \end{aligned}$$

令 $\dfrac{\partial U_G(0, t_j^f)}{\partial \delta_j} = 0$，即：

$$e^{-\gamma tf} \frac{\partial t_j^f}{\partial \delta_j} (u_i^3 - u_i^1 + u_j^3 - u_j^2 + w_j) = e^{-\lambda j tf} \frac{\partial t_j^f}{\partial \delta_j} \lambda_j c_j^0$$

$$\frac{\lambda_j c_j^0}{u_i^3 - u_i^1 + u_j^3 - u_j^2 + w_j} = e^{(\lambda j - \gamma) tf}$$

可推得 $\delta_j'=\dfrac{u_i^3-u_i^1+w_j}{u_i^3-u_i^1+u_j^3-u_j^2+w_j}$。如果 $\delta_j'\in[0,1-\dfrac{u_j^3-u_j^2}{\lambda_j c_j^0})$ 即符合 j 的最优辅助系数的约束条件，求 $U_G(0,\ t_j^f)$ 关于 δ_j 的二阶偏导数，可得 $U''_G(0,\ t_j^f)\,|_{\delta_j}=\delta_j'<0$，那么最优辅助系数 δ_j^* 即为 $\delta_j^*=\dfrac{u_i^3-u_i^1+w_j}{u_i^3-u_i^1+u_j^3-u_j^2+w_j}$。如果 $\delta_j'\notin[0,1-\dfrac{u_j^3-u_j^2}{\lambda_j c_j^0})$，最优辅助系数 δ_j^* 应为 δ_j' 值最接近的约束区间端点值，分为两种情况：当 $\delta_j'<0$ 时，最优辅助系数 $\delta_j^*=0$；当 $\delta_j'\geqslant 1-\dfrac{u_j^3-u_j^2}{\lambda_j c_j^0}$ 时，最优辅助系数可以为无限逼近 $1-\dfrac{u_j^3-u_j^2}{\lambda_j c_j^0}$ 的值。

继而分别对其余组合进行求解，可得到相应的辅助系数约束条件及其系数解，如表 7-2 所示。

表 7-2　不同竞争特性企业组合的政府最优辅助系数

组合	纳什均衡	辅助系数	约束条件
1	(0, 0)	δ_i 和 δ_j 为符合约束条件的任意数	$\begin{cases}1-\dfrac{u_i^3-u_i^2}{\lambda_i c_i^0}\leqslant\delta_i<1\\1-\dfrac{u_j^3-u_j^2}{\lambda_j c_j^0}\leqslant\delta_j<1\end{cases}$
2	$(0,\ t_j^f)$	$\begin{cases}\delta_i\ \text{为符合约束条件的任意数}\\\delta_j=\dfrac{u_i^3-u_i^1+\omega_j}{u_i^3-u_i^1+u_j^3-u_j^2+\omega_j}\end{cases}$	$\begin{cases}1-\dfrac{u_i^3-u_i^2}{\lambda_i c_i^0}\leqslant\delta_i<1\\0\leqslant\delta_j<1-\dfrac{u_j^3-u_j^2}{\lambda_j c_j^0}\end{cases}$
3	(0, 0)	δ_i 和 δ_j 为符合约束条件的任意数	$\begin{cases}1-\dfrac{u_i^3-u_i^2}{\lambda_i c_i^0}\leqslant\delta_i<1\\1-\dfrac{u_j^1-u_j^0}{\lambda_j c_j^0}\leqslant\delta_j<1\end{cases}$
4	不存在	不存在	无
5	$(t_i^l,\ t_j^f)$ 或 $(t_i^f,\ t_j^l)$	$\begin{cases}\delta_i=\dfrac{u_j^2-u_j^0+\omega_i}{u_i^1-u_i^0+u_j^2-u_j^0+\omega_i}\\\delta_j=\dfrac{u_i^3-u_i^1+\omega_j}{u_i^3-u_i^1+u_j^3-u_j^2+\omega_j}\end{cases}$ 或 $\begin{cases}\delta_i=\dfrac{u_j^3-u_j^1+\omega_i}{u_i^3-u_i^2+u_j^3-u_j^1+\omega_i}\\\delta_j=\dfrac{u_i^2-u_i^0+\omega_j}{u_i^2-u_i^0+u_j^1-u_j^0+\omega_j}\end{cases}$	$\begin{cases}0\leqslant\delta_i<1-\dfrac{u_i^3-u_i^2}{\lambda_i c_i^0}\\0\leqslant\delta_j<1-\dfrac{u_j^3-u_j^2}{\lambda_j c_j^0}\end{cases}$

（续表）

组合	纳什均衡	辅助系数	约束条件
6	$(t_i^f, 0)$	$\begin{cases}\delta_i = \dfrac{u_j^3 - u_j^1 + \omega_i}{u_i^3 - u_i^2 + u_j^3 - u_j^1 + \omega_i} \\ \delta_j \text{ 为符合约束条件的任意数}\end{cases}$	$\begin{cases}0 \leqslant \delta_i < 1 - \dfrac{u_i^3 - u_i^2}{\lambda_i c_i^0} \\ 1 - \dfrac{u_j^1 - u_j^0}{\lambda_j c_j^0} \leqslant \delta_j < 1\end{cases}$
7	不存在	不存在	无
8	$(0, 0)$	$0 \leqslant \delta_i < 1, 0 \leqslant \delta_j < 1$	$\begin{cases}1 - \dfrac{u_i^1 - u_i^0}{\lambda_i c_i^0} \leqslant \delta_i < 1 \\ 1 - \dfrac{u_j^1 - u_j^0}{\lambda_j c_j^0} \leqslant \delta_j < 1\end{cases}$
9	不存在	不存在	无
10	不存在	不存在	无

最优辅助系数的确定能够为政府进行决策提供参考，企业的竞争特质不同，则政府的最优辅助系数也应当有所不同。在一些特殊情况下，比如组合 4、7、9、10，如果政府辅助无法改变企业的竞争特质，将无法促成企业的 XBRL 技术采纳。导致这样的原因很可能是企业还没准备好实施新技术，政府甚至可以暂缓推广该技术，当然亦可以借助其他措施调整不存在纳什均衡解的博弈结果。

三、调整不存在纳什均衡解的博弈结果

由上述结论可以观察到在市场竞争环境下不同效率和动机的企业组合将产生不同的博弈结果，其中，组合 4、7、9、10 并不存在纳什均衡解，也因此不存在政府最优辅助系数。在这些情况下，可通过外部力量（例如政府行为）的干预调整企业的 XBRL 采纳动机或者 XBRL 效率，从而改变企业竞争的纳什均衡结果。

以组合 7 为例进行不存在纳什均衡解的调整分析。R_i'和R_j'分别是组合 7 中 i 和 j 的最优反应函数。尽管图 7-9 中显示R_i'和R_j'有交点，但这些交点与定义矛盾，因此不存在纳什均衡。通过调整企业的采纳动机或者效率，可以改变博弈结果。例如，政府增加对企业 j 的技术支持，提高 δ_j，使企业 j 的 XBRL 效率变为有效。由图 7-9，可观察到 j 的最优反应函数变为 $R_j=0$，此时就存在纳什均衡解为$(t_i^f, 0)$。

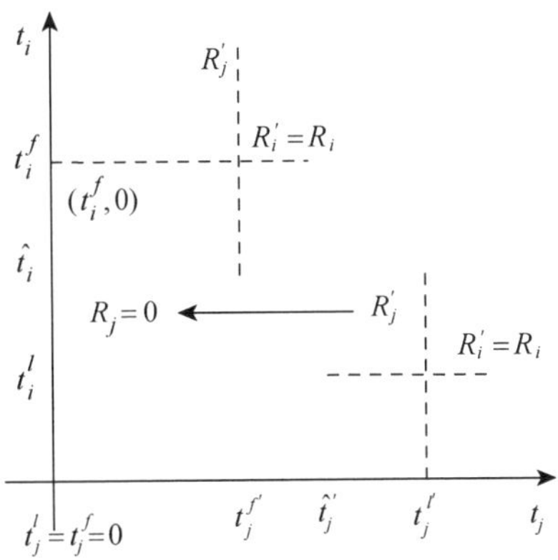

图 7-9　不存在纳什均衡解的调整示例

第三节　XBRL 技术推进中的政府行为因素

由于政府部门具有制定政策、协调各方利益、提供公共产品等行政手段，当通过市场自发作用进行 XBRL 技术扩散失效时，政府部门应当主动承担起更多的责任以弥补市场的缺陷，努力提升企业的 XBRL 披露动机以及 XBRL 效率。因此以下将重点分析政府行为对市场竞争环境下 XBRL 技术扩散博弈模型的影响作用。

一、政府对信息披露的行政干预

政府部门可以通过制定政策来规划 XBRL 信息披露的时间表，约束 XBRL 信息披露范围以及细致程度。政府强制要求企业进行 XBRL 信息披露，能够加速 XBRL 技术扩散，但根据竞争博弈模型分析，参与披露的企业可能不具备 XBRL 效率，即 $E_i < 1$，XBRL 技术采纳并非企业的合理选择，由此形成的扩散局面并不是通过市场竞争机制所导致的。XBRL 信息披露安排太过仓促会导致企业准备不足，效果可能适得其反。在实施过程中企业产生的负面情绪通过社会网络被迅速放大，也会给政府部门的管理带来巨大冲击和严峻挑战，反过来阻碍技术扩散。

在 XBRL 信息披露内容上，对信息的 XBRL 表示越细致，便越能挖掘更多有用的信息，从而更有助于决策制定，使得 u_i^1 和 u_i^3 效用提高，先行效用 $u_i^1-u_i^0$ 和后行机会成本 $u_i^3-u_i^2$ 同样增加。然而在 XBRL 细致程度达到一定水平之后，由于更细致的表示通常个性化比较强，标准比较难以统一，数据的可比性和有用性也随之降低，因此不会带来更多的效用增加。另外，信息的 XBRL 表示越细致，信息披露的初始成本 c_i^0 将会升高（当企业需要通过自定义 XBRL 元素来满足细致水平要求时，初始成本的增加就更加明显），在 λ_i 和 δ_i 不变的情况下，企业的净成本 $NC_i(t_i)$ 提高，将导致企业的 XBRL 效率 E_i 下降。因此应当考虑合理的 XBRL 信息披露细致要求，平衡信息披露带来的效用增加和成本提高。

二、政府的统一会计信息平台建设

统一会计信息平台为企业进行 XBRL 信息披露提供实施环境，可以作为信息披露、分析、交流的公共平台，将提升信息披露的效用，即 u_i^1 和 u_i^3 效用增加。信息平台建设并不增加企业实施成本，反而企业的 XBRL 效率将得到提升。

统一会计信息平台还可以通过 XBRL 实现财务数据与税务、银行等部门之间的数据对接，提升现有的业务处理效率。一方面，不同数据源的相互融通能够实现多部门的互利共赢，并为企业提供更多的潜在效益增长点，u_i^1 和 u_i^3 效用提高，从而有先行效用 $u_i^1-u_i^0$ 和后行机会成本 $u_i^3-u_i^2$ 都增加，提升企业的 XBRL 采纳动机。另一方面，更多披露要求也将增加信息披露成本，c_i^0 将增加，这将导致 $-NC'_i(0)=(1-\delta_i)c_i^0\lambda_i$ 增加。由于效用与成本同时增加，XBRL 效率的提升与否就取决于两者的增幅比值。如果效用的增幅大于成本的增幅，那么 XBRL 效率值将增大，反之则 XBRL 效率值将减小。尽管无法明确 XBRL 效率值的变动方向，但仍可以通过对分类标准架构的合理设计，实现标准之间的融合与统一，最大程度减少重复报送，降低信息披露成本 c_i^0，提升企业 XBRL 效率。

三、政府对社会资源的调动与利用

政府可以调动其他社会资源参与和协助 XBRL 技术扩散。在美国，包括 SEC、XBRL 美国组织、美国注册会计师协会和管理会计师协会等机构组织都在大力推广 XBRL 技术，为 XBRL 技术扩散出谋划策。在 SEC 自愿披露计划过程中，SEC 协同其他机构根据自愿披露结果对错误进行更正调整，促进 XBRL 技术和流程的改进。政府通过利用社会资源，采取一系列的措施可以减少采用者

在 XBRL 技术上的投入成本，包括人员的教育和定期培训以及最佳 XBRL 实践的经验交流与分享，形成政府强有力的辅助作用(δ_i 提升)，并且持续的辅助作用将加快 XBRL 的成本下降(λ_i 提升)，从而使净成本 $NC_i(t_i)$下降，XBRL 效率提升。根据前文的分析，任意一方企业的效率由 XBRL 无效变为 XBRL 有效，都可能促使 XBRL 技术的采纳时间提前。

为了使 XBRL 数据得到更广泛的应用，还应当确立 XBRL 文档的法律地位，为此政府需要调动会计师事务所的关键作用。这能够保证 XBRL 格式的财务信息的真实性和完整性，使 XBRL 数据在市场中的应用真正实现，并将增加企业的效用 u_i^1 和 u_i^3。然而，如果将 XBRL 文档扩展为审计对象，那么在对传统格式财务报表审计的基础上，会计师事务所还要额外增加对 XBRL 文档的审计，这无疑将增加审计成本。由企业来承担这部分成本，那么技术采纳的初始成本 c_i^0 将增加。因此，设计合理高效的 XBRL 文档审计机制，使得比起审计成本的增加，效用的增加更为明显，将是决定 XBRL 技术创新能否成功扩散的一个关键因素。

还有学者认为，如果 XBRL 没有在企业内部得到应用，其应用价值将大打折扣(Roohani 等，2009)。然而企业普遍担心在内部实施 XBRL 技术将替换或者更改已有的信息系统，从而带来高昂的系统转换成本和复杂的兼容性问题(刘勤，2006；Cordery 等，2011)，这将使技术采纳的初始成本 c_i^0 大大增加。政府不能通过法律手段强制企业在内部采用 XBRL 技术，但仍可以积极鼓励软件开发商在企业内部应用方面的研发，引导和推进 XBRL 在企业内部的应用。

综上所述，不同的政府行为会对企业的竞争特性产生不同影响，并使博弈模型中的变量发生相应变动，影响结果如表 7-3 所示。根据这一分析结果，针对具体的应用现状，可以选择合适的政府行为对技术扩散加以引导。

表 7-3　政府行为对博弈模型变量的影响

政府行为		$u_i^1-u_i^0$	$u_i^3-u_i^2$	c_i^0	λ_i	δ_i	t_i
对信息披露的行政干预	强制要求企业 XBRL 信息披露	不变	不变	不变	不变	不变	采纳时间提前，但并不是模型变量值改变所致
	强调 XBRL 信息披露的细致程度	增加	增加	增加	不变	不变	设计合理的 XBRL 信息披露细致要求，提高 XBRL 效率，可以促进扩散

（续表）

政府行为		$u_i^1-u_i^0$	$u_i^3-u_i^2$	c_i^0	λ_i	δ_i	t_i
统一会计信息平台建设	搭建统一会计信息平台	增加	增加	不变	不变	不变	统一会计信息平台可以提升XBRL效率,促进扩散
	扩充XBRL数据源	增加	增加	增加	不变	不变	通过对分类标准架构的合理设计,控制信息披露成本增加,提升XBRL效率,从而促进扩散
社会资源的调动与利用	人员的教育和定期培训、最佳XBRL实践的经验交流与分享	不变	不变	不变	增加	增加	更多的辅助工作能够提升XBRL效率,促进扩散
	发挥会计师事务所的关键作用,确定XBRL数据的合规性	增加	增加	增加	不变	不变	在效用增加的前提下,控制审计成本的增加,可以提升XBRL效率,促进扩散
	积极鼓励软件开发商在企业内部应用XBRL的研发	增加	增加	增加	不变	不变	XBRL在企业内部的应用将真正使XBRL融入企业管理,但需要衡量由此所带来的成本增加

第四节　竞争博弈机制对中国XBRL事业的启示

一、中国XBRL分类标准的创建模式

中国XBRL分类标准的层级架构遵循“行业通用→行业扩展→企业扩展”的模式,在表格建模上则是采用维度建模方式。以下从总体架构和逻辑设计予以详细介绍。

（一）总体架构

财政部于2009年4月发布了《关于全面推进我国会计信息化工作的指导意见》(财会〔2009〕6号)，提出了包括建立XBRL标准等会计信息化标准体系在内的全面推进我国会计信息化的工作目标。

2010年，财政部会同相关政府部门和监管机构、科研院所、会计中介机构、软件开发商和企业等，开发制定了基于企业会计准则的通用分类标准(以下简称通用分类标准)。通用分类标准遵循了国家标准化管理委员会发布的《可扩展商业报告语言(XBRL)技术规范第1部分:基础》(GB/T 25500.1—2010)、《可扩展商业报告语言(XBRL)技术规范第2部分:维度》(GB/T 25500.2—2010)、《可扩展商业报告语言(XBRL)技术规范第3部分:公式》(GB/T 25500.3—2010)、《可扩展商业报告语言(XBRL)技术规范第4部分:版本管理》(GB/T 25500.4—2010)系列国家标准，体现了企业会计准则、应用指南和企业会计准则解释(以下统称企业会计准则)的要求，未来将随企业会计准则的补充修订进行修改和维护。

2015版通用分类标准包含通用部分和行业扩展部分，在架构上与2014版国际财务报告准则分类标准的架构趋同。

通用部分包含了财务报表和附注等财务报告组成要素，反映的是企业会计准则对财务报告列示和披露的基本要求，是企业编制XBRL格式财务报告的基础。对于在国际财务报告准则分类标准中已定义、与我国企业会计准则含义一致的会计概念，通用分类标准采用直接引用的方式，将国际财务报告准则分类标准核心模式文档中的相关元素装载到通用分类标准中。

行业扩展部分是在通用部分的基础上，对特定行业财务报告领域的延伸，反映了行业特色的披露内容，按照行业财务报告的类别进行组织；对于在通用部分中已定义的财务报告概念和结构，行业扩展部分不再重复定义元素和扩展链接角色，而是直接引用通用部分。目前的行业扩展部分包括石油和天然气行业扩展部分和银行业扩展部分。

为妥善处理通用部分和行业扩展部分之间的关系，通用分类标准采用了“松耦合”的架构设计模式，即通用部分和各行业扩展部分在逻辑上保持内在统一，在文件结构上保持相对独立，便于对通用部分和行业扩展部分相对独立地修改。具体层级架构如图7-10所示。

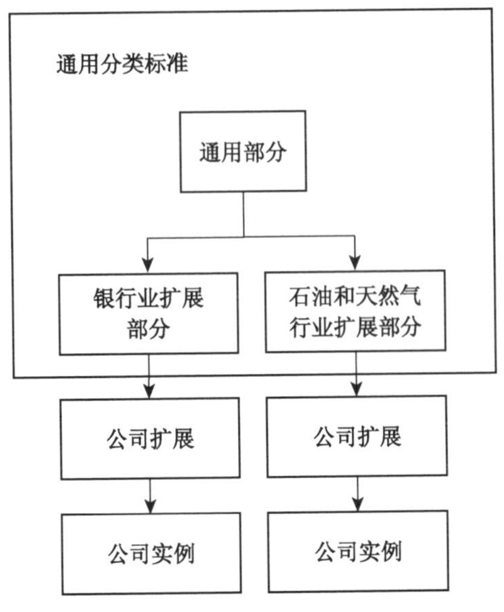

图 7-10　财政部通用分类标准层级架构

（二）逻辑设计

关于通用分类标准的微观层面，以下从元素、扩展链接角色和维度来介绍通用分类标准的逻辑设计。

1. 元素

通用分类标准中的元素是依据《可扩展商业报告语言（XBRL）技术规范第 1 部分：基础》（GB/T 25500.1—2010）、《可扩展商业报告语言（XBRL）技术规范第 2 部分：维度》（GB/T 25500.2—2010）、《可扩展商业报告语言（XBRL）技术规范第 3 部分：公式》（GB/T 25500.3—2010）、《可扩展商业报告语言（XBRL）技术规范第 4 部分：版本管理》（GB/T 25500.4—2010）系列国家标准，根据企业会计准则以及石油和天然气行业、银行业特性提取的用于财务报告的概念。2015 版通用分类标准中使用的财务报告概念（元素）总数为 5 013 个，其中通用部分元素 4 317个，石油和天然气行业扩展部分元素 110 个，银行业扩展部分元素 586 个。通用分类标准中使用的国际财务报告准则分类标准元素共 635 个。

通用分类标准使用了 GB/T 25500—2010《可扩展商业报告语言（XBRL）技术规范》系列国家标准所定义的 3 类元素（替换组）：数据项（item）、超立方体项

(hypercubeItem)、维度项(dimensionItem)。表 7-4 列示了通用分类标准中3类元素的使用情况。

表 7-4 财政部通用分类标准使用的元素种类

元素种类 (替换组)	通用部分 数量	石油和天然气行业 扩展部分数量	银行业扩展 部分数量
数据项(item)	4 010	104	545
超立方体项(hypercubeItem)	164	2	27
维度项(dimensionItem)	143	4	14
合计	4 317	110	586

数据来源:2015 年企业会计准则通用分类标准指南。

与 XBRL 语法元素一样,通用分类标准元素也包含一系列属性,包括名称(name)属性、标识(id)属性、抽象(abstract)属性、是否可为空(nillable)属性、时间类型(periodType)属性、借贷(balance)属性、数据项类型(type)属性。

根据不同用途,通用分类标准元素被定义为不同的数据类型。表 7-5 列示了通用分类标准元素的数据类型及示例。

表 7-5 财政部通用分类标准使用的元素数据类型统计及举例

数据类型	英文名称	元素数量			数据类型举例
		通用部分	石油和天然气行业扩展部分	银行业扩展部分	
货币类型	monetaryItemType	2 045	52	293	资产
字符串类型	stringItemType	1 349	43	139	存货跌价准备的计提方法
域类型	domainItemType	480	7	106	实收资本(或股本)[member]
文本块类型注	textBlockItemType	289	5	41	固定资产信息披露[text block]
百分比类型	percentItemType	111	2	7	法定盈余公积提取比例

（续表）

数据类型	英文名称	元素数量			数据类型举例
		通用部分	石油和天然气行业扩展部分	银行业扩展部分	
小数类型	decimalItemType	12	0	0	天然起源的生物资产数量
日期类型	dateItemType	13	0	0	应付债券到期日
纯数类型	pureItemType	6	1	0	货币资金折算汇率
股份类型	sharesItemType	9	0	0	发行权益性证券作为支付对价的股份数量
元/每股类型	perShareItemType	3	0	0	基本每股收益
合计		4 317	110	586	

数据来源：2015 年企业会计准则通用分类标准指南。

2. 扩展链接角色（ELR）

通用分类标准的通用部分和行业扩展部分在逻辑设计上分别将财务报告信息关系分成组，每组关系视为一个整体进行处理。扩展链接角色（ELR）是一组可被视为一个整体进行处理的财务信息关系的标识符。

通用分类标准的通用部分将财务信息关系按照财务报表和附注分成若干扩展链接角色，每个扩展链接角色对应一个或多个同类别的财务报表或附注表格，同一具体会计准则的披露要求可能会对应一个或多个扩展链接角色。例如，财务报表列报准则中关于资产负债表的披露要求被作为一个扩展链接角色，固定资产准则中关于固定资产的披露要求也被作为一个扩展链接角色。

通用分类标准中各行业扩展部分直接引用了通用部分中的部分扩展链接角色。对于在通用部分中已定义、与行业财务报告共性内容相一致的财务报告组成部分，行业扩展部分直接引用相应的通用部分扩展链接角色。行业扩展部分链接库文件不定义这些被引用的通用部分扩展链接角色，而是直接指向通用部分文件夹中该扩展链接角色所在的路径。反映行业财务报告特有的扩展链接角色，在各行业扩展部分链接库中进行定义，使用者可通过相应的入口模式文档，查阅行业扩展部分中直接引用的通用部分扩展链接角色以及行业新增定义的扩

展链接角色。

需要特别说明的是，虽然行业财务报告中某些元素的含义与通用部分中的元素一致，可直接从通用部分中引用，但往往名称与通用部分有所差别，例如通用部分中的元素 Subsidiaries Included In Scope Of Consolidated Financial Statements Percentage Of DirectInterest Held By Company，在通用部分中的名称是“本公司直接持有纳入合并财务报表范围子公司股权比例”，而银行业财务报告中使用的名称是“本行直接持有纳入合并财务报表范围子公司股权比例”。行业扩展部分在引用这部分元素时，重新定义了相应的元素的中文和英文标签。

3. 维度

维度是用来对存在维度结构的表格进行建模的一种 XBRL 技术。通用分类标准使用的维度为明确维度（explicit dimension），不使用元组（tuple）和类型化维度（typed dimension）。按应用范围分，通用分类标准中的维度包括通用维度和非通用维度，其中通用维度可以由报表编制者根据实际需要应用到任何基本项目中，如“维度——追溯应用和追溯重述”。非通用维度只用于描述特定报表项目，如“维度——存货类别”。

通用分类标准中的维度还可分为封闭式和开放式两类。封闭式维度包含既定的内容（如定义的域成员元素），报表编制者不能改动，例如“ELR [901000]维度_追溯应用和追溯重述”。开放式维度可由报表编制者扩展，例如“ELR [801110]附注_存货（一般工商业）”中的存货类别维度。在通用分类标准中，绝大部分非通用维度都是开放维度。

二、当前中国 XBRL 事业存在的问题

首先分析中国 XBRL 分类标准的扩展水平。2013 年实施财政部通用分类标准的企业包括 36 家大型企业、168 家地方企业。根据财政部会计司发布的《2013 年 XBRL 通用分类标准的实施总结报告》分析，针对大型企业和地方企业，实施报告分别统计了各行业的通用分类标准实施情况①，包括财务信息元素

① 为了统一反映银行业分类标准扩展的整体情况，总结报告统一分析了 21 家银行（包括 18 家大型银行和 3 家省属城市商业银行）。

的总扩展率、虚元素扩展率、实元素扩展率①，如表 7-6 所示。

由表 7-6 能观察到，不管是大型企业或是地方企业，任意行业的分类标准扩展率都超过了 30%，最高的甚至达到了 69.73%（H 住宿和餐饮业），换句话说就是每个行业中的企业在进行 XBRL 数据报送时，每披露 100 个信息元素中重新定义的信息元素超过 30 个，最高的甚至达到每披露 100 个信息元素中重新定义的信息元素接近 70 个之多。这足以说明企业进行 XBRL 信息披露工作的繁重。

表 7-6　财政部 XBRL 通用分类标准扩展率（2013 年度）

大型企业				
行业	总扩展率	虚元素扩展率	实元素扩展率	样本数（个）
石油天然气行业	30.62%	29.83%	31.26%	3
银行业	43.10%	52.26%	34.22%	21
保险业	—	—	59.04%	5
其他 10 家大企业	—	—	53.87%	10
地方企业				
行业	总扩展率	虚元素扩展率	实元素扩展率	样本数（个）
A 农、林、牧、渔业	63.78%	74.88%	52.23%	7
B 采矿业	59.25%	73.19%	43.19%	16
C 制造业	53.01%	67.61%	36.15%	51
D 电力、热力、燃气及水生产和供应业	57.89%	72.26%	41.08%	23
E 建筑业	52.40%	70.10%	32.68%	5
F 批发和零售业	42.37%	58.04%	27.87%	16
G 交通运输、仓储和邮政业	44.37%	58.20%	32.57%	12
H 住宿和餐饮业	69.73%	86.46%	50.32%	1
I 信息传输、软件和信息技术服务业	50.20%	66.17%	34.17%	5
J 金融业	49.68%	62.87%	36.41%	10
K 房地产业	55.11%	68.84%	40.15%	6
L 租赁和商务服务业	51.04%	65.84%	36.20%	4

① 大型企业的保险业和其他 10 家大企业仅给出了实元素扩展率。

（续表）

行业	总扩展率	虚元素扩展率	实元素扩展率	样本数(个)
M科学研究和技术服务业	35.91%	48.50%	25.74%	1
N水利、环境和公共设施管理业	46.80%	62.53%	33.16%	2
O居民服务、修理和其他服务业	49.93%	62.69%	37.22%	4
R文化、体育和娱乐业	54.01%	69.72%	33.22%	2
合计(地方企业)	53.00%	67.68%	37.20%	165

数据来源：会计司2013年企业会计准则通用分类标准实施工作总结报告。

降低企业XBRL信息披露的扩展率是否就能够解决目前所面临的所有问题？我们曾经对上海证券交易所的XBRL分类标准实施情况(2010年度XBRL财务报告)进行分析，发现其元素扩展的部分占元素的比例较小，全样本均值是0.73%，采掘业的比例最高也仅达到2.56%(吴忠生等，2013)。从分类标准扩展的角度分析，上交所的XBRL分类标准已经足够好，然而自2008年开始要求所有沪市上市公司披露XBRL格式的年度报告以来，市场对沪市XBRL财务报告的认可度并不太高。

因此，通过降低企业XBRL信息披露的扩展率可以降低信息披露的复杂程度，在一定程度上促进企业披露XBRL财务报告。然而中国的XBRL事业面临的还不仅仅是如何促进企业披露XBRL财务报告，而是一系列的相关问题。

首先，企业的披露动力不足。由于XBRL技术具有一定的复杂性，并且企业并不直接受益于XBRL技术，因此其通常不会选择主动采纳，而随着技术的实施，XBRL的市场价值(如提高财务信息的准确性、可比性、透明度)同样没有显现，这样的应用局面反过来更加抑制了企业的信息披露动力。

其次，XBRL数据并未提供审计服务。当前XBRL数据的法律地位尚未确立，XBRL财务报告仅供参考，这将让有意通过XBRL数据进行决策分析的投资者望而却步。以上交所为例，虽然在上市公司披露2008年度报告时就实现了PDF文件和XBRL实例文档的同步披露，但由于XBRL实例文档法律地位的缺失，显示页面后都加上“XBRL实例文档数据仅供参考，请以公司披露的PDF文件为准”的特别提示。XBRL数据的审计问题不仅仅是中国所面临的。美国哥伦比亚大学针对SEC的XBRL应用所进行了调查研究，受访者普遍表示由于未对XBRL数据进行审计，使得使用者对XBRL数据的可靠性产生怀疑，因此很多受访者选择不采用 XBRL 数据。因此,在相关部门开展大规模的 XBRL 应用前,如将 XBRL 实例文档作为监管对象信息披露文件格式之一,并允许投资者下载分析,应先确立 XBRL 实例文档的法律地位。

最后,XBRL 财务报告数据的应用不足。就当前的 XBRL 应用局面而言,XBRL 财务报告数据的应用还较为简单,应进一步挖掘数据标准化的应用价值,增强市场对 XBRL 价值的信心。因此,如何真正使市场接纳 XBRL 技术才是我们应当认真考虑的终极问题。同时,由于支持 XBRL 技术的系统、数据库等基层设施尚未成熟,处理 XBRL 数据的效率还比较低,存储代价相对较大,这些方面也制约了 XBRL 财务报告数据的应用(刘勤,2006)。

三、XBRL 技术扩散中的政府介入方式

XBRL 技术的准公共产品特性,决定了政府在 XBRL 技术扩散中应占有的重要地位。由于 XBRL 技术的外部性必须依靠政府的积极主导和参与,政府应在其技术扩散中发挥积极的作用,并且技术扩散中政府的不同介入程度,能够发挥的作用并不相同,其介入成本也会有较大的差别,因此可以按照政府介入 XBRL 扩散的不同程度对扩散过程进行一些分析。政府在技术扩散中的介入模式主要可以分为三种,如图 7-11 所示。

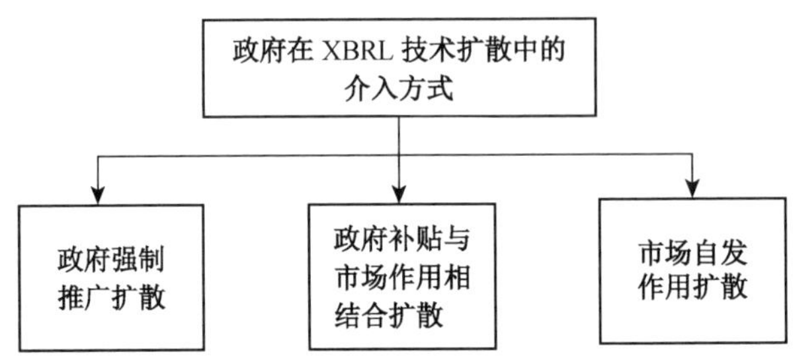

图 7-11　政府在 XBRL 技术扩散中的介入方式

1. 政府强制推广扩散

政府强制推广,是指政府通过计划指令,运用强有力的政策或经济、行政手段,对某项技术创新的扩散给予推动,从而达到该技术创新在全国范围内推广的目的。这一模式中的技术创新往往是一些有利于社会环境,或对全社会的经济效益产生重大影响的技术创新,如国家的重点基础研究、科技支撑计划等项目的

成果。这一类技术采纳对企业来说,需要增加相应的投资和经营的成本,所以企业往往不愿意采用。为此,政府需要采用一些强制性手段和措施,例如立法、指标控制等,从而使该项技术在全社会范围内得以扩散。这种介入情况的好处在于使扩散的过程完全处于政府的控制之下,使其在计划协调的作用下,成本降到最低。但是,这种方式对于扩散的双方都缺乏一定的激励约束机制,因此可能会产生一定的道德风险问题。

2. 政府补贴与市场作用相结合扩散

这种介入情况包含两个方面:一方面,政府通过制定各种优惠政策技术为创新技术的采纳者创造条件,以鼓励企业去采用创新技术;另一方面,作为企业自身迫于市场的竞争压力和追求高额利润的需要,也会采用该项创新技术。政府扶持与市场作用相结合的扩散对象一般都是一些对国民经济发展有重大影响,能改变现有产品结构和产业结构,提高国家技术水平的技术创新。同时,企业采用这些技术创新需要投入一定的资金和人力,而企业自身的经济实力还无法完全达到,需要政府给予一定的扶持,帮助企业进行该技术的扩散。在这一模式中,政府的作用相对独立,它使技术的扩散过程成为一个完全市场化、企业化的扩散过程。其运行的机制为:技术扩散的费用完全由接受方承担,接受方在接受这一技术的过程中产生了多少交易费用就要承担多少费用,政府则根据技术的外部性原理给予企业适当补贴。这一模式的好处在于:其扩散过程完全遵循了市场机制的作用,使得社会经济活动的参与主体在享受利益的同时也承担了相应的责任,实现了各自的均衡。

3. 市场自发作用扩散

市场自发作用,即技术创新的扩散没有政府的强制性计划指令,也没有政府的扶持,完全依靠市场的导向。这种模式中,企业迫于市场竞争的压力和追求高额利润的需要而自发主动地去采用技术,从而推动技术创新在社会范围内的扩散。这一类扩散对象大多是一些非关系到国计民生的一般技术创新产品,企业采用这类创新技术的成本不高,但又能提高企业的竞争优势,打破原有的市场竞争平衡态势。可以说市场自发作用的扩散模式完全是市场竞争作用的结果。政府在这种情况下主要是为企业营造一个适宜创新扩散的良好环境,政府需要制定相关的扶持政策,特别是知识产权方面,如资金补贴、减免税收、知识产权保护、制订合作框架，以创造一个以合作为基础的公平竞争环境，通过提高国民教育的支出来提高企业吸收技术创新的能力等，在这种扩散模式中，政府的作用虽然不是决定性的，但也是不可缺少的，政府为市场有序发展所营造的政策环境不仅可以影响技术扩散的范围，还可以影响其扩散的速度。

不同的政府介入方式可能会导致完全不同的 XBRL 技术扩散结果，然而也未必就有一种完美的介入方式。然而，政府在许多的 XBRL 应用案例中大多扮演了强制执行的角色。经验证明，仅靠政府强制推行是远远不够的，还需要考虑其他利益相关者的成本效益。政府强制推行在短期内可以促进 XBRL 技术推进，但在长期则未必，甚至会导致技术推进的倒退。因此，根据不同的技术扩散阶段的实际情况，包括外部环境、技术水平、组织结构等因素，政府介入方式应当有所调整。

四、对中国 XBRL 事业推进路径的建议

中国 XBRL 的实施过程也凸显出政府介入方式不合理的问题，目前中国 XBRL 数据也存在明显的应用不足现象，不论是上交所还是深交所抑或是财政部的 XBRL 应用。究其原因，很关键的一点就是对 XBRL 数据并未提供审计服务，无法保证其可靠性。企业一开始便没有应用 XBRL 主动性，因为他们并不能直接受益于 XBRL 技术，而随着技术的实施，XBRL 的市场价值（如提高财务信息的准确性、可比性、透明度）同样没有实现，这样的应用局面反过来更加抑制了企业的信息披露动力。

XBRL 能够提供共同遵循的数据标准，并且 XBRL 标准标记的范围越广、标记的颗粒度①越细致，XBRL 就越能发挥其价值，能够更广泛地实现所需数据的"数出一门、重复使用"。然而，目标越宏大，困难也就越大。在资本市场中，XBRL 技术的应用主要涉及三类利益相关者：政府监管机构、XBRL 信息披露者和 XBRL 信息使用者。对于政府监管机构而言，他们希望通过 XBRL 对数据进行标准化，规范信息披露，推动资本市场的有序发展，并且这更有利于监管。对于 XBRL 信息披露者而言，他们希望通过 XBRL 数据标准，能够解决多头报送

---

① 元素的颗粒度越细，所需定义的元素数目越多。反之，元素的颗粒度越粗，所需定义的元素数目越少。

的问题,减轻其信息披露负担。对于 XBRL 信息使用者而言,他们则希望通过 XBRL 数据分析,更有利于投资决策。有效的 XBRL 实施路径是能够使多方利益相关者同时受益的,实施路径的安排包括了 XBRL 实施的企业对象、XBRL 标准标记的范围、XBRL 标准标记的颗粒度细致水平,以及其他一些辅助措施等。基于现有的 XBRL 认知水平与基础环境,可以尝试以"先易后难、先局部再全面、先试点再推广"的原则来指导 XBRL 实施路径,在市场上迅速建立 XBRL 应用的有效循环,再逐步扩展标记范围、细化标记颗粒水平、扩大实施对象范围,最终取得 XBRL 在中国的全面应用。接下来尝试着以政府部门的视角,从技术、机制设计、组织管理三个方面进行分析,并提出对于当前 XBRL 实施路径的一些思考。

(一) 技术因素

毋庸置疑,技术因素是 XBRL 能否顺利实施的第一要素。所有的 XBRL 应用遵循相同的 XBRL 技术原理,而在具体技术细节上(包括标记范围、标记内容的颗粒度水平等)却存在差异。但在实施时都应平衡 XBRL 技术优势与技术成本之间的关系。

1. 降低 XBRL 信息披露的复杂程度

可以通过多种方式降低 XBRL 信息披露的复杂程度。其一,进一步完善我国以通用分类标准为基础,行业扩展分类标准为补充的 XBRL 分类标准体系。已有数据证实行业扩展分类标准在降低企业分类标准扩展率上具有显著效果,因此应继续制定其他行业扩展分类标准。其二,通过规范企业的信息披露,限制企业的分类标准扩展率。这实际上也是 XBRL 信息披露的颗粒度问题。在不减少信息披露内容的前提下,限制企业的分类标准扩展率会使信息披露的颗粒度变粗,降低信息披露的复杂程度。未来随着市场对 XBRL 知识的认知和运用逐渐增强,可以进一步要求企业以更细致的颗粒度扩展 XBRL 分类标准。

2. 确保 XBRL 数据的可靠性

当前 XBRL 数据的法律性并未得到保证,使用者在运用 XBRL 数据前还需要判断其可靠性。因此确保 XBRL 数据的可靠性是市场广泛采用 XBRL 数据的前提。

方案一是利用会计师事务所为XBRL提供审计服务，以保证XBRL数据的可靠性。然而，如果将XBRL文档扩展为审计对象，那么在对传统格式财务报表审计的基础上，会计师事务所还要额外对XBRL文档的进行审计，这将增加审计成本。如果由企业来承担这部分成本，企业的信息披露成本必将增加，企业对XBRL的抵触心理也会加剧。

方案二是提供便利XBRL信息校验的辅助功能：①改进当前的XBRL信息披露技术。可借鉴日本EDINET的XBRL应用经验，采用网页集成式XBRL技术来展示财务信息，便于对披露信息的校验。②建立公共的XBRL信息校验平台。校验平台的建立能够方便企业对其披露实例文档进行校验，在一定程度上可以减少信息披露的出错率。

因此，设计合理的XBRL信息披露方案，在此基础上增加XBRL财务报告的校验功能，并辅以必要的合理的审计鉴证服务，或许是当前确保XBRL数据可靠性的更为合理的选择。

3. 强化XBRL数据的有用性

如何应用XBRL从而体现XBRL数据的有用性是XBRL的真正价值所在，并最终决定市场能否接受XBRL技术。强化有用性的措施有：其一，企业作为XBRL信息披露的源头，在完成信息披露工作的同时也应当满足企业的社会需求，比如允许企业获取同行业间数据，提供企业分析平台的查询功能等。这能够为企业增加XBRL的应用效益，增强企业对XBRL数据有用性的信心。其二，对报送XBRL格式财务报告的上市公司，可以尝试以美国SEC、日本EDINET等的方式公开其XBRL实例文档，调动更多的力量来参与挖掘XBRL数据的应用价值。

上述三个改进方向是相互关联、相互促进的。其中，降低XBRL信息披露的复杂程度对确保XBRL数据的可靠性和强化XBRL数据的有用性都有帮助。一方面，这有利于减少企业的信息披露成本，提升XBRL信息披露的积极性；另一方面，这将有利于减少信息审计的工作量，更有利于确保XBRL数据的有用性。一旦XBRL数据的可靠性能够得到有效保障，那么将提高市场使用XBRL数据的积极性，从而强化XBRL数据的有用性，增强企业的XBRL应用主动性。

（二）机制设计因素

由于新技术的实施涉及多方利益相关者，在进行技术推广时，就需要考虑各方的成本效益。一个良好的机制应当平衡各方的利益，使得技术的推广更加顺畅。

1. 强化政府部门的组织协调作用

在 XBRL 技术推进的启动阶段，政府监管机构的作用非常关键。在美国，包括 SEC、XBRL 美国组织、美国注册会计师协会和管理会计师协会等机构组织都在大力推广 XBRL 技术，为 XBRL 的广泛应用出谋划策，能够调动各方力量各司其职，同时又能整合资源形成合力。

如果监管机构没有考虑企业披露信息的成本效益，选择强制要求企业实施 XBRL，那么在短期内可以实现 XBRL 技术推进，却未必对其长期发展有利。因此，尽管政府监管机构的作用非常关键，但还需要考虑以何种形式介入技术推进，是强制要求，或是政府辅助与市场行为相结合，抑或是完全市场行为。不同的介入方式也将收获不同的应用效果。

2. 引入竞争激励机制

很多新技术的初期推广都曾设计过相应的激励机制。例如，为了鼓励更多车主使用 ETC(不停车电子收费系统)车道，对通行费进行打折。美国商务部和海关在推行 EDI(电子数据交换系统)时明确规定，对使用 EDI 技术的进口许可证和海关文件优先审批处理，对纸质文件则延后处理。而为了提升企业采用 XBRL 技术的积极性，已有相关案例采用激励措施：荷兰国际集团承诺对报送 XBRL 格式年报的公司缩短贷款批复时间，并提供贷款利率的折扣优惠。一方面，激励措施能够提高企业采纳 XBRL 技术的积极性；另一方面，对于 XBRL 信息接收机构而言，则可以对 XBRL 标准化的财务报告进行自动化处理，提升办公效率，并且能够进行更深入的数据分析，更有利于决策制定。因此，可以在现有的报送机制基础上，引入更多的利益相关者，增加信息披露方的获益可能性。

3. 激发信息披露内生动力

对于报送 XBRL 格式的财务报告，企业普遍存在这样的误解，认为这仅仅是为了满足监管的需要，并不能给自身带来收益。但实际上任何形式的信息披露都是资本市场了解企业的途径,充分且及时的信息披露能够提升企业在市场的内在价值。因此,通过降低 XBRL 信息披露的难度,使企业以能够接受的成本完成报送工作,并且在市场中体现其价值,从而使 XBRL 信息披露形成有效的良性循环。一旦良性循环形成,企业就会变被动信息披露为主动信息披露,XBRL 信息披露就会成为企业提升自身价值的内在动力。

同时,还有加速激发企业 XBRL 信息披露内生动力的方法,就是将 XBRL 引入企业内部应用,拓展 XBRL 的信息表示范围,形成贯穿企业内外部的 XBRL 信息链。已有包括中国石油、浦发银行在内的企业开始尝试将 XBRL 应用在企业内部,并已取得明显的成效。政府不能通过法律手段强制企业在内部采用 XBRL 技术,但可以鼓励企业、咨询公司、软件开发商等机构积极探索 XBRL 在企业内部的应用,分享 XBRL 内部应用的最佳实践,引导和推进 XBRL 在企业内部的应用。

(三) 组织管理因素

政府部门具有制定政策、协调各方利益、提供公共产品等行政手段,当通过市场自发作用进行 XBRL 技术推广失效时,政府部门应承担更多的责任以弥补市场的缺陷。有效的组织管理措施将很可能降低企业采纳新技术的门槛,从而扭转应用局面。

1. 整合资源,形成合力

XBRL 在中国的应用与推广先后得到了包括财政部、证监会、原银监会、国资委、上交所、深交所等在内的多个机构部门的参与和支持,我国对 XBRL 应用的重视程度可见一斑。同时,在财政部的积极带动下,中国的 XBRL 事业已取得相当可喜的成就。未来还应不断完善 XBRL 分类标准,并进行更多跨部门协同工作,从而更充分发挥 XBRL 的价值。其中的一个重点工作就是整合当前财政部、上交所、深交所 XBRL 分类标准共存的现象。财政部通用分类标准是依据企业会计准则制定的,出于专业性和一致性的考虑,财务报告自然应当选择通用分类标准作为披露标准。在信息披露中共性的部分,上交所、深交所也应当以通用分类标准为准。这显然能够减轻企业的披露负担,同时大大提升不同机构 XBRL 数据的可比性。

另外,还需要完善 XBRL 实施的辅助措施,包括 XBRL 教育与培训、会计

与 XBRL 复合型人才的培养、XBRL 最佳实践的经验交流、XBRL 的宣传与推广等,并及时更新各方的 XBRL 知识需求,为 XBRL 实施提供坚实的智力支持。

2. 发挥会计师事务所的关键作用

XBRL 扩大了传统的验证业务范围,XBRL 数据可靠性需要得到审计师的保证。这对注册会计师既是机遇也是挑战。注册会计师需要深刻了解 XBRL,从而减少未来的执业风险和成本。可以预计,在未来一段时间内,XBRL 格式的财务报告与传统格式的财务报告将同时存在。在不同格式共存的局面下,对 XBRL 格式财务报告的审计应当是在对传统格式财务报告的审计基础上进行的,验证 XBRL 财务报告是否真实反映传统财务报告,审计人员的基本职责就是确定被审计单位管理层对其 XBRL 财务报告的认定是否恰当。

另外,对于 XBRL 财务报告的审计还受技术因素的影响。通过降低披露的复杂程度来提升 XBRL 信息披露的准确性,可以减少信息审计的工作负担,更利于保证 XBRL 数据的可用性。

3. 发挥软件商的重要作用

鼓励软件商以发展的眼光对待 XBRL 事业,同时专注于提供优秀的 XBRL 软件产品。一般的财务人员并不具备专业的 XBRL 技术知识,因此,为了减少 XBRL 的披露障碍,XBRL 披露软件不应过分突出 XBRL 技术特点,而应向用户提供更多的软件易操作性,包括用户友好的操作界面,涉及复杂的技术细节(如维度链接库)可置于操作后台。在 XBRL 技术推广过程中,政府还可效仿其他国家补贴软件商开发 XBRL 信息披露软件,使得企业能够免费使用软件完成 XBRL 财务报告报送,提高企业采用新技术的积极性。

未来中国 XBRL 事业仍需要以政府监管部门为主导,并努力解决上述因素存在的具体问题,促进 XBRL 事业在中国的全面发展。

第五节 本章小结

不被市场所认可,这是技术扩散中很可能碰到的问题,同时也是亟待解决的重要问题。针对财务报告技术创新(XBRL)应用的现状,本章分析竞争环境下XBRL技术创新的扩散问题及政府行为的影响作用。研究结论发现,政府可以利用市场竞争博弈机制进行科学决策,同时可以通过政府行为对XBRL技术扩散加以引导。

第八章

XBRL 技术扩散中的财务数据集成

第一节　XBRL 财务数据的分散现状

针对目前的 XBRL 应用现状以及 XBRL 数据的分散情况，本章对 XBRL 的数据集成研究主要集中在以下两个方面。

(1) XBRL 会计账簿与 XBRL 财务报告的数据集成。

目前在信息流程方面，企业会计账簿数据暂不能与 XBRL 财务报告进行连接，内部信息系统与对外报告系统的数据没有实现无缝链接，流程之间无法协调运作。因此需要考虑 XBRL 财务报告与 XBRL 会计账簿之间的数据集成，从而企业的数据信息能够得到充分贯通与共享。

(2) XBRL 财务报告间的数据集成。

XBRL 财务报告的集成还可以为以后不同国家财务报告的自动转换提供基础条件，促进会计信息的国际共享。当今世界任何一个国家都不能孤立于世界经济之外，在国际贸易来往的过程中，供应双方都需要利用披露的财务信息来了解对方的经营情况。如果能够实现财务报告的交互机制，那么将有利于双方的了解与交流。因此对国际贸易的发展也将起到极大的推动作用。

在对外财务报告方面，由于不同国家制定的会计准则的思路并不相同，甚至存在明显的分类标准异构现象，导致 XBRL 分类标准之间存在差异。而当今社会发展对信息的共享又提出了更高的要求，促使人们开始思考 XBRL 财务报告之间的数据集成。可以通过建立分类标准之间的映射关系来完成这一目标。然而仅是通过这种映射关系，未来随着分类标准的增加，标准之间映射模板的数量就会倍增，导致映射模板的创建成本也随之大大增加。因此需要思考一种更为有效的 XBRL 财务报告之间的数据集成方案。

一、XBRL 会计账簿与 XBRL 财务报告的割裂

（一）现有的 XBRL 财务报告披露方式

XBRL 财务报告披露过程较为复杂，上市公司需要投入更多的财力、物力和人力。在披露 XBRL 财务报告之前，人员需要经过一系列专门的 XBRL 培训，这些无疑增加了企业的成本（Polacek 等，2012；Janvrin 和 No，2012）。

上市公司自行完成 XBRL 的财务报告信息披露工作，可以直接由手工输入或者通过软件公司开发的 XBRL 软件（比如 Fujitsu 软件、UBmatrix 软件、国内的一些 XBRL 辅助工具），将公司年度财务报告信息导入年报模板，由此产生 XBRL 格式的年报，为信息使用者进行决策分析提供数据支撑，如图 8-1 所示。XBRL 财务报告披露主体为上市公司，他们承担披露的经济后果。在披露过程中，无法根据传统的公司年度财务报告直接生成 XBRL 年报，仍需要信息的再一次输入，这一过程速度慢，并且极有可能出错。在这之后，已有研究对 XBRL 年报的报送进行改进，通过上市公司的工作底稿（Excel 文件）自动导入，直接输入年报模板，进而生成 XBRL 年报。这样的措施能够很大程度地提升 XBRL 的报送效率。然而由于工作底稿的数据信息并非结构化表示，并非所有的信息都能很有效率地导入到年报模板，导入的过程还需要人工的干预。同时没有进行严格规范，工作底稿的模板很难取得统一，并不具有普遍的推广意义。

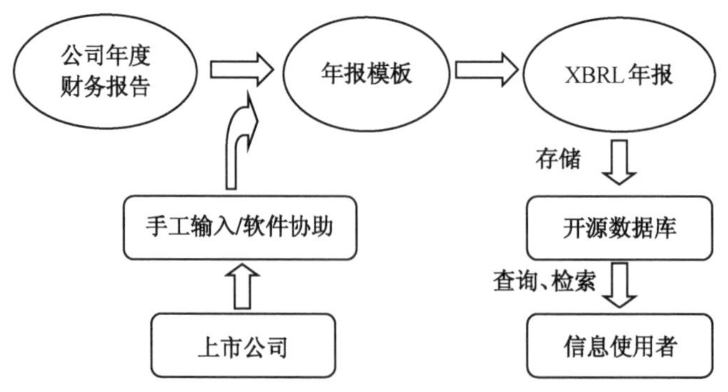

图 8-1　现有的 XBRL 年报生成流程

企业会计账簿不能"直通"XBRL 财务报告,割裂了财务数据生成的连贯性。企业的 XBRL 应用大多集中在对外财务报告,尚未将 XBRL 格式数据融合到企业内部管理当中。从这种角度分析,XBRL 财务报告明显与企业的信息化管理脱节。

(二) XBRL 会计账簿与财务报告的连接意义

通过建立会计账簿与财务报告的连接模块,XBRL 账簿报告实例中能够包含精确的定位信息,使得账簿信息可以准确地链接财务报告的某一特定信息,这使得两者之间建立了联系,也意味着 XBRL 财务报告数据能够"下钻"至更为详细的明细信息。其意义在于:

(1) XBRL 会计账簿与 XBRL 财务报告之间更为便利的对接能够将它们之间的功能进行整合,使 XBRL 在商业报告信息链上的作用更加显著。便利的对接促使商业报告信息链融合了 XBRL 财务报告的检验功能,以及 XBRL 账簿分类标准对细节信息的整合功能,从而能够实现商业报告信息链上信息的检验与数据集成的平衡。

(2) 如果 XBRL 账簿报告实例中包括了丰富、详细的连接信息,将促使由 XBRL 账簿信息自动生成 XBRL 财务报告信息成为可能,从而能够在短时间内自动合并不同子系统的财务信息,生成 XBRL 财务报告。XBRL 财务报告的自动生成避免了数据的重新录入,节省了报送时间和成本,同时也提高了数据的可靠性。

(3) 由于提供了 XBRL 财务报告到账簿的"下钻"信息,这有利于信息使用者在进行决策分析时,能够获取更多的相关信息:在获取 XBRL 财务报告信息的同时,也能够取得与其相关的明细信息。

(4) 由于 XBRL 能够为信息链(包括内部数据和对外的财务报告)提供统一的技术标准,这一技术特点可以作为持续审计的技术支撑。通过 XBRL 技术对不同来源的数据进行有效集成,可以提供对审计线索的需求,并且提供审计工作底稿所需要的信息,形成无缝的审计线索(Cohen,2009),而 XBRL 能够发挥其标准化功能,极大地提高持续审计实施的成本效益。对于持续审计在企业层面的应用大有裨益,因此就有专家学者研究将 XBRL 技术引入到持续审计(Murthy 和 Groomer,2004;Gray 和 Miller,2009;Roohani 等,2009;Baldwin 和

Trinkle,2011;Henderson 等,2012)。

图 8-2 给出了 XBRL 技术在持续审计的应用示例,包括:

- XBRL 能够在企业整个信息链上提供标准,XBRL 账簿分类标准为企业内部数据提供标准,整合企业的不同子系统信息。XBRL 财务报告分类标准为企业财务报告提供标准,可以直接对实例进行分析或者转换为其他常用的商业报告格式。

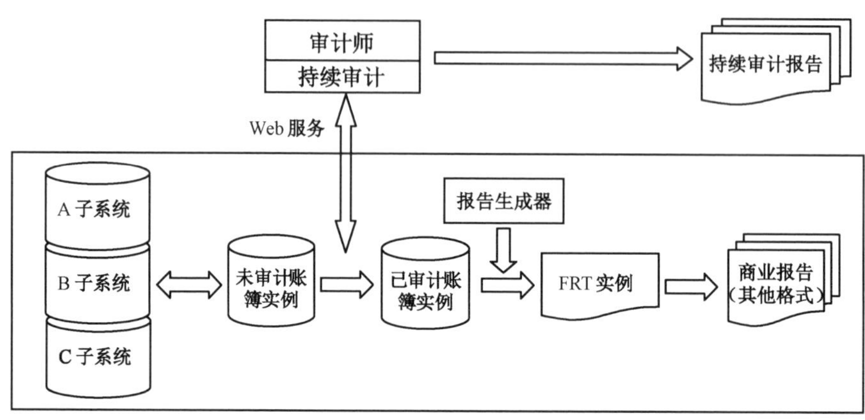

图 8-2　基于 XBRL 技术的持续审计应用示例

- 通过内外部数据的连接模块,报告生成器提供了 XBRL 账簿报告实例与 XBRL 财务报告实例的连接。一个成功的报告生成器应当考虑同一 XBRL 账簿报告实例生成不同的 XBRL 财务报告实例的需求,例如,用于满足不同监管机构的披露要求。
- 审计系统对被审计系统的交易数据进行监控,当出现异常时触发警报,具体的操作就是对统一的、未审计的 XBRL 账簿报告实例进行持续检验,并出具持续审计报告。

XBRL 账簿分类标准能够在企业内部提供信息标准,同时其中的内外部数据连接模块能够整合企业不同信息系统、不同信息结构的信息,并提供纵向 XBRL 会计账簿与 XBRL 财务报告的数据集成,在此基础上可以进一步开展包括持续披露、持续审计在内的相关应用。

二、XBRL 财务报告分类标准的分散

（一）异构的 XBRL 财务报告分类标准

XBRL 在越来越多的国家和组织得到了应用和推广。各组织机构依据披露目标以及设计思路创建相应的分类标准，同时报送 XBRL 国际组织进行合规性检验。包括中国、美国、IFRS 等在内的数十个国家或组织制定分类标准，并已获得 XBRL 国际组织的"Acknowledged"或"Approved"认证。在中国，情况尤为特别，曾先后有三个政府机构颁布企业 XBRL 财务报告分类标准。2004 年，上交所和深交所分别制定了各自的 XBRL 财务报告分类标准，以供其所属上市公司披露使用。2010 年 10 月，财政部也颁布了 XBRL 财务报告通用分类标准，之后财政部又相应颁布了两个行业扩展分类标准。上交所与深交所都隶属证监会，而证监会与财政部的职能不同，但在规范企业会计行为上又存在职能交叉。这种特有的中国国情制度，使得目前中国出现了由财政部、上交所、深交所分类标准共存的，所谓"三足鼎立"的现象（王立彦和曾建光，2012）。

多种异构分类标准共存的现象并不利于 XBRL 标准的利用与推广。试想，如果一个上市公司受到多个监管机构的管制，那么就有可能需要编制多套 XBRL 实例文档。一个在多处上市的公司（例如广深铁路同时在香港联交所、美国纽交所和上海证交所三地上市）需要遵循各个上市地的监管规定和报送要求，这势必会增加上市公司的披露成本，也就是企业在引进 XBRL 技术以及政府部门在推广 XBRL 技术时都不得不考虑的问题。

（二）XBRL 财务报告的集成意义

建立异构 XBRL 分类标准之间的映射，实现 XBRL 财务报告之间的交互机制，从而促进 XBRL 财务报告之间的集成，其意义在于：

（1）财务报告的集成有利于加强跨国公司的管理和促进跨国公司的发展。近年来，跨国公司的发展非常快，其子公司可能遍布全世界。如果能够建立不同子公司之间的财务报告集成机制，那么将有利于跨国公司形成对集团公司的整体认识，还有利于跨国公司对企业经营情况的分析以及决策制定。

（2）对于同时受到多个监管机构管制的上市公司，财务报告的集成能够帮助降低信息披露的成本。例如，如果建立了美国 XBRL 财务报告分类标准与中

国 XBRL 财务报告分类标准的有效交互机制，那么这对于同时在美国和中国上市的公司来说，它们只要制定其中任意一份 XBRL 财务报告实例，另一份 XBRL 财务报告实例就可以依据交互机制转换实现。

(3) 财务报告的集成还可以为不同国家财务报告的自动转换提供基础条件，促进会计信息的国际共享。当今世界任何一个国家都不能孤立于世界经济之外，在国际贸易来往的过程中，供应双方都需要利用披露的财务信息来了解对方的经营情况。如果能够实现财务报告的交互机制，那么将有利于双方的了解与交流。这对国际贸易的发展也将起到极大的推动作用。

第二节　XBRL 数据集成框架

一、数据集成理论

随着信息技术的迅猛发展，信息资源日益扩大和多样化，信息使用者面对大量异构的信息，在使用上显得无所适从，这就造成了信息过载。数据集成(data integration)正是在此背景下产生的。它能够提供集成各种数据信息资源，便于改善信息使用的整体环境，具有广泛的适用性和应用环境。数据集成理论最早源于图书情报领域，如今已广泛应用于其他领域，包括国防、金融、服务业，以及企业数据集成。

企业数据集成则是指对企业不同应用系统的异构数据源进行合并，能够提供统一的数据视图，实现数据共享。不同应用系统的数据的结构、格式与存储方式等方面都可能不相同，企业数据集成可以消除数据之间的差异，最终能对数据进行统一操作与交互，从而能够生成具有统一数据形式的有价值信息的过程。按照组织范围不同，企业数据集成可以分为企业内部的数据集成和外部的数据集成两个方面。

(一) 企业内部的数据集成

企业内部的数据集成是实现不同系统的数据共享与交互，同时也是应用集成与业务流程集成的基础。数据集成需要对系统内部业务进行深入了解，并以

此建立统一、共享的元数据模型，完成数据在数据库系统的存储与共享。应用系统的集成是在数据集成的基础上，实现不同系统之间的互操作性，完成不同应用系统之间数据的共享。业务流程的集成能够使不同应用系统中的流程实现无缝链接，确保流程协调运作，同时流程信息能够得到充分共享。在进行业务流程集成时，需要对各业务系统的业务信息进行定义与管理，能够提高集成的效率。

（二）企业外部的数据集成

信息技术与网络的迅猛发展对企业之间的合作与交流提出了更高的要求，这也对企业提出了外部的数据集成要求，包括：①通过与外部资源的互动，实现企业内外部数据资源的交互与集成。②通过与外部企业数据信息的对接，构建基于信息共享的集成平台，可以实现企业之间的信息协同效应。企业间的数据集成并不是指企业所有的系统都实现集成，而是一种有选择的集成。

二、XML 技术与本体论

本章所采用的信息集成相关技术分别是可扩展标记语言（XML）与本体论方法。

（一）可扩展标记语言 XML

XML（eXtensible Markup Language）是一种标记语言，它同 HTML（Hypertext Markup Language）一样，都源自标准通用标记语言（Standard Generalized Markup Language，SGML）。HTML 技术是网页显示信息的主要方式，同时融合了数据的内容与展示方式，这不利于信息的处理与存储。XML 将数据本身与显示方式相分离，它专注于数据的传输与存储，并具有以下优点：

（1）XML 是自描述语言，本身能够定义数据的含义。

（2）XML 是可扩展的，可以根据行业或者部门的需要扩展相应的标记集合。由于 XML 的可扩展特点，它已在许多行业和机构得到了继承与发展，包括：数学标记语言（Math Markup Language，MathML）、化学标记语言（Chemical Markup Language，CML）和可扩展商业报告语言（eXtensible Business Reporting Language，XBRL）等。

（3）XML 具有扩平台性。XML 不依赖任何一种操作系统和编程语言，同时可作为各种操作系统和编程语言的数据交换的纽带。

通过对信息的标记，XML 极大地提升了计算机程序自动处理文档信息的能力。目前，XML 技术作为企业数据存储与交换的标准，已得到广泛的应用。

（二）本体论

本体论的概念起源于哲学领域，又称为存在论，最早可追溯到古希腊的亚里士多德。亚里士多德曾将本体论定义为“研究物体存在的科学”，并尝试对世界上的事物进行分类。而近年来，在信息科学研究中运用本体论方法的研究越来越多，本体论已逐渐发展成为信息系统与哲学之间的桥梁纽带。本体论在信息科学中的定义与哲学中的并不完全相同，最著名的并且引用最多的则是由 Gruber 定义的“本体是概念模型的明确的规范说明”（Gruber，1993）。通俗地讲，本体是用于获取相关领域的知识，描述该领域的概念以及概念之间的关系，形成对这一领域知识的共同认知，使这些概念与关系在共享的范围内具有共同理解的、确切的、唯一的定义（Neches 等，1991）。

领域本体则是专业性的本体，描述的是特定领域中概念以及概念之间的关系，提供某个专业学科领域的共同认知。邓志鸿等（1999）还认为应当从不同层次对领域本体的概念以及概念间的关系进行定义。

本体的开发步骤包括（冯志勇等，2007）：

第一步：确定本体的领域与范围。

需要明确几个基本问题，包括：①本体覆盖的领域范围；②本体的用途；③本体中的信息能够用于解答哪些问题。

第二步：考虑现有本体的复用。

如果系统与其他特定的本体知识库交互操作，那复用现有的本体将是行之有效的方法。

第三步：枚举本体的重要术语。

需要在列表中列举出所有的术语。得到比较全面的术语列表是非常重要的，暂不必担心概念的重叠、概念的特性、概念之间的关系，以及概念是类或是属性等。

紧接着的两个步骤——第四步“定义类与类层次”与第五步“定义类的特性”是密切关联的。一般地，在类层次的基础上，定义类的概念之后，就接着描述这些概念的特性。因此这两个步骤是紧密联系、密不可分的，通常都是交互进行的。

第四步:定义类与类层次。

类是大多数本体知识库的核心,用于描述领域的概念。已有三种构建类层次的方案,包括自顶向下(top-down)法、自底向上(bottom-up)法、由内向外(middle-out)法。而具体的构建方案选择依赖于领域构建者的个人观点,但已有原则可以对构建策略进行指导,包括:①确保类层次的正确性;②分析类层次中的兄弟关系;③多重继承关系;④引入新类的时机;⑤新类或者特性值;⑥类或实例;⑦限定范围;⑧不相关子类。

第五步:定义类的特性。

仅根据类还不能提供全面的信息,还需要定义类的特性(属性)、描述概念的内部结构、描述类和实例的特性。一般情况下,本体的属性可以包括四种对象特性,分别是内在的特性、外在的特性、局部的特征,以及类之间的关系等。

第六步:定义属性的约束。

定义属性可能有不同的约束,包括属性的值类型(字符类型、数值类型、布尔类型等)、允许值,以及值的其他特征。

第七步:生成实例。

定义类的下属实例需要选择类,构建该类的一个实例,以及添加这个类的属性值。

针对不同数据的互操作研究,已有不少相关的解决方案,其中本体方法是比较有效的方法之一(彭涛,张力,2006;徐博艺,谢诚,蔡鸿明,2010;贾贺,艾中良,刘忠麟,2013;周安美等,2013)。同时已有文献研究运用本体方法来增强XBRL技术的语义,以期提高数据转换效率(NÚÑEZ等,2008;García和Gil,2009;Spies,2010;O'Riain等,2012)。

另外,本体的构建可以采用不同的策略,分别是单本体策略、多本体策略、混合本体策略,根据数据对象的特点,采用不同的本体策略,建立相应的本体模型(唐晓波和熊杰,2010)。由于商业报告的技术环境,混合本体策略更适用于商业报告信息链下的XBRL本体建模(吴忠生和张天西,2013)。

三、XBRL数据集成框架

本章针对XBRL数据集成的研究可以分为两个方面,分别是纵向的XBRL会计账簿与财务报告的数据集成,以及横向的XBRL财务报告数据集成。

基于信息链的视角，从纵向水平整合 XBRL 会计账簿与 XBRL 财务报告之间的数据，同时在横向水平提出统一的财务报告领域本体，构建基于该领域本体的 XBRL 财务报告集成模型，如图 8-3 所示。

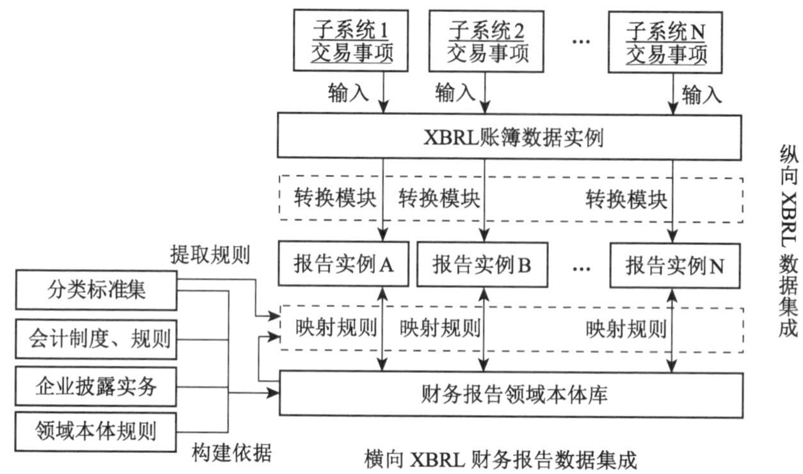

图 8-3 XBRL 数据集成框架

注：为便于叙述，图中的报告实例 A 特指依据分类标准 A 所创建的报告实例。此解释同样适用于报告实例 B 与报告实例 N。

（一）纵向 XBRL 会计账簿与财务报告的数据集成

XBRL 账簿分类标准能够提供企业内部数据单一的、全球的、整体的、普遍的标准，因此可以为子系统提供共同的转换标准。如图 8-3 所示，首先所有子系统将其交易事项转换为 XBRL 账簿数据格式。其次依据 XBRL 账簿分类标准到 XBRL 财务报告的转换模块，将 XBRL 账簿数据实例转换生成 XBRL 财务报告实例。

在纵向 XBRL 会计账簿与财务报告的数据集成中，尤为关键的是 XBRL 账簿数据中所包含账簿数据到财务报告信息的对应关系。对应关系设计的详略直接决定纵向 XBRL 会计账簿到 XBRL 财务报告的数据集成水平。在第七章中，将通过会计账簿到财务报告的数据集成示例进行检验，以证明该方案的可行性。

（二）横向 XBRL 财务报告之间的数据集成

由于诸多 XBRL 分类标准的存在，标准之间的互操作开始受到关注，这其中也包括 XBRL 财务信息转换。然而不同国家制定的会计准则不尽相同，这将导致 XBRL 分类标准之间存在差异，也使得分类标准之间的信息转换变得相当困难。为了实现 XBRL 财务信息的集成，通常需要建立不同分类标准之间的映射关系。如果有 N 个不同的分类标准，就需要建立 N^2 个数据映射模板。当新增分类标准时，同样需要建立其与先前的 N 个标准之间的映射关系。随着 N 的数值逐渐变大，那么数据映射模板的创建成本也随之大大增加。

然而现有的研究大多仅仅关注于单一 XBRL 分类标准的本体表示，并未考虑整个财务报告领域本体的统一表示。虽然这样的做法能够增强 XBRL 分类标准的语义，但并不能从根本上提升 XBRL 财务数据的转换效率。基于此点考虑，本章提出统一的财务报告领域本体，构建基于该领域本体的 XBRL 财务报告转换模型，并以国内的 XBRL 分类标准为实验，进行 XBRL 财务报告转换应用。

在构建 XBRL 数据集成框架之后，就可以尝试着对数据集成框架进行应用实践，也即本章的研究内容。

第三节　XBRL 会计账簿与 XBRL 财务报告的数据集成

本章是对前文构建的 XBRL 数据集成框架进行应用试验。根据 XBRL 数据集成框架的构造，本章分别对 XBRL 会计账簿与财务报告的数据集成，以及 XBRL 财务报表间的数据集成进行应用研究。

根据 XBRL 数据集成框架，不同类型的数据集成应当采用相应的集成方案。同时由于数据来源的不同，本章所做的数据集成应用也不相同。在 XBRL 会计账簿与财务报告的数据集成方面，由于真实 XBRL 会计账簿数据的缺少，仅以上市公司的一个科目进行会计账簿到财务报告的映射应用。而在 XBRL 财务报告之间的数据集成方面，以 2011 年上市公司提交上交所的 XBRL 报告实例作为实验对象，通过构建领域本体的方法，对 XBRL 财务报告之间的数据集成进行应用研究。

一、会计账簿与财务报告的连接模块

XBRL 账簿分类标准建立了与 XBRL 财务报告之间的对接，早期版本中已初步建立了这一对接，通过 xbrlInfo 元组来实现。xbrlInfo 包含了三个数据项，分别是：

- xbrlInclude：表示所指向的 FR 信息是期初数、期末数、变动数或者其他；
- summaryReportingElement：表示所指向的 FR 的信息元素或者是 XML 元素；
- detailMatchingElement：表示所关联的其他 FR 的信息元素。

2009 年新增的 SRCD 模块进一步描述 XBRL 账簿分类标准与 XBRL 财务报告之间的关系，主要是描述到 XBRL 财务报告中上下文数据（contextual data）的映射关系。SRCD 模块包含 44 个元素（元组或者数据项），能够对接到 XBRL 财务报告更多的信息，包括：分类标准（taxonomy）信息、路径（path）信息、精度（precision）信息、小数（decimal）信息、实体（entity）信息、片段（segment）信息、场景（scenario）信息、维度（dimension）信息、单位（unit）信息、时间（time）信息等。其中大多数是出现在 xbrlInfo 元组内，即是对 xbrlInfo 的进一步细化，从而提供更多的对接元素，便于建立与 XBRL 财务报告的对接关系。

图 8-4 给出了 XBRL 账簿报告数据到 XBRL 财务报告数据的对接示例，连接的对象包括 XBRL 账簿报告实例、XBRL 财务报告实例、XBRL 财务报告分类标准，其步骤包括：

第一步，XBRL 账簿报告实例中的 summaryReportingTaxonomies 指向 XBRL 财务报告实例的 schemaRef，从而建立两个文档之间的关联，这仅是文档层面的连接。

第二步，XBRL 财务报告实例的 schemaRef 又指向具体的 XBRL 财务报告分类标准，就能连接到具体的元素定义信息。

第三步，在 schemaRef 连接的基础上，XBRL 账簿报告实例中的 summaryReportingElement 能够连接具体的 XBRL 财务报告分类标准元素，从而建立 XBRL 会计账簿与具体的财务报告分类标准元素之间的关联。

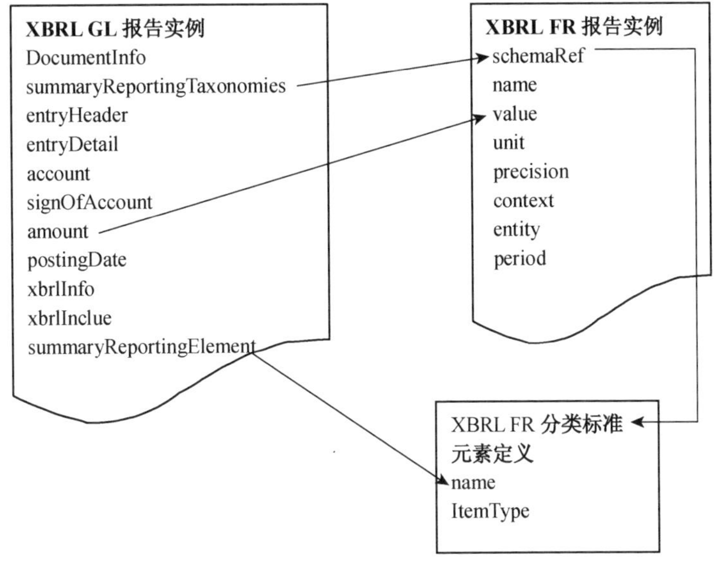

图 8-4　XBRL 账簿实例与财务报告的连接

最后,在此基础上,就可以建立 XBRL 会计账簿与该分类标准元素之间的更多关联,包括金额、单位、上下文等信息。

二、会计账簿到财务报告的数据集成示例

本节以 2011 年上市公司风神轮胎股份有限公司的财务报表附注为例,给出账簿信息到财务报告信息的集成示例。一方面,由于产生的完整的整合文档中数据量较大;另一方面,选择部分科目能够说明账簿信息到财务报告信息的集成流程,因此本章仅以报表附注中期末货币资金的信息为例,进行集成示范。

2011 年风神轮胎股份有限公司的期末货币资金信息如表 8-1 所示。XBRL 账簿分类标准提供了内部数据的存储格式,包括会计科目、科目余额、会计分录、日记账、分类账、资产信息、试算平衡表等信息。账簿分类标准并不提供这些信息的相互转换,信息的相互转换依赖于企业的内部信息系统,这也说明了 XBRL 账簿分类标准并不改变已有的内部信息系统。换句话说,XBRL 账簿分类标准主要是为内部信息系统提供标准的数据存储格式。

表 8-1　货币资金表(2011 年风神轮胎股份有限公司)

项目	期末数		
	原币金额	折算汇率	人民币金额(元)
库存现金	—	—	63 977.68
人民币	—	—	63 977.68
银行存款	—	—	579 382 323.83
人民币	—	—	357 512 826.78
美元	31 896 528.00	6.300 9	200 976 833.26
欧元	2 559 591.28	8.162 5	20 892 663.79
其他货币资金	—	—	135 315 550.00
人民币	—	—	135 315 550.00
合计	—	—	714 761 851.51

在经济业务发生时,伴随着资金的运动过程,信息也在企业内部系统中进行流转。在经办人员取得或者编制原始凭证,并经会计人员审核整理后,按照设置的账户,采用复式记账方法,对每笔经济业务所对应借记和贷记的账户及金额,编制记账凭证,并据以登记账簿。在会计期末,为了检验登记账户的正确性和合规性,需要进行试算平衡。试算平衡表的编制是为编制财务报表进行准备的,因此本节通过连接试算平衡表与财务报告,完成会计账簿到财务报告之间的集成。为此所构建的 XBRL 试算平衡表结构如表 8-2 所示。

表 8-2　XBRL 试算平衡表(包含到财务报告的连接)

XBRL 账簿分类标准元素标签	取值
会计分录	
文件信息	
文件类型	trialbalance
语言	iso639:zh
创建日期	2012-02-01
文件说明	账簿信息到财务报告信息的集成实践案例

（续表）

XBRL 账簿分类标准元素标签	取值
期间起始日期	2011-01-01
期间终止日期	2011-12-31
默认货币	iso4217:CNY
汇总报告分类标准	
汇总报告分类标准标识符	cas
汇总报告分类标准模式引用链接	cas_entry_point_2010-09-30.xsd
实体信息	
标识符结构	
组织机构标识符	风神轮胎
组织机构说明	风神轮胎股份有限公司
机构地址结构[元组]	
机构地址说明	河南省焦作市焦东南路 48 号
机构所在城市	焦作市
机构所在州或省	河南省
邮政编码	454003
机构所在国家	中国
实体网站地址结构[元组]	
网址(统一资源定位)	http://www.aeolustyre.com
联系人信息结构[元组]	
姓氏	韩
名	法强
联系人职务	董事会秘书
联系人电话号码结构[元组]	
联系人电话号码	0391-3999081
联系人传真号码结构[元组]	
联系人传真号码	
联系人电子邮箱地址结构[元组]	0391-3999080
联系人电子邮箱	hfq@aeolustyre.com

（续表）

XBRL 账簿分类标准元素标签	取值
联系人信息结构[元组]	
姓氏	李
名	鸿
联系人职务	证券事务代表
联系人电话号码结构[元组]	
联系人电话号码	0391-3999007
联系人传真号码结构[元组]	
联系人传真号码	
联系人电子邮箱地址结构[元组]	0391-3999080
联系人电子邮箱	lihong@aeolustyre.com
分录信息	
分录创建人	会计工程研究中心
创建日期	2012-02-01
分录明细	
分录行编号	1
账户标识符[元组]	
主账户编号	1001
主账户说明	库存现金
账户类型	account
金额	63 977.68
货币	iso4217：CNY
借贷标识符	D
XBRL 信息	
XBRL 分配	ending_balance
汇总报告元素	cas：RMBAmount
汇总上下文	
汇总场景	
汇总明确维度	

（续表）

XBRL 账簿分类标准元素标签	取值
汇总维度	cas:ClassesOfCashAndCashEquivalentsAxis
汇总明确维度取值	cas:CashOnHandMember
分录明细	
分录行编号	2
账户标识符[元组]	
主账户编号	1001
主账户说明	库存现金
账户类型	account
明细账户信息[元组]	
明细账户说明	人民币
明细账户编号	100101
金额	63 977.68
货币	iso4217:CNY
借贷标识符	D
XBRL 信息	
XBRL 分配	ending_balance
汇总报告元素	cas:RMBAmount
汇总上下文	
汇总场景	
汇总明确维度	
汇总维度	cas:ClassesOfCashAndCashEquivalentsAxis
汇总明确维度取值	cas:CashOnHandMember
汇总明确维度	
汇总维度	cas:CurrenciesTypeAxis
汇总明确维度取值	cas:RMBMember
分录明细	
分录行编号	3
账户标识符[元组]	

（续表）

XBRL 账簿分类标准元素标签	取值
主账户编号	1002
主账户说明	银行存款
账户类型	account
金额	579 382 323.83
货币	iso4217:CNY
借贷标识符	D
XBRL 信息	
XBRL 分配	ending_balance
汇总报告元素	cas:RMBAmount
汇总上下文	
汇总场景	
汇总明确维度	
汇总维度	cas:ClassesOfCashAndCashEquivalentsAxis
汇总明确维度取值	cas:BankDepositsMember
分录明细	
分录行编号	4
账户标识符[元组]	
主账户编号	1002
主账户说明	银行存款
账户类型	account
明细账户信息[元组]	
明细账户说明	人民币
明细账户编号	100201
金额	357 512 826.78
货币	iso4217:CNY
借贷标识符	D
XBRL 信息	
XBRL 分配	ending_balance

（续表）

XBRL 账簿分类标准元素标签	取值
汇总报告元素	cas:RMBAmount
汇总上下文	
汇总场景	
汇总明确维度	
汇总维度	cas:ClassesOfCashAndCashEquivalentsAxis
汇总明确维度取值	cas:BankDepositsMember
汇总明确维度	
汇总维度	cas:CurrenciesTypeAxis
汇总明确维度取值	cas:RMBMember
分录明细	
分录行编号	5
账户标识符[元组]	
主账户编号	1002
主账户说明	银行存款
账户类型	account
明细账户信息[元组]	
明细账户说明	美元
明细账户编号	100202
金额	200 976 833.26
货币	iso4217:CNY
原币金额	31 896 528.00
原币	iso4217:USD
原始汇率	6.3009
借贷标识符	D
XBRL 信息	
XBRL 分配	ending_balance
汇总报告元素	cas:OriginalCurrencyAmount
汇总上下文	

（续表）

XBRL 账簿分类标准元素标签	取值
汇总场景	
汇总明确维度	
汇总维度	cas:ClassesOfCashAndCashEquivalentsAxis
汇总明确维度取值	cas:BankDepositsMember
汇总明确维度	
汇总维度	cas:CurrenciesTypeAxis
汇总明确维度取值	cas:USDollarItemMember
XBRL 信息	
XBRL 分配	ending_balance
汇总报告元素	cas:OriginalCurrencyAmount
汇总上下文	
汇总场景	
汇总明确维度	
汇总维度	cas:ClassesOfCashAndCashEquivalentsAxis
汇总明确维度取值	cas:BankDepositsMember
汇总明确维度	
汇总维度	cas:CurrenciesTypeAxis
汇总明确维度取值	cas:RMBMember
分录明细	
分录行编号	6
账户标识符[元组]	
主账户编号	1002
主账户说明	银行存款
账户类型	account
明细账户信息[元组]	
明细账户说明	欧元
明细账户编号	100203
金额	20 892 663.79

（续表）

XBRL 账簿分类标准元素标签	取值
货币	iso4217:CNY
原币金额	2 559 591.28
原币	iso4217:EUR
原始汇率	8.1625
借贷标识符	D
XBRL 信息	
XBRL 分配	ending_balance
汇总报告元素	cas:OriginalCurrencyAmount
汇总上下文	
汇总场景	
汇总明确维度	
汇总维度	cas:ClassesOfCashAndCashEquivalentsAxis
汇总明确维度取值	cas:BankDepositsMember
汇总明确维度	
汇总维度	cas:CurrenciesTypeAxis
汇总明确维度取值	cas:EuroItemMember
XBRL 信息	
XBRL 分配	ending_balance
汇总报告元素	cas:OriginalCurrencyAmount
汇总上下文	
汇总场景	
汇总明确维度	
汇总维度	cas:ClassesOfCashAndCashEquivalentsAxis
汇总明确维度取值	cas:BankDepositsMember
汇总明确维度	
汇总维度	cas:CurrenciesTypeAxis
汇总明确维度取值	cas:RMBMember
分录明细	

（续表）

XBRL 账簿分类标准元素标签	取值
分录行编号	7
账户标识符[元组]	
主账户编号	1012
主账户说明	其他货币资金
账户类型	account
金额	135 315 550.00
货币	iso4217:CNY
借贷标识符	D
XBRL 信息	
XBRL 分配	ending_balance
汇总报告元素	cas:RMBAmount
汇总上下文	
汇总场景	
汇总明确维度	
汇总维度	cas:ClassesOfCashAndCashEquivalentsAxis
汇总明确维度取值	cas:OtherCashMember
分录明细	
分录行编号	8
账户标识符[元组]	
主账户编号	1012
主账户说明	其他货币资金
账户类型	account
明细账户信息[元组]	
明细账户说明	人民币
明细账户编号	101201
金额	135 315 550.00
货币	iso4217:CNY
借贷标识符	D

（续表）

XBRL 账簿分类标准元素标签	取值
XBRL 信息	
XBRL 分配	ending_balance
汇总报告元素	cas:RMBAmount
汇总上下文	
汇总场景	
汇总明确维度	
汇总维度	cas:ClassesOfCashAndCashEquivalentsAxis
汇总明确维度取值	cas:OtherCashMember
汇总明确维度	
汇总维度	cas:CurrenciesTypeAxis
汇总明确维度取值	cas:RMBMember

以下是对上述表格信息的解释：

（1）企业内部数据信息存储在会计分录（Accounting Entries）中，其下设三个子元素，依次是文件信息（Document Information）、实体信息（Entity Information section）、分录信息（Entry Information），以此逐步细化描述企业信息流转过程。

（2）文件信息（Document Information）描述账簿实例的文档信息，上述示例中分别声明了：

- 文件类型是试算平衡表（trialbalance）；
- 文件的语言是中文（iso639:zh），默认的货币类型是人民币（iso4217:CNY）；
- 文件的创建日期以及试算平衡表所涵盖的会计期间；
- 同时初步建立了与 XBRL 财务报告分类标准之间的关系，通过汇总报告分类标准模式引用链接元素，连接到财政部通用分类标准 cas_entry_point_2010-09-30.xsd。

（3）实体信息（Entity Information Section）描述了报告单位的实体信息，上述示例中分别声明了：

- 报告单位的主体是风神轮胎股份有限公司；

• 报告单位的地址、网络地址以及联系人信息等。

(4) 分录信息(Entry Information)则描述了具体的经济业务，上述示例中分别声明了8个账户余额信息，包括库存现金、库存现金——人民币、银行存款、银行存款——人民币、银行存款——美元、银行存款——欧元、其他货币资金、其他货币资金——人民币。以下以银行存款——美元账户为例，进行说明：

• 主账户编号(Main Account Number)为1002，明细账户信息(Subaccount Information)则描述了二级明细科目，为美元账户。

• 金额(Monetary Amount)描述金额信息，为200 976 833.26，货币(Currency)声明了币种信息，为人民币。

• 原币金额(Amount in Original Currency)描述了对应的原币金额信息，为31 896 528.00，原币(Original Currency)的币种为美元，当时的汇率原始汇率(Original Exchange Rate)为6.300 9。

• 借贷标识符(Debit/Credit Identifier)为借方。

• XBRL信息(XBRL Information)则描述了与此相关的财务报告信息。XBRL分配(XBRL Allocation)则表达信息是期初数、期末数或是变动数，示例中为期末数(ending_balance)。

• 汇总报告元素(Summary Reporting Element)则描述对应XBRL财务报告分类标准的特定元素，为cas:OriginalCurrencyAmount;汇总上下文(Summary Context)则进一步描述了特定元素的上下文(维度)信息，通过两个汇总明确维度(Summary Explicit Dimension)，分别描述了货币资金种类为银行存款(cas:BankDepositsMember)，货币种类为美元(cas:USDollarItemMember)。

同时，利用XBRL账簿实例的语法规则，通过XML专业软件公司——Alotova公司的XML Spy软件编制了XBRL试算平衡表实例(包含到财务报告的连接)，详细代码可参见附录2。依据详细的XBRL代码，具体的企业内部软件可以开发账簿信息到财务报告的接口，这就初步完成账簿信息与财务报告信息的对接。

通过货币资金科目的案例表示，完成了试算平衡表与财务报告的连接，这在一定程度上证明了会计账簿与财务报告集成的可行性。未来应当尝试着将这一集成示例进行推广试用，可以通过一个完整的企业试算平衡表进行账簿信息与财务报告集成的研究，完善会计账簿到财务报告的数据集成。

第四节　XBRL 财务报告的数据集成

一、基于领域本体的 XBRL 财务报告集成模型

由于存在不同的 XBRL 分类标准，财务报告领域本体的建立有助于消除在概念和语法上的分歧，促使大家对领域内的概念理解形成共识。结合本体技术和 XBRL 技术的应用特点，同时采用分层的思想，本章提出了基于财务报告领域本体的集成模型，如图 8-5 所示。

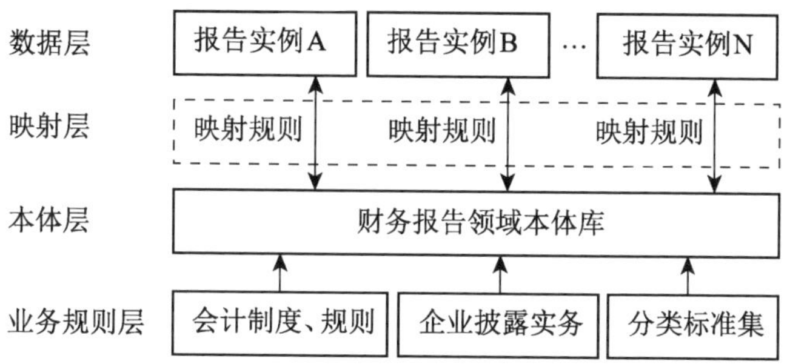

图 8-5　基于财务报告领域本体的数据集成模型

注：便于叙述，图中的报告实例 A 特指依据分类标准 A 所创建的报告实例。
此解释同样适用于图中的报告实例 B 与报告实例 N。

该模型通过 XBRL 分类标准与语义技术的结合，将 XBRL 财务报告的表达从语法层面提升到了语义层面。模型的运行过程如下：

(1) 由业务规则层中抽取元素概念及其存在的关系，通过 OWL 本体语义，建立财务报告领域本体库。

(2) 建立分类标准与领域本体之间的映射关系，完成对分类标准的语义标记，从而实现对各分类标准的集成。

(3) 每一 XBRL 报告实例必定对应分类标准层中的某一特定分类标准，选择该分类标准与领域本体之间的映射关系，产生数据转换方案，生成符合目标分类标准的 XBRL 报告实例。

（一）业务规则层

业务规则层为财务报告领域本体层的构建提供规范的、全面的、真实的知识来源，包括会计制度和规则、企业披露实务，以及分类标准集合。

会计制度和规则，具体而言包括《公司法》《会计法》《证券法》、企业会计准则、行业会计制度、《公开发行股票公司信息披露实施细则》等有关政策、法规。

企业披露实务则是指企业报送的财务报告与其他相关资料，它们真实反映了企业的披露情况，是对会计制度和规则无法涵盖所有披露要求的补充。

分类标准集合是指对财务报告信息的概念、结构、关系和限定的语法描述，其中采用 XBRL schema 定义概念，采用 XLink 语法描述概念存在的关系，包括层级关系、计算关系等。已有的分类标准的制定或是依据会计制度和规则，或是依据企业披露实务，因此同样能够为本体层的构建提供参考。需要强调的是，分类标准集合包括权威部门颁布的财务报告分类标准和企业自定义分类标准。在披露 XBRL 财务报告时，企业首先根据监管要求选择相应的分类标准。当企业披露的信息并不能全部由该分类标准表达时，就会自定义财务信息元素来满足披露要求，从而生成企业自定义分类标准。尽管自定义分类标准不是由权威部门颁布，但同样反映了企业的披露特征，因此同属于分类标准集合。

（二）本体层

本体层针对特定的财务报告领域，提供该领域的共同认知，是共享概念及其之间关系的形式化规范说明。构建本体层主要包括以下几方面。

1. 财务报告信息术语

这是本体层创建的基础，包含构建本体层所需要的比较全面的术语列表，由程序提取与人工判断相结合来完成。分类标准的标签链接库提供人工可读的标签信息，通过程序抽取标签，并以此作为基础的术语列表。但由于相同的财务概念在不同的分类标准的语法表示可能不同，需要熟悉会计准则和财务报告的领域专家做进一步的修订。

2. 定义类和类层次

这包含了本体中所有的类，并以层级方式展示类之间的层次。与 XML 定义层级的方式不同，XBRL 将层级关系存储在展示链接库，采用 XLink 语法表示。本章即以分类标准中的展示链接库为基础，表达类之间的继承关系。

图 8-6 是财务报告类层次的组成部分，由财务报告元素逐级展开。

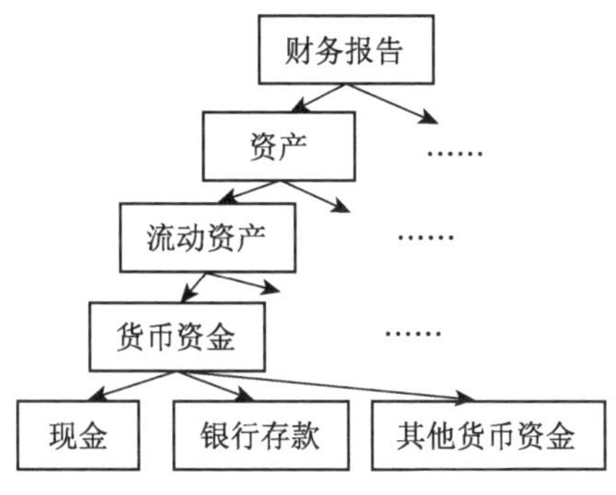

图 8-6　财务报告本体类层级

3. 定义类的属性以及类之间的关系

XBRL 技术规范直接定义了 periodType、balance、type、id、substitution-group、name、abstract、nillable 等八个属性，同时标签链接库和引用链接库的信息同样可以通过类的属性方式表达。最终定义了类的十个属性。另外，类之间包括逻辑、计算等的关系也应当予以充分描述。

（三）映射层

以领域本体为基础，对 XBRL 信息进行语义标注，转换层作为连接 XBRL 信息与领域本体的纽带，在整个模型当中处于核心地位，映射层设计的好坏直接影响 XBRL 财务报告的转换效果。其核心内容是分类标准与领域本体之间的映射规则。

不同的标准对财务报告分解的思路并不完全相同，这使得分类标准在信息的选择、分类、粒度等方面存在差异，从而造成标准之间在语义方面存在差异。信息元素会存在多种语义关系，包括：等价、包含、被包含、交叉、无关等。因此在进行财务信息元素映射时，会存在多种映射情况，包括一对一、一对多、多对一、一对零等。以下给出映射规则的形式化定义。

定义 1　分类标准与领域本体之间的映射是指给定一份分类标准 T 和一个本体领域 O，T 到 O 的映射 f 是由四元组作为元素构成的一个集合，可以写成 $\{id, t, o, rel\}$ 的形式。id 是该映射的标识符，用于唯一标识该四元组；t 和 o 分别为 T 和 O 中的元素，且满足 $f(t)=o$；rel 描述 t 和 o 之间的关系，包括等价、包含、被包含、计算等关系。同理，O 到 T 的映射 g 可由类似的四元组来表达。

映射规则的提取是与本体层的构建同时进行，并且提取时还需要分析不同分类标准的语法规则。为了便于检查与修订，本章以 Excel 格式对映射关系进行存储。

（四）数据层

该层包含企业依据分类标准披露的 XBRL 报告实例，它是基于分类标准层中的特定分类标准所构建的。依据转换层中对应的映射规则，结合各分类标准的语法描述，最终完成各报告实例之间的相互转换。以下对数据成功转换进行相应的定义。

定义 2　假设源分类标准 T_1 与目标分类标准 T_2 进行数据转换，对于 T_1 中的元素 t_1，如果存在目标分类标准元素 t_2，以及本体元素 o，使得 $f(t_1)=o$，$g(o)=t_2$ 同时成立，则称 t_1 能够转换成功。

XBRL 财务报告转换模型还需要对变动做出及时反应，能够对各层级进行动态更新，提高 XBRL 财务报告转换的准确性。当分类标准层发生包括新增、废除、修改等变动时，需要会计人员进行专业判断，在此基础上分别对本体层的领域本体和映射层的映射规则进行调整。

二、XBRL 财务报告的集成案例

（一）财务报告集成对象

我国财务报告领域的上海证券交易所（简称上交所）分类标准（Shanghai Stock Exchange Taxonomy，SSE_T）与财政部分类标准（Ministry of Finance Taxonomy，MOF_T），它们在语义表达、语法结构等方面都存在差异，而信息处理的要求提出了标准之间的信息共享期望，并提出了标准之间互操作的必要性。其中 MOF_T 是一部国家级标准，并且在它颁布之后，上交所原有的分类标准 SSE_T 并没有废止，仍在继续使用。同一个企业就有可能根据不同的监管要求报送多种 XBRL 财务报告，从而增加企业的披露成本。并且两种 XBRL 财务报告并未形成交互，造成了彼此数据的割裂，极大地降低了 XBRL 财务报告的报送效率。未来随着 MOF_T 的进一步推广，它将会是国家网络财务报告的统一技术标准，所以就有必要考虑将上交所历史 XBRL 财务报告转换成国

家标准。

本章以 SSE_T 和 MOF_T 为例，同时考虑到企业的差异主要体现在财务报表附注，因此围绕财务报表附注构建了财务报告领域本体，并在此基础上对 XBRL 财务报告集成模型进行应用研究。

（二）财务报告领域本体

分类标准层中包含 SSE_T 和 MOF_T，选择它们的财务报表附注部分，涉及具体的 70 个附注项目，详细的附注项目信息可参见附录 3。在此基础上，使用研究本体的专业软件——Protege 3.4.8 软件创建财务报告领域本体，分别按照以下步骤进行操作。

第一步，从分类标准层中的 SSE_T 和 MOF_T 中提取财务报告信息术语，这一过程获得了比较全面的术语列表。由于暂未获得分类标准层中的企业自定义分类标准，企业自定义信息术语有待未来的研究进一步扩充。

第二步，由于 SSE_T 与 MOF_T 的语法表示存在差异，SSE_T 采用元组(tuple)语法规则，而 MOF_T 则是维度(dimension)语法规则，因此同一财务信息元素可能会采用不同的语法规则。因此在提取术语过程中，依据的是分类标准中的财务信息元素实质，而不是 XBRL 语法元素形式。

第三步，MOF_T 具有更高的国家权威性，因此选择在 MOF_T 的基础上，定义财务报告领域的类及类层次。从而首先定义了 MOF_T 的本体类及类层次。

第四步，构建 SSE_T 的本体类。需要进行匹配判断：对于 SSE_T 的财务信息元素来说，如果已有 MOF_T 本体类与其语义一致，则不需要重新定义本体类；反之，则需要定义新的类。例如，尽管 SSE_T 的财务信息元素“存货跌价准备合计余额”与 MOF_T 的财务信息元素“存货跌价准备”名称有些不同，但语义一致，实质相同，因此不再专门为 SSE_T 财务信息元素“存货跌价准备合计余额”定义本体类。同时，以 MOF_T 的展示链接库为基础，定义类之间的层次。图 8-7 显示了财务报告附注的固定资产部分本体类及类层次。

在统计过程中发现，SSE_T 与 MOF_T 的财务信息元素各有 1 587 个和 1 579 个。同时在进行匹配判断时，发现 SSE_T 与 MOF_T 实质相同的财务信息元素有 807 个。最终构建了 2 359 个具体(concrete)本体类，同时定义了 201 个抽象(abstract)本体类，用于组织类之间的层级关系。

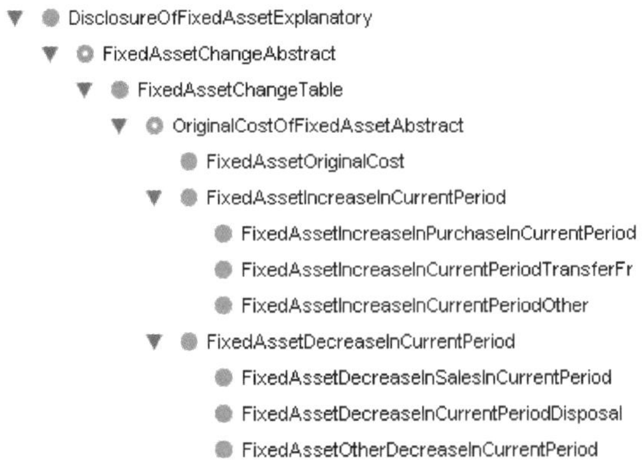

- DisclosureOfFixedAssetExplanatory
  - FixedAssetChangeAbstract
    - FixedAssetChangeTable
      - OriginalCostOfFixedAssetAbstract
        - FixedAssetOriginalCost
        - FixedAssetIncreaseInCurrentPeriod
          - FixedAssetIncreaseInPurchaseInCurrentPeriod
          - FixedAssetIncreaseInCurrentPeriodTransferFr
          - FixedAssetIncreaseInCurrentPeriodOther
        - FixedAssetDecreaseInCurrentPeriod
          - FixedAssetDecreaseInSalesInCurrentPeriod
          - FixedAssetDecreaseInCurrentPeriodDisposal
          - FixedAssetOtherDecreaseInCurrentPeriod

图 8-7　固定资产部分本体类

依据前文所述，本章定义了类的 10 个属性。同一类在不同的分类标准的语法表示中可能不同，因此最后一步需要对此进行比较分析，并在类属性中唯一确定。

（三）映射规则生成

1. 语法解析

在对财务信息元素进行 XBRL 语法表示时，SSE_T 与 MOF_T 有明显不同，主要在于对一类彼此相互关联、相互依赖的，并且无法穷尽的数据进行定义时，SSE_T 采用元组表达方式，而 MOF_T 采用维度表达方式。

表 8-3 反映财务报告附注中其他流动资产的信息。由于每个企业的其他流动资产项目都不相同，并且事先无法定义完全，只能以“可扩展的”方式进行定义；同时其他流动资产的“项目名称”与“期末数”“期初数”都是高度关联的，因此需要在分类标准中定义它们之间的关系。

表 8-3　其他流动资产

项目名称	期末数	期初数

SSE_T 定义一个元组元素“其他流动资产明细”将“项目名称”“期末数”“期初数”联系起来。而 MOF_T 并不是这么定义，它以“项目名称”作为描述其他流

动资产的角度，定义为维度成员，而将“期末数”“期初数”定义为表格的行项目。同时 MOF_T 将维度规则的应用范围进行扩大，并不局限于上述的情况。在定义表格时，MOF_T 普遍采用维度规则，即以某种视角（维度）来描述表格信息。这一语法差异使得 SSE_T 和 MOF_T 定义信息元素的方式不同（所用的元素数量也可能不同），同样在映射规则中加以区分和反映。

2. 映射规则

本章以 SSE_T 向 MOF_T 转换为测试案例，需要创建 SSE_T 到财务领域本体的映射，以及财务领域本体到 MOF_T 的映射，从而完成源分类标准到目标分类标准的转换，其中 SSE_T 元素和 MOF_T 元素之间的关系包括：

- 当 SSE_T 元素和 MOF_T 元素是一对一类型时，即对于上交所财务信息元素 sse_t，存在唯一的财政部 mof_t，以及本体类 o，使得 $f(sse\_t)=o$，$g(o)=mof\_t$，并且 sse_t 是唯一满足这一映射关系的上交所财务信息元素。
- 当 SSE_T 元素与 MOF_T 元素是一对多类型时，即对于上交所财务信息元素 sse_t，存在多个财政部 mof_t_i，以及本体类 o_i，使得同时满足 $f(sse\_t)=o_i$，$g(o_i)=mof\_t_i$。
- 当 SSE_T 元素和 MOF_T 元素是多对一类型时，即存在多个上交所财务信息 sse_t_i，及相应的本体类 o_i，而有唯一的财政部 mof_t，使得同时满足 $f(sse\_t_i)=o_i$，$g(o_i)=mof\_t$。
- 当 SSE_T 元素和 MOF_T 元素是一对零类型时，即对于上交所财务信息元素 sse_t，不存在任何财政部 mof_t，以及本体类 o，使得同时满足 $f(sse\_t)=o$，$g(o)=mof\_t$。

SSE_T 向 MOF_T 转换的匹配类型及对应的数目如表 8-4 所示。

表 8-4　SSE_T 向 MOF_T 转换的匹配信息

匹配类型	匹配数目(个)
一对一	807
多对一	81
一对多	56
一对零	642

在数据转换时，不同的匹配类型的转换结果与转换方式会有所不同，同时为了完成数据转换可能需要实施人工判断。具体匹配类型所对应的转换操作如下所示：

(1) 当 SSE_T 元素和 MOF_T 元素是一对一类型时，尽管元素之间的名称可能会不同，但仍视为财务信息元素等价，数据可以直接转换。如前文所提到的 SSE_T 的元素“存货跌价准备合计余额”与 MOF_T 的元素“存货跌价准备”名称并不相同，实质一致，因此可以直接转换。

(2) 当 SSE_T 元素与 MOF_T 元素是一对多类型时，需要在对具体企业的 XBRL 报告实例转换过程中，依据会计人员的专业辅助判断或者其他辅助信息，对 SSE_T 元素的数据进行分析。如有 MOF_T 等价元素则判定转换成功，否则为不成功。例如，SSE_T 中关于应收利息的信息仅定义一个含义更广泛的“应收利息项目”元素，而 MOF_T 则将应收利息的情况具体化，分别是“国债应收利息”“公司债应收利息”和“其他债应收利息”。在具体企业的 XBRL 报告实例转换过程中就需要会计人员判断 MOF_T 的“应收利息项目”对应 MOF_T 中的哪一类，选择相应的类别进行操作。

经过判断，56 个一对多匹配类型中的 14 个，在会计人员的专业判断协助之下，能够完成相应的数据转换。

(3) 当 SSE_T 元素和 MOF_T 元素是多对一类型时，需要分情况进行处理。在将 SSE_T 中多个元素的数据转换到 MOF_T 的一个元素的过程中，会涉及对元素的自定义、计算、组合等。

(a) 当 MOF_T 元素含义更广，并且 SSE_T 元素仅是 MOF_T 元素的特殊情况时，可以进行直接转换。例如，SSE_T 中的“国家资本金”元素，MOF_T 中并未直接定义相应的元素，而是定义了粒度更大、含义更广泛的元素“资本公积项目[member]”，这属于多对一的匹配类型。在具体报告实例转换过程中，可以将“国家资本金”的数据以自定义的形式转入到 MOF_T 格式中。

(b) 当元素存在会计勾稽关系时，则应当依据相应的勾稽关系进行计算。例如，SSE_T 分别定义了“固定资产累计折旧增加数”和“固定资产累计折旧计提数”，MOF_T 仅定义“固定资产累计折旧，本期计提”。通过会计判断，它们之间属于多对一映射关系，同时满足计算公式：“固定资产累计折旧，本期计提＝固定资产累计折旧增加数＋固定资产累计折旧计提数”。此时就可通过相加计算

来进行转换。

(c) 当 SSE_T 元素与 MOF_T 元素不存在特殊和一般关系,并且元素不存在勾稽关系时,可以采用简单的字符累加。

经过判断,81 个多对一匹配类型中的 18 个,依据确定的判断规则,能够完成相应的数据转换。

(4) 当 SSE_T 元素和 MOF_T 元素是一对零类型时,则不能进行数据转换。例如,SSE_T 中定义了“应收账款金额前五名单位情况”的相关元素,而在 MOF_T 中并未定义。这种情况下无法将这一上交所 XBRL 财务信息转换成功,转换过程就会发生信息损失。

(四) 转换结果分析

基于构建的财务报告领域本体和映射规则,本章以 2011 年上市公司提交上交所的 XBRL 报告实例作为实验对象,研究将其转换为 MOF_T 格式。由于金融、保险业选用的分类标准与其他行业明显不同,因此剔除该行业的样本,最终剩余 902 个 XBRL 报告实例,分属于 12 个门类,作为本章数据转换的样本。

通过团队自行设计开发的 Java 转换程序对 XBRL 财务报告转换模型进行测试,对上交所的 XBRL 报告实例进行批量转换。每一份 XBRL 报告实例采取如下的处理过程:

输入:具体上交所 XBRL 报告实例,例如中国石化的报告实例“CN_600028.SS_GB0101_2011-12-31.xml”。

输出:符合财政部分类标准规范的 XBRL 报告实例。

第一步,加载并解析该企业的 XBRL 报告实例。

第二步,提取该报告实例的 70 个附注项目数据。

第三步,对于上交所项目 *sse_t*,解析 Excel 映射文件,选择相应的数据转换规则。

最后一步,根据 MOF_T 的语法规则,生成 MOF_T 报告实例。同时记录成功转换数。

在数据转换过程中,将映射规则写入辅助文档,以使其能够完成自动化转换,但仍然需要一部分的财务领域专业判断。各行业 XBRL 报告实例转换的统计结果如表 8-5 所示。

根据转换结果的描述性统计,可以发现各行业的转换成功平均值都较为接近，都在60%以上。同时行业内的差异也较小。这说明该数据转换方法具有一定的效率性和稳定性，适用于各行业的报告转换。

表 8-5　转换结果描述性统计

行业及行业代码	最小值	最大值	平均值	样本数(个)
A 农、林、牧、渔业	56.58%	78.13%	63.16%	20
B 采掘业	54.06%	78.80%	61.77%	33
C 制造业	50.39%	74.31%	61.71%	472
D 水电煤气生产业	50.76%	68.71%	60.89%	47
E 建筑业	51.74%	65.23%	60.49%	28
F 交通运输、仓储业	54.36%	74.01%	61.19%	52
G 信息技术业	55.36%	69.88%	61.72%	42
H 批发和零售贸易	51.94%	73.50%	62.41%	69
J 房地产业	57.28%	68.34%	61.59%	65
K 社会服务业	58.10%	72.18%	62.18%	22
L 传播与文化产业	59.48%	66.72%	62.79%	16
M 综合类	56.13%	66.61%	60.72%	36

同时比较了基于领域本体的数据转换映射与简单的一对一映射的转换成功率。仅采用一对一映射，而不充分挖掘 SSE_T 和 MOF_T 之间的关系时，全样本的转换成功率为54.55%，而基于领域本体的转换成功率为61.67%，在各行业都有一定程度的提升，如图8-8所示。

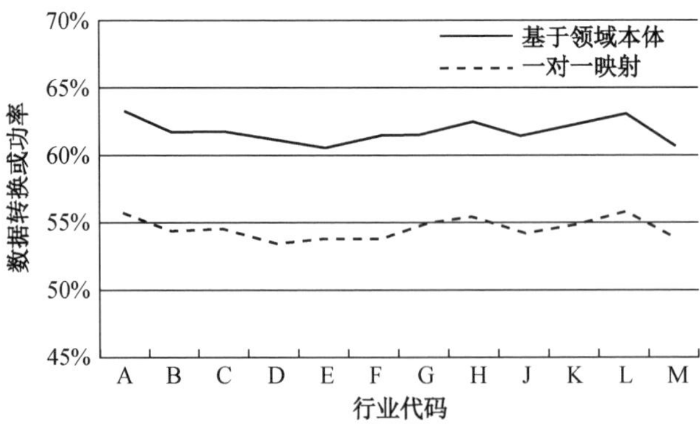

图 8-8　不同映射类型的转换成功率对比

同时，以东风汽车股份有限公司（简称东风汽车）的2011年上交所XBRL报告实例为案例，分析个体公司在数据转换时的表现，如表8-6所示。

案例公司的整体转换比例是60.05%，其中在多达20个报表项目上，案例公司没有信息披露。可以推测，目前的报告实例转换成功率不仅与转换模板有关，同时也与当年的具体XBRL报告中的披露信息相关，与案例公司所处的行业以及业务特征相关。

表8-6　各项目的数据转换结果（东风汽车报告实例）

项目编号	披露数目（个）	转换比例	项目编号	披露数目（个）	转换比例
01	23	100.00%	19	0	*n/a*
02	3	100.00%	20	6	16.67%
03	19	26.32%	21	0	*n/a*
04	2	50.00%	22	0	*n/a*
05	9	44.44%	23	44	65.91%
06	73	28.77%	24	8	100.00%
07	79	30.38%	25	1	100.00%
08	22	45.45%	26	26	19.23%
09	43	79.07%	27	14	100.00%
10	5	80.00%	28	5	20.00%
11	4	50.00%	29	2	100.00%
12	0	*n/a*	30	0	*n/a*
13	0	*n/a*	31	4	50.00%
14	20	90.00%	32	8	50.00%
15	16	37.50%	33	4	25.00%
16	9	88.89%	34	30	96.67%
17	69	78.26%	35	11	81.82%
18	20	70.00%	36	0	*n/a*

（续表）

项目编号	披露数目（个）	转换比例	项目编号	披露数目（个）	转换比例
37	0	n/a	54	18	16.67%
38	10	20.00%	55	0	n/a
39	8	100.00%	56	15	60.00%
40	0	n/a	57	4	100.00%
41	0	n/a	58	4	100.00%
42	0	n/a	59	5	100.00%
43	0	n/a	60	0	n/a
44	0	n/a	61	21	33.33%
45	0	n/a	62	5	100.00%
46	5	20.00%	63	21	61.90%
47	1	100.00%	64	16	56.25%
48	0	n/a	65	3	100.00%
49	0	n/a	66	1	100.00%
50	8	87.50%	67	8	100.00%
51	4	100.00%	68	21	28.57%
52	0	n/a	69	35	100.00%
53	9	100.00%	70	0	n/a

注：表格中的 n/a 值指的是公司在该项目并无信息披露，导致转换比例无法取值。

以东风汽车的货币资金表为例，表 8-7 货币资金附注中包含了现金、银行存款、其他货币资金的合计以及明细金额，其中银行存款与其他货币资金的外币币种还涉及日元、美元、欧元，并且都提供了年初、年末的金额信息。附录 4 则是相应的上交所 XBRL 报告实例，能够完全涵盖表 8-7 中的货币资金信息。表 8-6 的统计结果显示东风汽车上交所 XBRL 报告实例能够完全转换为财政部格式，转换而成的财政部 XBRL 报告实例如附录 5 所示，其中的货币资金类别与货币类别以维度方式进行表达。附录 4 与附录 5 的 XBRL 代码都是采用 Altova 的 XML Spy 软件编译而成的。

表 8-7　货币资金信息（2011 年东风汽车）

项目	年末余额			年初余额		
	外币金额	折算率	人民币金额	外币金额	折算率	人民币金额
现金						
人民币			88 678.49			37 365.98
小计			88 678.49			37 365.98
银行存款						
人民币			2 529 084 971.02			3 193 208 391.65
日元	4.00	0.081 1	0.32	32 261 040.00	0.081 3	2 621 532.11
美元	2 638 965.68	6.300 9	16 627 858.86	1 736 239.69	6.622 7	11 498 594.60
欧元	2 859 011.96	8.162 5	23 336 685.25	0.13	8.806 5	1.10
小计			2 569 049 515.45			3 207 328 519.46
其他货币资金						
人民币			937 367 781.68			820 738 856.92
日元	2 708 717.00	0.081 1	219 685.07	1 843 982.00	0.081 3	149 841.98
美元	3 821 178.75	6.300 9	24 076 865.18	24 290.46	6.622 7	160 868.43
欧元	1 157 493.82	8.162 5	9 448 043.31	359 607.65	8.806 5	3 166 884.77
小计			971 112 375.24			824 216 452.10
合计			3 540 250 569.18			4 031 582 337.54

（五）行业扩展分类标准

数据转换结果显示，平均能够成功转换60％以上的数据，仍有很大的提升空间。黄长胤和张天西(2011)研究发现，以财政部通用分类标准为披露基础，公司自愿性披露的元素比重较大，可达到总披露元素的46.65％。这表明目前的财政部通用分类标准暂时无法满足企业正常的披露需求，还需要进一步制定行业扩展分类标准。未来随着财政部颁布更多的行业扩展标准，需要更新转换层中的映射规则，标准之间的转换率也将进一步提高，这有待未来研究进行完善。

第五节　本 章 小 结

本章是XBRL数据集成的理论章节部分，先分析了XBRL数据集成的研究背景，当前XBRL会计账簿与XBRL财务报告数据存在割裂，同时XBRL财务报告分类标准又极其多样，因此有必要对XBRL数据进行集成研究。继而，介绍了XBRL数据集成的理论基础，分别是数据集成理论、XML技术与本体论。在此基础上，构建了XBRL数据集成框架，包括纵向XBRL会计账簿与XBRL财务报告的集成，以及横向的XBRL财务报告的集成。

本章XBRL数据集成的应用实践章节部分，证明了本书所提出的XBRL的数据集成框架具有一定的可行性。首先是对XBRL会计账簿与XBRL财务报告的数据集成应用实践。这方面的研究，借鉴XBRL账簿分类标准的汇总报告上下文数据模块，提出了纵向会计账簿与财务报告的集成方案，同时通过案例进行数据集成实践。其次是XBRL财务报告的数据集成应用实践。这方面的研究，提出了统一的财务报告领域本体，为不同的XBRL分类标准提供本体基础，从而可以从根本上提高财务报告的数据集成效率。同时以国内的XBRL分类标准为应用案例，数据转换结果显示该方法是可行的。未来将考虑吸纳其他国家的分类标准，进一步更新财务报告领域本体库，完善映射规则，促进财务信息在不同组织间的交互作用，同时提高财务报告的披露效率。

第九章

XBRL 技术扩散中的财务报告数据质量控制

第一节 引 言

目前 XBRL 在全球范围内得到了越来越广泛的应用，中国、美国、英国、加拿大、韩国、日本等国家的相关机构，都先后要求信息披露主体强制实施或自愿报送 XBRL 格式的财务报告(简称 XBRL 财务报告)。XBRL 的广泛应用和其替代传统格式财务报告(简称传统财务报告)的潜力进一步提升了 XBRL 财务报告质量控制的重要性(Boritz 和 No，2004；Elliott，2002；Srivastava 和 Kogan，2010；张天西和高锦萍，2007)。为了鼓励上市公司实施 XBRL 报送计划，世界各国尚不要求对 XBRL 财务报告进行鉴证，但 XBRL 财务报告在公开传播过程中存在一些需要解决的关键问题，即 XBRL 财务报告是否可信的问题，XBRL 财务报告是否遵循了企业会计准则、XBRL 分类标准和 XBRL 技术规范等。如果企业编制的 XBRL 财务报告不可信，则市场将不会接受 XBRL 财务报告，这将最终导致 XBRL 财务呈报革命的失败。因此，在 XBRL 的推行中，需要对 XBRL 财务报告的质量控制展开研究。

第二节　XBRL 数据质量控制

一、XBRL 数据质量控制框架

数据质量的好坏会直接影响 XBRL 项目的实施效果，因此构建 XBRL 财务报告数据质量的整体框架是控制其数据质量的重要步骤，其控制指标的达成与否往往决定了最后 XBRL 财务报告数据质量的高低，如果控制方案制定合适，则能够在全局对 XBRL 的数据质量进行控制，从而获得较高的数据质量水平。

传统的情况下，对于数据质量控制框架的构建往往从两个角度进行，一方面是对数据自身进行质量控制，例如根据其数据的准确性、可比性、全面性等各个方面进行评价与控制；另一方面则是对数据的产生过程进行控制，通过控制数据产生的各个阶段以达到控制数据质量的目的。数据的产生过程往往涉及数据的来源、数据的收集、数据的处理和集成，以及数据的转换形式等。如果仅聚焦于数据本身的质量，尽管也能够获得一些分析结论，但很难确定及优化与最终数据质量密切相关的控制环境。因此，本书对 XBRL 财务报告的数据质量控制框架是基于 XBRL 财务报告的创建过程来构建的，包括：分类标准创建/维护阶段；分类标准实施阶段；分类标准/实例文档评价及反馈阶段，并对数据生成的每个阶段设立关键控制指标，从而能够在全流程对 XBRL 财务报告的数据质量进行控制，如图 9-1 所示。

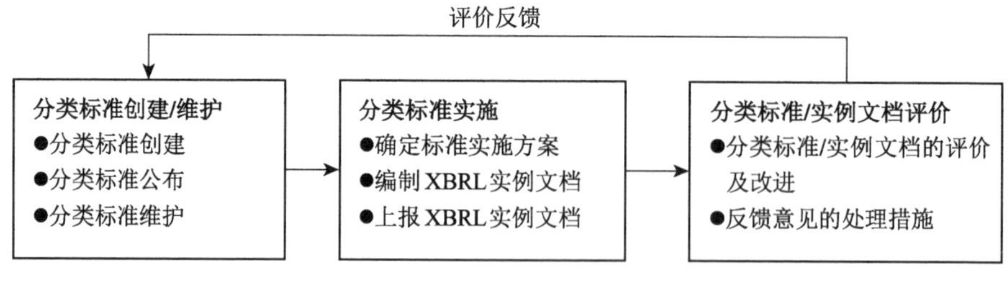

图 9-1　XBRL 财务报告的数据质量控制框架

二、分类标准创建/维护阶段

分类标准的创建/维护阶段主要包括了三个阶段：即分类标准的创建阶段、

分类标准的公布阶段以及分类标准的维护阶段，如图 9-2 所示。当这一开发流程得到控制时，实质上是一个封闭的循环流程。在对分类标准进行维护后，需要进行修正或者增加的分类标准会再次创建、公示、维护。这种迭代的开发措施，能够确保分类标准的质量得以控制，从而控制 XBRL 财务报告的数据质量。

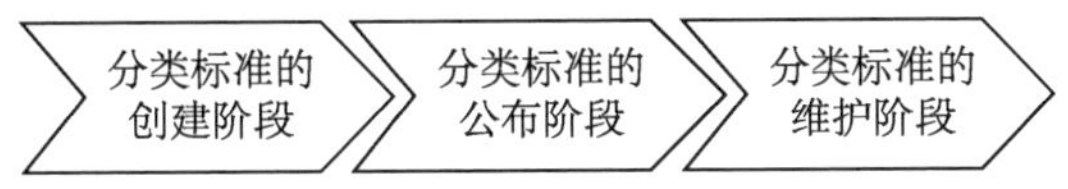

图 9-2 XBRL 分类标准的开发流程

（一）创建阶段的关键步骤

XBRL 分类标准的创建是整个分类标准开发最基础的阶段。创建阶段需要考虑的内容决定了后期 XBRL 的分类标准公布、维护的工作量和 XBRL 正式实施的效果。

1. 分类标准的创建依据

任何标准的创建都会具有其对应的依据，对于 XBRL 分类标准而言，创建需要相关的设立依据不仅仅是关于会计准则而言，还需要遵循相关的 XML 编制规则。现阶段 XBRL 的用户指引主要涉及三种指引：分类标准指引、实例文档指引和账簿分类标准通用指引。分类标准创建专家组会综合考虑这些指引，然后编制相关的分类标准，并确保分类标准不违背其指引规则，同时 XBRL 财务报告的编制也是符合相关用户指引的。分类标准对于指引的遵循主要是为了确保 XBRL 数据的一致性和交互可用性，分类标准的创建必须按照国际 XBRL 规定的相关依据进行，从而确保其生成 XBRL 财务报告的交互可用。FRTA (Financial Reporting Taxonomy Architecture，财务报告分类标准架构）规定了分类标准编制的惯例和规则，而 FRIS（Financial Reporting Instance Standard，财务报告实例文档标准）规则是对于实例文档标准的规范，同时其技术规范和技术基础都必须满足合规性。

2. 分类标准的组织结构

XBRL 分类标准包括了模式文档以及各类链接库，如图 9-3 所示。模式文档主要是对财务信息元素进行描述定义，而链接库则是说明财务信息元素存在的关系，不同的链接库表达不同的关系。

3. 分类标准的合规性

创建时必须确保其分类标准中的模式文档对财务元素的描述是符合相关规则，且不存在定义覆盖或者冗余的；链接库中的关系定义必须是存在映射关系且合规的。这些要求都是这一阶段的关键控制环节。

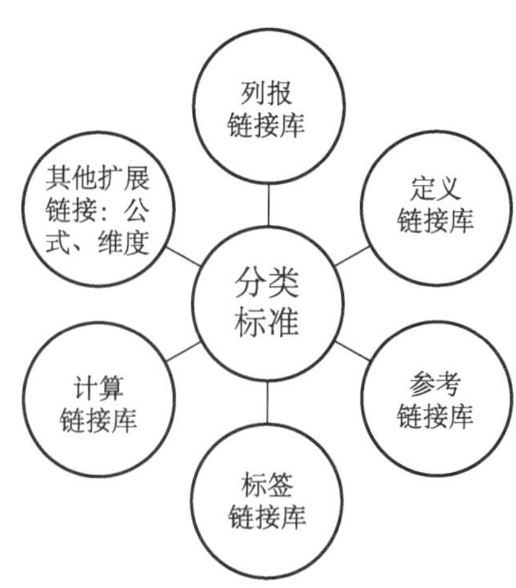

图 9-3　分类标准的组织结构

4. 分类标准的创建委员会

对于 XBRL 分类标准的创建，还应当将创建阶段中的参与人员、创建的分类标准的内容、分类标准考虑的各项内容等都纳入其控制环节中，作为关键性控制指标。因此，分类标准的创建需要诸多的相关人员共同参与，以确保 XBRL 分类标准的创建质量：政府部门确保 XBRL 分类标准的完整性；外部审计人员确保分类标准实施后生成的 XBRL 财务报告不会由于分类标准的漏洞而使企业出现财务舞弊；XBRL 软件方面的专家确保分类标准不存在内容冲突，以及软件识别时没有错误，同时增加分类标准的软件可理解性；另外法规部门的专业人员确保 XBRL 的分类标准是合法合规的。

创建委员会的参与人员以及参与者的决定权会对 XBRL 分类标准的质量产生影响，创建委员会的组成人员越专业、专业范围越广，对于 XBRL 分类标准的创建越合理，作为 XBRL 财务报告编制的基础，分类标准的质量越高则意味着 XBRL 财务报告的数据质量起点越高。

5. 分类标准的可读性以及应用成本

分类标准的创建对其可读性以及应用成本的平衡，将对 XBRL 分类标准的质量以及后续的实施产生影响。分类标准的可读性可以分为两种：一方面是对计算机而言的可读，另一方面是对企业实施机构而言的可读。XBRL 的语言本身是 XML 形式的，这种计算机语言必须符合相关的计算机规则；另外，如果在分类标准的创建阶段考虑到对于企业的可读性，那么就可以降低企业所需 XBRL 的专业化程度，从而提高企业人员的分类标准扩展水平，并有助于企业对于数据标记的检查，从而提高 XBRL 财务报告的数据准确性。

可读性的提高能够降低对 XBRL 专业技术的要求，从而降低实际项目的应用成本；反之，XBRL 项目的推广以及实例文档的报送都需要政府为企业提供更多的配套培训以及技术人员输出，从而增加相关的应用成本。同时，由于企业对其 XML 语言的不可读，在企业检查时存在弊端，最后导致 XBRL 财务报告的数据质量下降。

6. 分类标准创建阶段的控制方案

综合上述关于 XBRL 分类标准的数据质量控制指标外，还涉及其他的关键性指标分析，通过图表方式进行汇总，如表 9-1 所示。

表 9-1　分类标准创建阶段的关键步骤

步骤	创建阶段	是	否
1	分类标准创建过程中是否严格遵循依据		
2	分类标准的组织结构是否规范		
3	是否有相关专家参与创建过程		
4	创建的内容是否存在概念冲突		
5	是否考虑到分类标准的可读性		
6	是否考虑分类标准的应用成本		
7	分类标准的制定是否符合准则法规		
8	分类标准制定的范围是否包括披露		
9	创建阶段是否进行过调查研究		

（二）公布阶段的关键步骤

进入到 XBRL 分类标准的公布阶段，意味着分类标准的创建阶段初步结束，其分类标准可以进入测试应用阶段，其主要目的是采纳不同行业的意见。在 XBRL 项目的利益相关者中，需要综合考虑不同参与方提出的相关建议。

分类标准的公布阶段实质上是 XBRL 分类标准的测试阶段：对于软件供应商而言，测试分类标准的 XML 语言是否准确无误以及其链接库内置的概念在实际软件运行时是否会发生冲突；对于行业企业而言，分析其成本效益情况，测试分类标准是否能够覆盖企业的财务数据等；对于资本市场而言，资本市场是社会规则的监督者，对于分类标准的实施情况以及其合规性方面，资本市场往往会比其他行业更加敏感；试点测试是发现 XBRL 分类标准是否存在问题的最直接方式。综上，分类标准公布阶段的关键步骤如表 9-2 所示。

表 9-2　分类标准公布阶段的关键步骤

步骤	公布阶段	是	否
1	是否采纳软件供应商意见		
2	是否采纳应用行业企业意见		
3	是否采纳相关媒体人意见		
4	公布阶段是否会采用试点测试		

（三）维护阶段的关键步骤

对 XBRL 分类标准的维护，实质上是对分类标准的循环控制。对分类标准的创建形成了循环体系，确保分类标准能够不断适应市场需求和变化，从而提高 XBRL 财务报告的数据质量。维护阶段涉及维护方、反馈采纳是否需要审核、维护过程中是否涉及大量增加相关分类标准或者删减分类标准等。分类标准维护阶段的关键步骤如表 9-3 所示。

表 9-3　分类标准维护阶段的关键步骤

步骤	维护阶段	是	否
1	是否具有维护阶段		
2	是否具有多方维护手段		
3	是否对多方评价进行审批后采纳		
4	是否大规模地增加相关标准		
5	是否大规模地删减相关标准		

三、分类标准实施阶段

XBRL 分类标准实施阶段的关键步骤也是提高 XBRL 财务报告数据质量的

重要因素。通过对 XBRL 财务报告的编制及在资本市场的实施进行分析，分析对应的关键步骤，以期保证 XBRL 财务报告的数据质量。

（一）XBRL 实例文档的编制机理

XBRL 在企业中的运用分为以下阶段：在分类标准中选择合适企业的元素和链接库、创建扩展分类标准、编制 XBRL 实例文档，并采用适当方式进行检验。

1. 确定适用的元素和链接库

对于不同的行业，分类标准中会有不同的对应模式文档以及相应的链接库，其对应的链接库会有相关特定的编码，企业根据自身编制所属的行业特性，在对应的标准下进行元素和链接库选择。根据企业财务数据的编制依据，选择对应行业编码下的符合企业实际情况的链接库。在选择之后，将财务数据与对应的元素进行映射。

2. 创建扩展分类标准

在建立映射关系的过程中，企业会发现部分特殊数据无法找到对应的元素和链接库。这是行业或公司特性导致的，为了确保 XBRL 财务报告数据的完整性，企业必须进行对应的扩展分类，而扩展分类标准需要专业的 XBRL 人员进行编制以保证所生成的财务报告的数据质量。同时，其分类的扩展需要保证符合对应的扩展规则，实现数据质量的合规性。

3. 编制 XBRL 实例文档

企业在创建扩展分类标准后，进行数据输入，运用专业的 XBRL 软件进行数据标记，从而生成相关的 XBRL 财务报告。在编制过程中，企业需要对生成的 XBRL 财务报告进行数据核对和检查，从而确保其报送的报告是准确无误的。

4. 检验

在进行分类标准的扩展中需要对其进行检查，以确保其分类标准的合规性，检查是否存在元素冗余、过度拆分或者重复扩展等问题。在其实例文档编制过程中，需要验证其数据是否录入准确、标记是否准确等。上述的检查都可以采用人工或者自动方式进行检验，不同的检验方式会影响 XBRL 财务报告生成的数据质量。

（二）分类标准实施阶段的关键步骤

通过对 XBRL 财务报告生成机理的分析，在其不同的阶段需要设置不同的关键控制指标，以确保其 XBRL 财务报告的最终数据质量。

1. 分类标准实施的方案选择

基于相同的分类标准进行 XBRL 财务报告的编制，以确保在实际运用中生成的 XBRL 财务报告的数据是可比的。例如：我国采用的是 CAS 分类标准(China Accounting Standards)，因此财务报告报送方都选择这种分类标准，从而确保了最后公布的 XBRL 数据可比。

2. 运用软件辅助工具

XBRL 财务报告的编制者在对分类标准的选择与更新的过程中，能够在一定程度上确保映射无误，且元素和链接库选择基本正确。而对于分类标准扩展则需要企业自身对其扩展并且检验：一方面可以采用软件进行检验，另一方面可以聘请具有 XBRL 专业知识的专家进行人工检验。上述措施都能够使 XBRL 财务报告的数据质量得以提高。

3. 分类标准的更新

不同的国家对于分类标准扩展规则不尽相同。如果是出于确保报送的财务报告数据的完备性考虑，要求企业根据业务的需要进行分类标准扩展。而如果是为了保证报送数据的效率性和准确性，则要限制企业进行分类标准的大量扩展。扩展分类标准会使其编制效率降低，需要编制者具备较高的 XBRL 专业水平，否则其报送的财务报告数据质量会下降。限制分类标准扩展使得其完备性下降，但是相对应的准确性和效率将提高。选择适当的方式在质量指标之间取得平衡，提高 XBRL 财务报告的数据质量。

4. 循环检验

在整个 XBRL 财务报告生成的过程中，在重要步骤中进行检验能够确保其生成无误，数据质量准确性更高。最后对生成的 XBRL 实例文档进行检验往往涉及外部审查和内部审查两种类型。同时根据生成实例文档是否人工可读还可以确认审查的人员是否需要 XBRL 专业知识，以确保其在发现数据错误时找到对应的数据源，实现数据清理。

表 9-4　XBRL 实施阶段的关键步骤

步骤	XBRL 实施阶段	是	否
1	是否提供分类标准实施的明确方案		
2	是否提供方便分类标准实施的软件产品		
3	是否实施 iXBRL 技术		
4	分类标准实施的方式(人工或者自动完成)		
5	是否要求企业进行分类标准扩展		
6	是否提供实例文档校验或者审计		

四、分类标准/实例文档评价及反馈阶段

分类标准/实例文档评价及反馈阶段使得整个 XBRL 项目形成了一种有效循环。这既是对 XBRL 分类标准在企业实施后出现问题的一种汇总和分析，又是根据分析结果对分类标准的再次检验，并且重新应用到企业实施中，如图 9-4 所示。

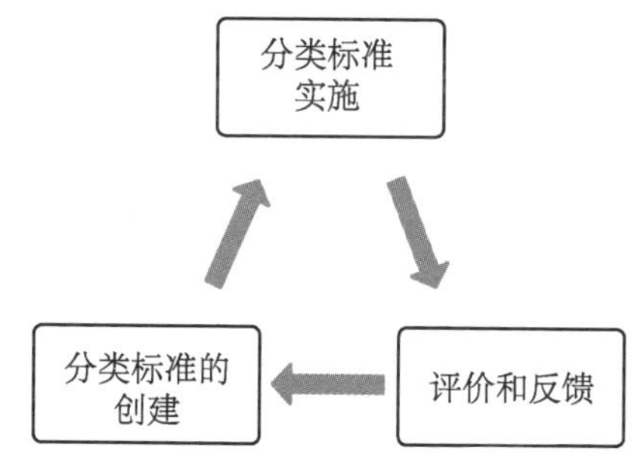

图 9-4　XBRL 财务报告数据质量的控制循环

（一）分类标准/实例文档评价阶段的关键步骤

在评价阶段主要针对实例文档和分类标准两个方面。对于实例文档而言，

针对其产生的问题以及对应数据源的语法和语义进行合规性检验，从而对XBRL 财务报告进行实质评价，确保其数据在修正时保证后续编制生成的准确性。对于分类标准而言，根据对实例文档的评价可以分析分类标准的完备性和效率性水平，很大程度上分类标准的完备性越强则其效率水平越低；相反，其效率水平越高，往往分类标准的完备性较弱。因此，评价主要是针对其分类标准和实例文档进行的，而此类评价也能够反映 XBRL 财务报告的数据质量水平。

表 9-5　分类标准/实例文档的评价控制

步骤	分类标准/实例文档的评价阶段	是	否
1	实例文档语法合规性检验		
2	实例文档语义合规性检验		
3	分类标准的完备性水平		
4	分类标准的效率性水平		

（二）分类标准/实例文档的反馈阶段的关键步骤

XBRL 项目的反馈涉及各个方面。实际上，其涉及面越广，则对 XBRL 项目的优化越有益，也能够促使在整个循环中 XBRL 财务报告的数据质量得到提高。软件商会对用户的反馈进行改进，进行软件的更新维护；软件商针对软件开发过程中存在的兼容性问题和分类标准设定问题提出反馈，XBRL 分类标准委员会对其提出的相关内容进行审核确认提出对应的解决方式；外部审计对 XBRL 财务报告的数据进行审计，就数据质量进行反馈，用户、软件商和委员会会对其存在的反馈采取不同的应对方法，从而优化 XBRL 项目的各个阶段；投资者会根据自己获得的数据便利性等情况进行反馈，各方需要考虑投资者的数据使用感，对其提出的相关要求和建议进行合理的更新。以上各方的反馈以及各方的应对措施都是 XBRL 项目维护的重要部分。

表 9-6　分类标准/实例文档的反馈阶段

步骤	分类标准/实例文档的反馈阶段	是	否
1	XBRL 财务报告和分类标准是否公开		
2	反馈意见的收集是否及时		
3	反馈意见是否经过对应的审核		
4	提出的应对措施是否考虑到各个方面		
5	从反馈提出到应对措施公布周期		
6	应对措施的商议人员是否涉及各个领域		

综上所述，将 XBRL 财务报告的数据质量控制框架所涉及不同阶段的关键步骤进行汇总，如表 9-7 所示。

表 9-7　XBRL 项目不同阶段的关键指标

阶段	关键指标
分类标准创建阶段	分类标准创建过程中是否严格遵循依据
	分类标准的组织结构是否规范
	是否有相关专家参与创建过程
	创建的内容是否存在概念冲突
	是否考虑到分类标准的可读性
	是否考虑分类标准的应用成本
	分类标准的制定是否符合准则法规
	分类标准制定的范围是否包括披露
	创建阶段是否进行过调查研究
分类标准公布阶段	是否采纳软件供应商意见
	是否采纳应用行业企业意见
	是否采纳相关媒体人意见
	公布阶段是否会采用试点测试

（续表）

阶段	关键指标
分类标准维护阶段	是否具有维护阶段
	是否具有多方维护手段
	是否对多方反馈进行审批后采纳
	是否大规模地增加相关标准
	是否大规模地删减相关标准
XBRL 实施阶段	是否提供分类标准实施的明确方案
	是否提供方便分类标准实施的软件产品
	是否实施 iXBRL 技术
	分类标准实施的方式（人工或者自动完成）
	是否要求企业进行分类标准扩展
	是否提供实例文档校验或者审计
分类标准/实例文档评价及反馈阶段	是否对分类标准/实例文档进行评价及改进
	实例文档语法合规性检验
	实例文档语义合规性检验
	分类标准的完备性水平
	分类标准的效率性水平
	XBRL 财务报告和分类标准是否公开
	反馈意见的收集是否及时
	反馈意见是否经过对应的审核
	提出的应对措施是否考虑到各个方面
	从反馈提出到应对措施公布的周期
	应对措施的商议人员是否涉及各个领域

第三节　英国 XBRL 财务报告数据质量控制案例评价

在构建 XBRL 财务报告的数据质量控制框架后，以英国的 XBRL 应用为

例，进行探讨和分析。

一、英国 XBRL 项目的现状

自 2011 年 4 月 1 日起，英国要求所有的公司纳税必须按照官方要求的电子格式进行填制上报。这种符合 XBRL 格式要求的电子填制可以提高纳税公司以及机构的工作效率，虽然其需要相关软件和服务的支持，会导致短期的成本支出，但从长期的受益深度和广度来看，推行这一项目仍旧非常必要。

推行 XBRL 这一项目的英国机构是英国皇家税务与海关总署（HM Revenue & Customs，HMRC），项目推行至今，其在英国的普及度很高，并且以 Inline-XBRL（iXBRL）形式编制的财务报告为大众所接受。英国 HMRC 采用的方式非常高效地实现了从传统财务报告到网页版 XBRL 财务报告的转变，同时不再需要外界软件的二次转换，将 XBRL 的语言直接嵌入 HTML 中，实现了浏览器的直接读取展示。这一创新是 iXBRL 中的重要组成，这种措施极大地降低了二次转换存在的弊端，即转换中的格式限制、数据转变可能存在的错误等。

除了技术上的变化，该项目解决的一个最大的问题是，关于如何处理企业扩展分类标准的问题。英国的 XBRL 项目旨在全面标记所有数据，实现分类标准的一致性，而不是每个公司根据自己的特殊业务进行分类标准的扩展，增加数据标记的成本以及数据分类的不准确性。英国 XBRL 项目利用自身的优势，为英国的政府机构以及其他财务数据使用者提供了智能化的服务，一方面政府机构能够利用数据进行电子化的全面解析，另一方面全面实现 XBRL 信息公开。英国这一项目的实施成本实际上远小于其他国家，但其推广效果在近几年变得非常显著。

近年来，除了英国在推广 iXBRL 形式报送，iXBRL 方式也逐渐被其他国家所推行，如美国、澳大利亚、日本等。这一现象足以说明 XBRL 在英国的实施是成功的。

（一）英国 iXBRL 的发展过程

2009 年 9 月 1 日，由英国皇家税务与海关总署（HRMC）和英国工商注册局（Companies House）联合声明，宣布关于 XBRL 的报送决算今后采用 Inline-XBRL 编制办法。

2010 年 11 月，日本 MetaMoJi 公司宣布和英国 HRMC 合作，其开发的

MashIQ XBRL 报告应用程序(用于支持 iXBRL 技术)成为 HRMC 官方软件。

2011 年 4 月,HRMC 要求所有公司所得税的在线申报表,其会计期间在 2010 年 3 月后的都必须通过 Inline-XBRL 方式进行报送。

2015 年,Inline-XBRL 项目被认为是成功的,财务报告的报送用户和数据使用者能够对 XBRL 财务报告上的数据进行获取和分析。

(二) 英国 XBRL 项目的实施情况

英国 XBRL 项目主要的数据提交都在 HMRC 的网站上实现,通过在线提交 CT 电子单(computation and entity accounts),从而实现企业的税务表单和一系列其他 iXBRL 文件的生成。

HMRC 要求报送 XBRL 财务报告及纳税申报电子表单的公司都需要在网站上进行在线注册,激活相应的税务服务,注册时需要确保公司都具有其特定的 ID,以保证其提交的财务报告对应到公司是无误的。对于 CT 表单的提交,还需要相应的附件——XML 形式的公司报税表,以 iXBRL 形式创建、转换或标记的相关实体账户,其他 PDF 形式的支持性文件等。这些附件往往需要纳税人或者公司代理人运用一系列的软件进行多项处理。

HMRC 根据其报送的税务表单进行智能化分析,做出相应的税务决策,并且将其相关的财务信息予以公布。

(三) 英国 XBRL 项目的推广

上述步骤的实施都需要外界的辅助和相关引导来实现,英国在 XBRL 项目的推广中,除了利用官网公布指引,还运用了其他方式来实现其落实的可靠和高效,确保公司纳税人能够以较低的成本实现 XBRL 信息报送。

1. HMRC 的免费在线服务

HMRC 作为 XBRL 项目的主要推动者,其提供了非常高效的在线服务,和其他的一些政府性服务一样,为一些简单的 XBRL 问题提供帮助,从而促进项目的推动。但是这种在线服务并不是针对所有纳税人的,而是主要针对一些不需要编制完整纳税申报表的小型公司或组织的。

2. 商业定制的账户决算软件

这种账户决算软件具有组合生成 XBRL 模式以及自动提交 CT 电子表单的功能,同时简化相关流程并且删除对应的信息。这种软件主要是针对审计师而

言的，并不是所有的软件供应商都已经更新软件版本至 XBRL 模式，针对一些非标准的账户公司而言，利用这种软件进行人工编制账户的功能，确保其能够实现在没有 XBRL 专业知识的情况下，单纯地依靠财务判断就能够审计 XBRL 文档。

3. iXBRL 的特定转换工具

特定的软件工具能够将 iXBRL 标签嵌入 Microsoft Excel 和 Word 文档中，并且创建 HMRC 所需要的 iXBRL 文档格式输出。这种方式能够确保既定的流程尽可能一致，使得企业和审计师之间的交互方式不受影响。该软件的工作路径是，先对预先存档的源数据进行编辑，使用相关软件编程对于需要编辑的内容进行“最佳猜测”，这种猜测的目的是使一些标记实现自动化，之后会计师进行专业的人工审查，确保标记正确。这些审查工作只需要在第一年进行，在以后年度中都可以依据以前年度的审查结果来进行标记。这种方式实际能够保证转换过程的流程完整，确保后续审计工作的流畅执行。

4. 供应商的外包咨询服务

和国内的 ERP 等财务软件相同，英国的 XBRL 相关软件供应商会提供相关的 XBRL 咨询服务，这些服务能够给 XBRL 财务报送公司相关的专业支持，增加其对 XBRL 实际操作的可行性。

5. 延长 XBRL 财务报告的报送申请

英国 HMRC 考虑部分公司由于各种原因可能会导致 XBRL 财务报告无法及时报送的情况，因此开通了相关的延迟报送的申请措施，确认无法按时报送的公司可以根据自身情况申请延时报送，从而给了公司相应的缓冲时间。

二、英国 XBRL 财务报告的数据质量控制方案

以下内容对英国 XBRL 项目的推进和发展进行分析，从分类标准的开发、项目实施，以及最后的评价和反馈循环三个阶段对英国企业报送 XBRL 财务报告的数据质量的控制方案进行分析及评价。

（一）英国 XBRL 分类标准创建/维护阶段

在分类标准创建初期，英国 HMRC 对其创建/维护阶段进行了一系列的规划安排。

1. 英国 XBRL 分类标准的创建

英国的 XBRL 项目开展得较晚，他们借鉴其他国家项目的经验，在其分类标准的创建阶段就相对更加的完善和严谨。与日本的 EDINET 分类标准创建不同，英国的分类标准在创建时就避免了各种 XML 语言的冲突和链接库中的逻辑错误等。

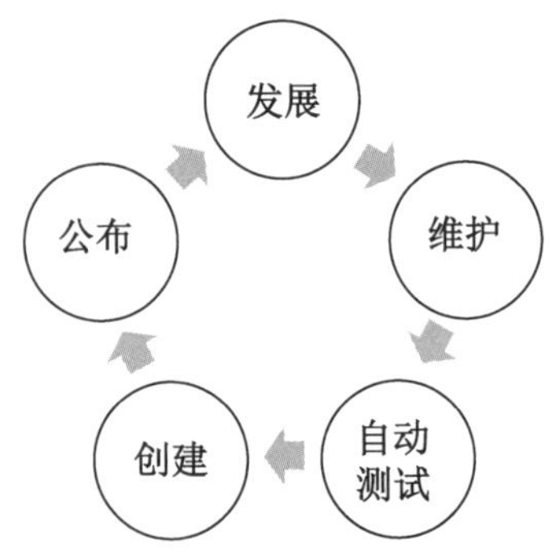

图 9-5　英国 XBRL 分类标准创建/维护循环

1）英国 XBRL 分类标准委员会的组成

随着分类标准逐步进入创建流程，其分类标准的审查大多采用的是专家互动的方式，进行人工审查。除了具有 XBRL 方面技能的专家，还包括软件方面、审计方面、规则制定方面的专家全面高度互动。这些审查往往会遵循一些相应的标准进行循环的测验，以确保标准在实际运用时的完整性和准确性。

2）XBRL 分类标准的依据

除了在创建阶段就保持分类标准的准确性，提供相关专业意见和修正，英国 XBRL 项目的分类标准还涉及两种会计准则，即 GAAP 准则以及 IFRS 准则。绝大多数的公司采用的是 IFRS 准则，但也有少数公司采用另一会计准则。这两个准则在设计上是相似的，但是由于两套标准仍有不同，因此其 iXBRL 的分类标准的标签设计存在不同的要求；由于背后标准不同，导致数据输入后的数据分析有误，使得其数据质量下降，从而增加 XBRL 项目在英国实施的困难。因此，XBRL 分类标准创建委员会在 HMRC 和 Companies House 的支持下，于 2013 年将相关的分类标准的所有权转移至英国财务报告委员会（Financial Reporting Council，FRC）。2014 年，FRC 发布了新的会计分类准则。

3）英国分类标准的可理解性以及应用成本

和所有的 XBRL 项目一样，确保分类标准的完整性是英国 XBRL 项目分类标准中最关键的环节之一。要完全覆盖信息披露的各种情况又确保其准确性，且成本较低，现阶段英国采用的是封闭式分类标准。这种分类标准的创建意味着不需要公司扩展其分类标准以覆盖公司的特定数据或者账户，其简化了分类标签的设计和应用，降低了报送 iXBRL 财务报告的成本，但是无法确保其完整性。为了弥补这一弊端，其允许企业将额外的披露数据以可读文字的方式进行

人工输入。

英国 XBRL 最特殊的一点是其关注到了分类标准的人为不可读性，提出了 iXBRL 项目，将分类标准的 XML 语言嵌入对应的 HTML 中，这使分类标准变成人工可读，降低了对企业的 XBRL 专业程度要求，使得这一项目的应用成本下降。

英国 XBRL 分类标准创建阶段的控制方案如表 9-8 所示。

表 9-8　英国 XBRL 分类标准创建阶段的控制方案

序号	创建阶段	英国情况
1	分类标准创建过程中是否严格遵循依据	遵循相关依据
2	分类标准的组织结构是否规范	符合英国法规
3	是否有相关专家参与创建过程	税务、审计、专家以及信息化专家
4	创建的内容是否存在概念冲突	在创建阶段就避免了概念冲突
5	是否考虑到分类标准的可读性	将 XML 嵌入 HTML
6	是否考虑分类标准的应用成本	禁止企业进行扩展分类
7	分类标准的制定是否符合准则法规	2014 版 IFRS 已确保其一致性
8	分类标准制定的范围是否包括披露	包含部分披露
9	创建阶段是否进行过调查研究	已做特别详细的研究调查

2. 英国 XBRL 分类标准的公布

英国 HMRC 将已经拟好的分类标准草案进行发布，和其他的财务准则的颁布一样通过利益相关方的审查和建议进行修正进而完善，草案的补充主要是后期增加相应的标签内容、技术文档和支持性信息等。

英国的 XBRL 分类标准公布和其他准则公布采用了相同的方式，参与其公布阶段的人员也涉及各利益相关者。

英国 XBRL 分类标准公布阶段的控制方案如表 9-9 所示。

表 9-9　英国 XBRL 分类标准公布阶段的控制方案

序号	公布阶段	英国情况
1	是否采纳软件供应商意见	与其他英国准则公布方式相同
2	是否采纳应用行业企业意见	同上
3	是否采纳相关媒体人意见	同上
4	公布阶段是否会采用试点测试	并没有选取试点

3. 英国分类标准的维护及测试

HMRC 对分类标准的维护做出的要求是收到各方面的反馈，然后进行委员会审评，根据审评意见进行相关的分类标准完善。例如：增加或者改善分类体系的结构；增加或者删减相关支持性文件等。这些过程中涉及 XBRL 专家进行分类法的可操作性、兼容性的验证，软件方面专家确保分类标准修正过程中的可用性等。

在 XBRL 项目发展的阶段中，委员会增加了 XBRL 项目的应用行业，在审查阶段往往运用的是人工方式，因此委员会成员之间保持着高度的互动，确保相关的审计、设计、规则等各个专家小组之间的及时沟通。这种具有高度专业性的分类标准维护能够确保标准的准确性和合规性，严格控制了其分类标准的质量。

英国 XBRL 分类标准维护阶段的控制方案如表 9-10 所示。

表 9-10　英国 XBRL 分类标准维护阶段的控制方案

序号	维护阶段	英国情况
1	是否具有维护阶段	分类循环中包含发展、维护、检测
2	是否具有多方维护手段	涉及 XBRL 方面、软件、审计等专家
3	是否对多方评价进行审批后采纳	委员会对各方评价进行讨论
4	是否大规模地增加相关标准	并未大规模增加分类标准
5	是否大规模地删减相关标准	并未大规模删减相关标准

（二）英国 XBRL 分类标准实施阶段的控制方案

英国 XBRL 项目实施的步骤基本相同，最大的区别是其 XBRL 财务报告的编制不能进行扩展分类。

这意味着，在英国企业中的实施主要涉及的步骤有三个：确定分类标准实施方案、编制 XBRL 财务报告，以及检验。

1. 确定分类标准实施方案

对于英国的企业而言，不需要再进行特殊财务数据的扩展分类。其只需要进行分类标准的选择即可。那么针对其特殊的数据，如何处理？英国 XBRL 委员会给出的解决措施是文本性的直接输入，即其利用了 iXBRL 项目的特性，设置了相关的描述框，针对 XBRL 分类标准中无法覆盖的财务数据或者描述进行了宽泛的设置，给其定义了相关的性质后，由企业在对应的描述框内进行人工文本输入。

这种方式使得数据的完备性下降，且导致了部分行业内数据的不可比。为了解决这一问题，英国 XBRL 项目引入了"维度"以及"分析项目"的概念以确保会计数据能够得到高效的覆盖。事实上，无法被覆盖的数据本身具有特殊性，涉及这类财务类型的企业相对数量较小，因此即使采用人工输入方式其产生的成本也较低。

因此，对英国的企业来说，在分类标准中找到适合企业的模式文档以及链接库，利用软件进行相关准确性的检验，并确认其适用的分类标准文件即可。

2. 编制 XBRL 财务报告

企业编制 XBRL 财务报告，主要是对财务数据的输入以及标记。英国企业的数据输入是根据软件已经可视化的具有统一格式的文档进行的。不需要特殊的 XBRL 知识，基本上普通的财务人员就能够执行。

英国的企业运用的 XBRL 软件基本都具有识别"幕后"数据的功能，这也是其 XBRL 项目中的创新之一。自动关联标签加强了数据质量的准确性和完整性，公司 XBRL 财务报告的生成在很大程度上依赖于软件的这一自动创建功能。

这种方式并不只是单纯地针对业务非常简单的公司，同时也应用于账户更加复杂的大型公司。有些更加复杂的公司往往会在内部设立针对 XBRL 标签研究的财务人员或者部门，另一些则会利用第三方机构将普通的财务账户转变为 XBRL 财务报告。当然，利用第三方机构必然会涉及成本变高的问题，实质上，因为 iXBRL 的普及和应用，使得市场上的第三方机构提供转换服务索要的服务费用相对较低。

3. 检验

英国企业对 XBRL 财务报告的检验主要针对数据标记以及生成的 XBRL 文档两方面。由于数据标记是软件自动进行的，因此其在检验时往往和生成的文档相同，采用人工检验的方式。实际上，由于其 XBRL 财务报告是 iXBRL 形式的，这使得其原始文本为 HTML 形式，显示的相关标签是可读的，第三方人员或者企业本身的会计人员都能够对其标记进行准确性和一致性的检查，这在很大程度上加强了对其数据质量的控制。

英国 XBRL 分类标准实施阶段的控制方案如表 9-11 所示。

表 9-11　英国 XBRL 分类标准实施阶段的控制方案

序号	应用阶段的评估	英国情况
1	是否提供分类标准实施的明确方案	XBRL 财务报告的编制方会确认明确方案
2	是否提供方便分类标准实施的软件产品	有对应的提供不同 iXBRL 服务的软件
3	是否实施 iXBRL 技术	实施了对应的 iXBRL 技术
4	分类标准实施的方式(人工或者自动完成)	主要软件自动识别、部分人工文本输入
5	是否要求企业进行分类标准扩展	封闭式扩展
6	是否提供实例文档校验或者审计	内部审查、实例文档自动校验

三、英国 XBRL 财务报告的其他控制手段

在英国的 XBRL 项目中，为了确保 XBRL 财务报告数据质量的可信程度，使项目的利益相关者都能够充分信任地分析、利用数据。项目委员会进行了创新式的控制，除了上文分析的政策和措施外，还有其他手段。

(一) 针对实施 XBRL 项目的企业

英国政府机构对相关企业提供了合理的资金以及培训支持，能够降低企业由于 XBRL 财务报告报送生成的不合理成本或者负担。为小型报送企业提供免费的咨询服务，确保其能够正确填制财务报告。除了资金支持外，其要求企业的 XBRL 形式纳税申报必须按照官方要求格式进行填制，加强了数据的准确性

和可比性。

（二）针对 XBRL 软件供应商

HMRC 于 2011 年就公司可使用的 XBRL 报送软件进行了相关公示，HMRC 在官网上对软件供应商的公示实质上是对其软件供应商的认可以及推广，其中制作并且提交 CT600 的软件商为 26 家，iXBRL 的集成软件应用商为 26 家，iXBRL 托管标签服务的提供商为 53 家，iXBRL 转换软件应用程序提供商为 33 家。这有利于企业咨询和寻找对应的适合软件商，促使供应商开拓其 XBRL 软件市场。

另外，英国 XBRL 分类标准发展委员会的成员会结合相关的其他第三方人员对于 iXBRL 软件的实际研发是否安全、有效进行相关审查。这使得 iXBRL 用户能够在较好的软件工具中进行选择，从而确保其数据质量的有效性。XBRL 委员会要求 XBRL 软件进行信息嵌入，使得客户在运用时得到的反馈能够及时地传递给供应商，从而快速实现软件更新和优化。

除了政府的审查外，英国 iXBRL 项目本身利用了 HTML 语言来进行 iXBRL 财务报告的展现，这使得其相关软件的开发者可以避免由于 XBRL 知识的缺乏所导致的困难和高成本。对于软件公司而言，这样的可理解性语言降低了开发风险和费用，同时在很大程度上降低了由于 XBRL 语言复杂性导致的软件开发引起的数据错误或者不一致。

英国 XBRL 财务报告数据质量的其他控制手段如表 9-12 所示。

表 9-12　英国 XBRL 财务报告数据质量的其他控制手段

控制手段		
序号	运用 XBRL 项目的企业	XBRL 软件供应商
1	合理的资金支持以及项目培训	利用 HTML 语言降低开发成本
2	提供小企业的免费咨询服务	软件研发和运用的审查
3	官方 iXBRL 格式填制纳税申报	软件信息嵌入
4	XBRL 软件商公示和推介	XBRL 软件商公示和推介

HMRC 利用一系列的政策措施以及对应的供应商和投资者支持以实现 XBRL 财务报告的数据质量控制。

四、英国 XBRL 项目的综合分析

在对英国 XBRL 项目的生成过程进行数据质量控制方案梳理之后，针对 XBRL 财务报告生成的不同阶段，提出了不同的指标进行分析，从而得以综合分析。同时，英国 XBRL 项目中采用了较为特殊的控制方案，使得该项目的实施成本下降，市场接受率上升且促使其数据质量得到提高。英国提交 XBRL 财务报告的公司数量，2015 年期间大约有 1 900 000 家；到 2017 年，大约有 2 300 000 家。除此以外，还有 2 200 000 家向 Companies House 提供了格式单一的 XBRL 财务报告。到 2020 年，英国整体实现强制申报，如图 9-6 所示。

图 9-6　英国 XBRL 财务报告的报送企业数量变动情况

（一）英国 XBRL 分类标准的创建/维护阶段评价

英国 XBRL 分类标准的创建和维护采用了迭代的方式，使得分类标准的制定处于创建→公布→发展→维护→自动测试这五步的循环中，促使其分类标准能够得以快速修正和完善。在这一阶段，其为了确保分类标准依据口径一致，修正了对应会计准则。在分类标准的创建阶段就综合考虑多方专家的意见，并且考虑其标准的可读性和实施成本问题，提出了 iXBRL 编制财务报告的控制措施，从而提高 XBRL 财务报告的数据质量。但是其考虑到后期实施的高效性，而提出分类标准的编制并不允许企业扩展，对于企业的特殊分析或者数据，采用编制文本信息直接填入的方式解决，因此其生成的 XBRL 财务报告在数据分析时，不能做到全覆盖的数据分析。

（二）英国 XBRL 项目的实施阶段评价

英国 XBRL 财务报告的编制者能够快速找到适合企业的 XBRL 分类标准，套用统一的 XBRL 格式使得企业在编制 XBRL 形式的财务报告时降低了对企

业信息化专业性要求，并且提高了 XBRL 财务报告的数据质量。与此同时，由于考虑到 XBRL 实施时的高效性，其用文本直接输入的方式替代相关的扩展分类，从而弥补其数据完备性的缺陷。在生成 XBRL 财务报告后，英国 XBRL 项目的报送方会利用相关软件进行自动检验，且对错误数据进行合理修正。

（三）英国 XBRL 分类标准/实例文档评价和反馈阶段评价

实际上，英国 XBRL 项目实施至今，英国国内对其分类标准/实例文档的评价普遍较高，而为了进一步提高分类标准的完备性，其 XBRL 委员会仍然在不断完善其分类标准；为了提高 XBRL 财务数据的准确性，HMRC 官方开始倡导慈善性的外部审计行为等。英国 XBRL 项目的反馈阶段主要是从官方编制和完善分类标准，促进 XBRL 财务报告的鉴证业务，提高其企业的报送水平以及对软件商的支持等方面进行的。

第四节　构建中国 XBRL 财务报告数据质量控制方案的启示

综合上述内容，需要对中国 XBRL 项目的现状进行评估。以下分析目前中国财政部颁布的中国会计准则（China Accounting Standard，CAS）分类标准的质量、市场运用情况，以及对应的项目反馈和应对措施，对有提升空间的地方提出相应的参考建议。

一、财政部 XBRL 分类标准创建/维护阶段

（一）财政部 XBRL 分类标准创建/维护阶段的控制方案

1. 评估 CAS 分类标准的创建/维护阶段

财政部 XBRL 分类标准为 CAS 分类标准，是根据中国财政部的企业会计准则制定的。2010 年由财政部带头发起四项 XBRL 分类标准文件的创建、意见征求和评审工作。同年，国家标准委员会正式发布该分类标准为国家标准。这一标准即以对应的会计准则为依据，同时也能够兼容其他的电子化规则，以实现标准通用的目的。

在分类标准的创建阶段,项目开始前以及创建期间,听取了大量的国际XBRL组织意见并且对中国企业进行了调查走访以及实地测试,以确保分类标准实施时不会出现无法实际运用的情况。由财政部牵头,国家标准委员会商议创建,其间向会计信息化专业委员会进行意见征求,在商议标准得到一致意见后进行发布。

中国分类标准创建/维护阶段的控制方案,如表9-12所示。

表9-12 中国分类标准创建/维护阶段的控制方案

序号	创建阶段	中国情况
1	分类标准创建过程中是否严格遵循依据	遵循相关依据
2	分类标准的组织结构是否规范	符合中国法规,由财政部审查
3	是否有相关专家参与创建过程	涉及包括信息化专家在内的各行业专家
4	创建的内容是否存在概念冲突	存在部分问题,在后期反馈修正
5	是否考虑到分类标准的可读性	创建阶段并未涉及可读性
6	是否考虑分类标准的应用成本	未在创建阶段考虑对应的成本
7	分类标准的制定是否符合准则法规	符合企业会计准则
8	分类标准制定的范围是否包括披露	包含部分披露
9	创建阶段是否进行过调查研究	对企业进行调查走访和实地测试

2. 针对性启示

对于中国分类标准的创建,对相关规范和标准进行了严格的遵循,确保企业在实际运用中的一致性,同时其依据企业会计准则进行编制能够使标准具有合规性。但是,标准创建期间还应当强化专家团队合作机制,而不应由于XBRL的专业性,而过分强调某一领域专家的作用。

在中国分类标准中,并未充分考虑到分类标准可能存在的链接库冲突或者概念冲突,这在后来对XBRL分类标准的大量修正中可以说明,因此在分类标准的创建中,可以参考英国XBRL项目的分类标准阶段,引入软件、人工同步检验,以确保其分类标准在创建阶段尽可能保证其概念冲突减少。

针对成本效益方面,中国实施XBRL项目时考虑到中国企业的数量较多,后期会因为规模效益而使得对应的成本下降,因此在分类标准的创建中较少考虑这一方面的影响。实际上,可以在分类标准创建阶段就进行成本情况的考虑,

通过加强分类标准的可读性、加强分类标准草案的准确性，降低后期的人工检查成本等。

（二）财政部 XBRL 分类标准公布和试点阶段的控制方案

1. 评估财政部 XBRL 分类标准的公布和试点阶段

中国财政部进行分类标准的公布后，先选取部分企业进行试点，并计划在试点成功后推广至行业其他企业。

2010 年，财政部选定 14 家中央企业进行试点实施 XBRL 通用分类标准，同时选取了中国石油等 3 家企业进行石油和天然气行业扩展分类标准的试点实施。在这一实施取得阶段性胜利后，2014 年，中船集团等 13 家企业被选定进行 XBRL 项目的首批试点企业，从而实现从企业内部运用到财务报告生成的一体化。对分类标准的实施进行试点有利于在实践中发现分类标准存在的问题，做出及时的应对措施。

财政部分类标准公布和试点阶段的控制方案，如表 9-13 所示。

表 9-13 财政部分类标准公布和试点阶段的控制方案

序号	公布阶段	中国情况
1	是否采纳软件供应商意见	在公布阶段并未提及向软件商咨询的相关意见函
2	是否采纳应用行业企业意见	试点时采纳了相关行业意见
3	是否采纳相关媒体人意见	在公布阶段并未提及向媒体人咨询的相关意见函
4	公布阶段是否会采用试点测试	选取相关大企业进行试点

2. 针对性启示

在公布试点阶段，中国 XBRL 分类标准委员会选择相关企业进行试点试验，实现了将理论联系实际的过程，能够在最大程度上快速反应 XBRL 分类标准中存在的问题。

其存在的缺陷是试点选择往往是针对大型的中央企业进行的，企业规范相对齐全，而暴露的问题也较少，因此存在于中小企业的分类标准冲突很可能并不会呈现。应对这一情况，较为合适的处理是公开对象的扩大化，除了采纳相关行业的意见反馈，需要对应的软件商、审计人员的反馈，从而促使分类标准的公开更加有意义。

二、XBRL 分类标准在中国实施阶段

（一）中国企业 XBRL 分类标准实施阶段的控制方案

1. 确定适合的分类标准实施方案

中国分类标准除了有通用分类标准，其他行业分类标准都非常具有针对性，因此各行业对分类标准元素和链接库的选择基本上是准确的。对于其分类标准的完善主要体现在不同企业对分类标准的扩展上。实际上，没有特定行业分类标准的企业则在分类标准的选择上显得十分困难，并且经常会产生无用扩展的情况。

中国的《通用分类标准的实施工作报告总结》中统计相关企业的元素分类情况，石油天然气企业的扩展率为 30.62%、银行业的扩展率在 43.10%，然而这些数据只是试点企业的，在实际的行业层面上，所有企业的分类扩展率都超过 50%，这意味着，参与 XBRL 财务报告报送的企业要进行大量的分类扩展工作。这些工作必须得到相关专业人士的帮助，使得 XBRL 项目在企业中的成本变得高昂。

对于分类标准的扩展，企业主要是针对结构性元素的扩展。虽然近年来对实元素的扩展的占比率逐年下降，但是占比仍旧很高。

实际上，元素的扩展率越高，在扩展过程中存在错误的可能性越大，从而导致 XBRL 财务报告的数据质量下降。

2. 编制 XBRL 财务报告

中国企业对 XBRL 财务报告的编制往往会咨询相关的 XBRL 软件供应商，其主要原因是由于企业内部对 XBRL 编制并不会进行专门的人员配置，而对于 XBRL 的高技术性要求使得企业必须向软件供应商寻求软件应用和咨询的双重服务。

在企业进行数据匹配输入后，对数据的标记是编制 XBRL 财务报告的重要一环。对于数据的标记，其采用的是人工标记和软件标记同时进行的方式，但是由于现阶段软件的发展并没有实现规模循环，因此很多都是以人工标记的方式进行的。大企业由于行业规范以及付出成本更高，往往其标记的准确率相对更高，比一般企业的平均标记匹配率高约 5 个百分点。

实际上，国内编制 XBRL 财务报告的过程需要花费大量的物力成本和人力成本，使得企业在其数据输入和标记阶段很难进行全面控制，因为全面控制意味着直接资金的支出。这使得在整个 XBRL 财务报告编制的过程中，可靠性和准确性都无法得到确切的保证。

3. XBRL 财务报告的循环检验

当 XBRL 财务报告生成时，中国企业对其检验只能停留在简单的人工检验阶段。由于并没有对其进行强制性的审计检验要求，使得 XBRL 财务报告的报送数据质量较低。

中国对 XBRL 财务报告数据情况的检验和其他国家不同。其他国家的检验一般在企业内部，报送前已经实施完成。而中国，由于企业的报送意愿还停留在被强制报送阶段，因此对 XBRL 财务报告数据进行自行检验的效率并不高。

往往其实际校验是发生在企业完成报送后的，即政府机构对其报送的 XBRL 财务报告进行检验。在确认企业报送的财务报告的依据是合规的之后，采用的校验方式还是由人工校验软件进行，即以人工校验为主、以电子软件提供辅助服务。为了实现成本效益原则，政府的校验工作往往采用针对性校验，即对常发性错误类型进行重点校验。这能够使得校验成本下降，效率提升，但是也就意味着有些财务报告的数据冷门错误并不一定会被发现，使得校验无法确保其数据质量。

中国 XBRL 项目实施阶段的控制方案如表 9-14 所示。

表 9-14 中国 XBRL 项目实施阶段的控制方案

序号	应用阶段的评估	中国情况
1	是否提供分类标准实施的明确方案	选择的分类标准基本准确，但存在部分错误
2	是否提供方便分类标准实施的软件产品	提供少量的标记软件
3	是否实施 iXBRL 技术	否
4	分类标准实施的方式(人工或者自动完成)	企业自主选择
5	是否要求企业进行分类标准扩展	扩展分类标准
6	是否提供实例文档校验或者审计	政府校验

（二）中国 XBRL 项目实施阶段的启示

根据上文对中国企业 XBRL 应用阶段的评估分析，本书提出相关的控制性建议。中国近年来的政府性文件已经显示，为了解决企业大量的分类扩展问题，政府针对个别行业出台了对应的更加详细的分类标准，使得该行业的分类标准扩展率快速下降，从源头解决部分的数据质量问题。

然而，上述政策方针确实能够解决一部分问题，但是其层出不穷的特殊数据使得分类标准需要不断快速地更新才能够适应。实质上，可以借鉴部分英国的 XBRL 实施方式，将企业的特殊数据进行分类，对于一部分覆盖面非常小的数据，可以采用文本型数据输入的方式，降低扩展率从而提升数据质量。

数据标记方面，减少人工标记，提高自动标记准确率。国内现阶段的 XBRL 软件服务主要由几个大型软件供应商提供，这种情况并不利于 XBRL 软件的发展。XBRL 软件标记开发的优化和发展，除了政府财政部门的呼吁和资金支持，其最高效的方式是实现 XBRL 软件开发的利益循环链，即市场需求→刺激软件商开发→市场规模效益→开发成本下降→刺激市场需求。

同时，要改变校验方式——政府校验，由于这一校验在很大程度上依靠的仍然是手工校验，使得整体校验成本极高且不能够保证数据质量。并且，在发现数据存在错误时，只能够发回企业进行数据修正，而不是对数据源进行分析并且从根源进行解决。这种校验方式实质上都不能被称为是对数据进行的控制，只是一种数据修正而已。

因此，要求企业进行 XBRL 财务报告的内部审计是重要一步，借鉴英国 XBRL 项目，确保企业能够利用软件进行校验，一方面促进 XBRL 软件市场的发展，另一方面降低 XBRL 项目的成本且提高了报送的财务报告数据质量。除了内部审计，引入外部审计也是对 XBRL 财务报告数据质量控制的一个重要举措。

三、针对中国 XBRL 项目的综合启示

（一）建立 XBRL 项目完整的控制方案

通过分析 XBRL 财务报告产生的过程，对 XBRL 分类标准的创建、公布和维护提出对应的控制指标；对 XBRL 在企业中的运用以及 XBRL 项目实施的反

馈和应对情况提出相关关键控制指标，数据质量控制实质上是把控 XBRL 项目的关键步骤。借鉴英国 XBRL 项目中较为可取的经验，建立完善的控制方案是对 XBRL 财务报告数据质量控制的重要步骤。通过分析 XBRL 项目的过程是否符合对应的关键控制指标，从而找出改进中国 XBRL 财务报告数据质量的有效措施。

（二）对中国 XBRL 项目质量控制的建议

本章将中国的 XBRL 项目各个阶段放入对应的控制方案进行分析，对于评估后的情况提出了针对性启示。

对于分类标准而言，中国对其分类标准的制定需要更多的专业人员参与，以确保其标准的准确性以及冲突的下降；试点企业的规模多样化，不能只是从大型央企中选择，应该将选择范围扩大，从而使得 XBRL 分类标准中存在的问题能够充分体现。另外，软件供应商需要提供相关反馈，以便使分类标准更加合理且在技术上得以完善。

对于中国 XBRL 的实施而言，提高软件服务水平，促进 XBRL 技术的革新是提高中国 XBRL 财务报告数据质量的重要环节。对数据标记的自动化，形成对 XBRL 财务报告的数据电子校验，能够实现其数据质量的提高并且降低编制成本。

另外，简化 XBRL 财务报告的二次转换，实施 iXBRL 技术能够简化 XBRL 报告二次转换的过程，降低数据在转换过程中出错的可能性。同时，数据转化存在的错误率下降，也能够降低对审计人员的 XBRL 专业度要求。两种措施都能够使得成本下降且数据质量提高。

第五节　本章小结

本章对 XBRL 财务报告的数据质量控制进行分析和研究，构建了 XBRL 财务报告的数据质量控制框架。通过研究英国 XBRL 项目的推广及实施案例，对中国的 XBRL 财务报告数据质量进行评估，从而提出相关的质量控制建议。

XBRL 项目的发展和实现是促进财务数据共享的有力举措，而提高其数据质量则是促使多方使用者能够主动应用 XBRL 的关键。针对现如今全球许多国家都对 XBRL 项目进行推广,尽早实现公众对 XBRL 数据的利用,能够使得项目的发展形成良性循环。

第十章

结论与展望

一、结论

本书围绕着“中国情境下的XBRL分类标准及技术扩散”展开一系列研究，全书的主要结论如下所述。

(1) 为了适应中国的实际披露要求，需要构建XBRL账簿分类标准中国模块，并完成中国模块构建。

XBRL国际组织希望各国都能够采用XBRL账簿分类标准，以促进国际财务信息之间的交互性与一致性，同时提供了分类标准的可扩展性，各个国家可在已有账簿分类标准的基础上，进行国家层面扩展。然而已有的XBRL账簿分类标准是否与中国的账簿特征相一致，这并没有得到有效检验。本书以会计核算领域的中国国家标准为基准，对国际XBRL账簿分类标准进行适应性评价。研究结果发现，由于制度、领域以及结构等层面的差异，现有的国际XBRL账簿分类标准并不能完全适用于中国的实际应用。随后，本书进一步对XBRL账簿分类标准构建思路进行比较分析，在保持标准一致性的前提下，通过借鉴国际XBRL账簿分类标准框架，提取相应的账簿分类标准元素，新增中国账簿分类标准元素，并且创建元素之间的链接库，完成对中国XBRL账簿分类标准的创建尝试。

(2) 可以通过聚类分析提高行业分类标准的扩展效率与质量。

2010年，财政部制定了《企业会计准则通用分类标准》，紧接着又颁布了两个行业扩展分类标准，分别是石油和天然气行业扩展分类标准，银行业扩展分类标准。未来将制定更多的行业扩展分类标准，由于行业分类比较多，行业分类标准的扩展效益因此也成为一个问题。首先以 2011 年上交所的 815 份 XBRL 报告实例为研究样本，对每家上市公司的 XBRL 报告实例与上交所分类标准进行匹配，通过实证分析发现，不同行业在分类标准使用上存在很大程度的行业差异，但差异并非在所有行业之间都存在。紧接着将信息披露内容分为 19 个项目类别，相应统计在每个项目类别的信息披露数目，对行业进行系统聚类，最终将已有的 21 个行业归纳为 7 类。这种行业分类标准扩展方法的运用能够降低行业分类标准的扩展成本，提高行业扩展效率，另外，由于归为一类的行业可以采用同时进行行业分类标准扩展的方式，这样能够提高分类标准的一致性与可比性，这对于提高分类标准的质量大有裨益。

(3) 可以以报告信息链的视角，完成对 XBRL 报告的数据整合。

本书在信息链的环境下对 XBRL 数据集成进行研究，包括两个方面：一方面，XBRL 会计账簿与 XBRL 财务报告的数据整合；另一方面，不同分类标准的 XBRL 财务报告的数据整合。在 XBRL 会计账簿与 XBRL 财务报告的数据整合方面，通过国际 XBRL 账簿分类标准的连接模块，将会计账簿与财务报告进行连接。而在不同分类标准的 XBRL 财务报告的数据整合方面，则是提出了基于财务报告领域本体的 XBRL 财务报告集成模型，分别构建了业务规则层、本体层、映射层以及数据层。通过提升 XBRL 财务报告的语义水平，为不同的 XBRL 财务报告集成提供本体基础，并从整体上提升 XBRL 财务报告信息的整合效率。同时，随着分类标准的逐渐完善与增加，集成效率将进一步提升，并且将进一步促进财务信息之间的共享与交换。

(4) 政府可以制定更为科学的 XBRL 技术扩散决策，并构建适宜的中国 XBRL 财务报告数据质量控制方案。

分析发现，分类标准对 XBRL 报告的披露起规范与指导作用，其创建模式会影响技术实施的难易水平。由美国 SEC 和日本 FSA 的 XBRL 分类标准应用经验中，得到这样的启示：①政府的作用尽管很关键但并不绝对；②分类标准的扩展水平应当控制在合适的范围之内；③应当建立 XBRL 数据可靠性的保证机制。进一步，通过分析研究竞争环境下 XBRL 技术创新的扩散问题及政府行为的影响作用，发现在市场竞争环境下，不同效率和动机的企业组合会导致不同的竞争博弈结果，有些情况甚至不存在纳什均衡结果。基于这些分析结果，政府可以制定更为科学的决策，同时可以利用政府最优辅助系数对竞争博弈结果进行

调整，并通过切实可行的政府行为对 XBRL 技术扩散加以引导。最后，根据中国 XBRL 分类标准的创建模式，并总结中国 XBRL 事业中存在的问题，包括：①企业的披露动力不足；②XBRL 数据并未提供审计服务；③XBRL 财务报告数据的应用不足。基于竞争博弈的 XBRL 推进机制研究结果，对中国 XBRL 事业推进路径提出一些具体的建议。

同时，为促进 XBRL 技术真正全方面的推广实施，应当建立 XBRL 数据质量控制的整体解决方案，需要构建 XBRL 数据质量控制框架，并在数据生成的不同关键阶段，包括分类标准创建/维护阶段、分类标准实施阶段、分类标准/实例文档评价及反馈阶段等，设立相应的控制措施。数据质量控制的良性循环一旦形成，企业就会变被动信息披露为主动信息披露，XBRL 信息披露就会成为企业提升自身价值的内在动力。这将极大地促进中国 XBRL 技术扩散。

二、展望

本书对中国情境下的 XBRL 分类标准及技术扩散做了一些探索性的研究，然而当前的研究尚有诸多不足之处，如研究方法可以更多样些，研究还可以更深入些。这些都需要在未来的研究中继续加以改进与完善，同时也是未来的研究方向。

未来的研究方向一：XBRL 技术扩散影响因素的模型构建与实证研究。本书研究的重点在于政府行为在 XBRL 技术扩散中的干预作用。未来还可以考虑依据技术扩散理论，从不同层面详细分析 XBRL 技术扩散的影响因素，从而构建更能反映中国情境的 XBRL 技术扩散影响因素模型。

未来的研究方向二：分类标准的评价指标有待进一步完善。本书仅通过分类标准扩展水平指标来检验 XBRL 分类标准的质量水平，但分类标准的质量还可以从技术性、可用性、可获得性和一致性等方面进行检验。未来的研究应当综合以上指标进行更全面的分析，从而能够对分类标准的质量进行全方位的评价。

未来的研究方向三：本书利用竞争博弈的研究方法探讨了中国 XBRL 技术扩散问题。随着复杂网络理论的出现和发展，越来越多的研究学者意识到技术扩散实质上是指在社会网络组织中的扩散，而人工智能领域中代理(agent)理论与技术能够为交通系统、社会系统等复杂系统提供更有效的建模方式。典型的社会系统具有小世界特性，未来可以考虑将基于多 agent 的复杂系统仿真方法，以小世界网络作为社会系统的逻辑模型，从微观层面研究小世界网络中的 XBRL 技术扩散问题。

附录 1

中国 XBRL 账簿分类标准元素清单（草稿）

层级	元素英文标签	元素中文标签	模块
1	Accounting Entries	会计分录[元组]	COR
2	Document Information	文件信息[元组]	COR
3	Document Type	文件类型	COR
3	Audit Number	审计编码	COR
3	Revises Audit Number	审计编码修正	COR
3	Action to Take with Previous Data	以前数据处理	COR
3	Language	语言	COR
3	Creation Date	建档日期	COR
3	Creator	创建者	BUS
3	Document Comment	文件注释	COR
3	Period Covered Start	期间起始	COR
3	Period Covered End	期间终止	COR
3	Period Count	期间数	BUS
3	Period Unit	期间单位	BUS
3	Period Unit Description	期间单位说明	BUS
3	Source Application	源应用	BUS
3	Target Application	目标应用	BUS
3	Default Currency	默认货币	MUC
2	Entity Information section	实体信息部分[元组]	COR

（续表）

层级	元素英文标签	元素中文标签	模块
3	Entity Phone Number	实体电话号码结构	BUS
4	Entity Phone Number Description	实体电话号码说明	BUS
4	Entity Phone Number	实体电话号码	BUS
3	Entity Fax Number Structure	实体传真号码结构	BUS
4	Entity Fax Number Usage	实体传真号码用途	BUS
4	Entity Fax Number	实体传真号码	BUS
3	Entity Email Address Structure	实体电子邮箱地址结构	BUS
4	Entity Email Address Usage	实体电子邮箱地址用途	BUS
4	Entity Email Address	实体电子邮箱地址	BUS
3	Default Accounting Method Purpose	默认会计方法目的	BUS
3	Default Accounting Method Purpose Description	默认会计方法目的说明	BUS
3	Identifiers	标识符结构[元组]	BUS
4	Organization Identifier	组织机构标识符	BUS
4	Organization Description	组织机构说明	BUS
3	Address	机构地址结构[元组]	BUS
4	Address Name	机构地址抬头	BUS
4	Address Description	机构地址说明	BUS
4	Address Purpose	机构地址目的	BUS
4	Location Identifier	机构位置标识	BUS
4	Building Number	机构建筑物编号	BUS
4	Street	机构所在街道	BUS
4	Address Detail	机构详细地址	BUS
4	City	机构所在城市	BUS
4	State or Province	机构所在州或省	BUS
4	Zip or Postal Code	邮政编码	BUS
4	Country	机构所在国家	BUS
4	Address Active	地址有效性	BUS
3	Entity Web Site	实体网站地址结构[元组]	BUS

(续表)

层级	元素英文标签	元素中文标签	模块
4	Web Site Description	网站地址说明	BUS
4	Web Site URL	网址(统一资源定位)	BUS
3	Contact Information	联系人信息结构[元组]	BUS
4	Prefix	联系人称谓	BUS
4	Last Name	姓氏	BUS
4	First Name	名	BUS
4	Suffix	联系人后缀	BUS
4	Attention Line	经办人	BUS
4	Position/Role	联系人职务	BUS
4	Contact Phone Number	联系人电话号码结构[元组]	BUS
5	Contact Phone Number Description	联系人电话号码说明	BUS
5	Contact Phone Number	联系人电话号码	BUS
4	Contact Fax Number Structure	联系人传真号码结构[元组]	BUS
5	Contact Fax Number Usage	联系人传真号码用途	BUS
5	Contact Fax Number	联系人传真号码	BUS
4	Contact Email Address Structure	联系人电子邮箱地址结构[元组]	BUS
5	Contact Email Address Usage	联系人电子邮箱地址用途	BUS
5	Contact Email Address	联系人电子邮箱	BUS
4	Role of Contact	联系人角色	BUS
4	Location ID cross reference	联系人位置标识符交叉引用	BUS
4	Contact Active	联系人有效性	BUS
3	Business Description	业务说明	BUS
3	Fiscal Year Start	会计年度起始	BUS
3	Fiscal Year End	会计年度终止	BUS
3	Accounting Method Structure	会计方法结构[元组]	BUS
4	Accounting Method	会计方法	BUS
4	Accounting Method Description	会计方法说明	BUS

（续表）

层级	元素英文标签	元素中文标签	模块
4	Accounting Method Purpose	会计方法目的	BUS
4	Accounting Method Purpose Description	会计方法目的说明	BUS
4	Accounting Method Start Date	会计方法起始日期	BUS
4	Accounting Method End Date	会计方法终止日期	BUS
3	Accountant Information	会计人员信息结构[元组]	BUS
4	Accountant Name	会计人员姓名	BUS
4	Accountant Address	会计人员地址结构[元组]	BUS
5	Address Name	会计人员地址名称	BUS
5	Address Description	会计人员地址说明	BUS
5	Address Purpose	会计人员地址目的	BUS
5	Accountant Location Identifier	会计人员所在位置标识符	BUS
5	Building Number	会计人员所在建筑物编号	BUS
5	Street	会计人员所在街道	BUS
5	Address Detail	会计人员详细地址	BUS
5	City	会计人员所在城市	BUS
5	State or Province	会计人员所在州或省	BUS
5	Country	会计人员所在国家	BUS
5	Zip or Postal Code	邮政编码	BUS
5	Accountant Address Active	会计人员地址有效性	BUS
4	Type of Engagement	委托类型	BUS
4	Type of Engagement Description	委托类型说明	BUS
4	Accountant Contact Information	会计人员联系信息结构[元组]	BUS
5	Prefix	会计人员称谓	BUS
5	Last Name	会计人员姓氏	BUS
5	First Name	会计人员名	BUS
5	Suffix	会计人员后缀	BUS
5	Attention Line	经办人	BUS

(续表)

层级	元素英文标签	元素中文标签	模块
5	Position/Role	会计人员职务	BUS
5	Contact Phone	会计人员联系电话号码结构[元组]	BUS
6	Accountant Contact Phone Number Description	会计人员联系电话号码说明	BUS
6	Accountant Contact Phone Number	会计人员联系电话号码	BUS
5	Contact Fax Number Structure	会计人员联系传真号码结构[元组]	BUS
6	Accountant Contact Fax Number	会计人员联系传真号码	BUS
6	Accountant Contact Fax Number Usage	会计人员联系传真号码用途	BUS
5	Contact Email Address Structure	会计人员联系电子邮箱地址结构[元组]	BUS
6	Accountant Contact Email Address Usage	会计人员联系电子邮箱地址用途	BUS
6	Accountant Contact Email Address	会计人员联系电子邮箱地址	BUS
5	Accountant Contact Type	会计人员联系类型	BUS
5	Accountant Location ID cross reference	会计人员位置标识符交叉引用	BUS
5	Accountant Contact Active	会计人员联系有效性	BUS
3	Reporting Calendar	报告日历[元组]	BUS
4	Reporting Calendar Code	报告日历编码	BUS
4	Reporting Calendar Description	报告日历说明	BUS
4	Reporting Calendar Title	报告日历标题	BUS
4	Code Related to Type of Periods	与期间类型相关的编码	BUS
4	Description of periods	期间说明	BUS
4	Closed status	报告日历状态	BUS
4	Reporting Purpose	报告目的	BUS
4	Reporting Purpose Description	报告目的说明	BUS

（续表）

层级	元素英文标签	元素中文标签	模块
4	Reporting Calendar Period	报告日历期间[元组]	BUS
5	Reporting Period Identifier	报告期间标识符	BUS
5	Period Description	特定期间说明	BUS
5	Period Start Date	期间起始日期	BUS
5	Period End Date	期间终止日期	BUS
5	Period Closed Date	期间关闭日期	BUS
3	Accounting Policy Structure	会计政策体系	CN
4	Accounting Policy Code	会计政策编号	CN
4	Accounting Policy	会计政策	CN
4	Accounting Policy Description	会计政策说明	CN
4	Accounting Policy Purpose	会计政策目的	CN
4	Accounting Policy StartDate	会计政策起始日期	CN
4	Accounting Policy EndDate	会计政策结束日期	CN
2	Entry Information	分录信息[元组]	COR
3	Date Posted	公布日期	COR
3	Entry Creator	分录创建人	COR
3	Entry Last Modifier	分录最后修改人	BUS
3	Entry Date	创建日期	COR
3	Responsible Person	责任人	BUS
3	Source Journal	源日记账	COR
3	Journal Description	日记账说明	BUS
3	Type Identifier	分录类型标识符	COR
3	Entry Origin	分录来源	BUS
3	Entry Identifier	分录标识符	COR
3	Entry Description	分录说明	COR
3	Entry Qualifier	分录限定符	COR
3	Entry Qualifier Description	分录限定符说明	COR
3	Posting Code	过账日期	BUS

(续表)

层级	元素英文标签	元素中文标签	模块
3	Batch ID for Entry Group	分录组批次标识符	BUS
3	Batch Description	批次说明	BUS
3	Number of Entries	分录数量	BUS
3	Total Debits	借方合计	BUS
3	Total Credits	贷方合计	BUS
3	Type of Difference Between Book and Tax	账面与税法之间差异类型	COR
3	Elimination Code	抵消编码	BUS
3	Budget Scenario Period Start	预算场景起始时间	BUS
3	Budget Scenario Period End	预算场景终止	BUS
3	Scenario Description	预算场景说明	BUS
3	Scenario Code	预算场景编码	BUS
3	Budget Allocation Code	预算分配编码	BUS
3	Budget System	预算制度	CN
3	Budget Value Origin	预算值来源	CN
3	Budget Responsible Department Code	预算责任部门编码	CN
3	Budget Responsible Department	预算责任部门名称	CN
3	Budget Checking Department Code	预算考核部门编码	CN
3	Budget Checking Department	预算考核部门名称	CN
3	BudgetVariance	预算差异	CN
3	FlexibleBudget	弹性预算	CN
3	ID for Reversing, Standard or Master Entry	转回,标准或主分录标识符	USK
3	Recurring Standard Description	循环标准说明	USK
3	Frequency Interval	频率间隔	USK
3	Frequency Unit	频率单位	USK
3	Repetitions Remaining	经常性分录重复次数	USK
3	Next Date Repeat	下次重复日期	USK
3	Last Date Repeat	上次重复日期	USK
3	End Date of Repeating Entry	重复分录终止日期	USK

（续表）

层级	元素英文标签	元素中文标签	模块
3	Reverse	是否转回	USK
3	Reversing Date	转回日期	USK
4	Flexible Budget Value Origin	弹性预算值来源	CN
4	Flexible Budget Basic Value	弹性预算基值	CN
4	Flexible Budget Formula	弹性预算公式	CN
4	Flexible Budget Value	弹性预算值	CN
4	Flexible Budget Variance	弹性预算差异	CN
3	Entry Number Counter	分录计数器	COR
3	Entry Detail	分录明细[元组]	COR
4	Line Number	分录行编号	COR
4	Line Number Counter	分录行编号计数器	COR
4	Account Identifier	账户标识符[元组]	COR
5	Main Account Number	主账户编号	COR
5	Main Account Description	主账户说明	COR
5	Account Classification	账户分类	COR
5	Account Classification Description	账户分类说明	COR
5	Parent Account Number	父级账户编号	COR
5	Purpose of Account	账户目的	COR
5	Description of Purpose of Account	账户目的说明	COR
5	Account Type	账户类型	COR
5	Account Type Description	账户类型说明	COR
5	Entry Accounting Method	分录会计方法	BUS
5	Entry Accounting Method Description	分录会计方法说明	BUS
5	Entry Accounting Method Purpose	分录会计方法目的	BUS
5	Entry Accounting Method Purpose Description	分录会计方法目的说明	BUS
5	Subaccount Information	明细账户信息[元组]	COR
6	Subaccount Description	明细账户说明	COR
6	Subaccount	明细账户编号	COR

(续表)

层级	元素英文标签	元素中文标签	模块
6	Type of Subaccount	明细账户类型	COR
6	Segment Parent Information	分部父级信息[元组]	COR
7	Parent Subaccount Code	父级明细账户编码	COR
7	Parent Subaccount Type	父级明细账户类型	COR
7	Reporting Tree Identifier	报告树形标识符	COR
7	Parent Subaccount Percentage	父级明细账户百分比	COR
5	Entry Accounting Policy Code	分录会计政策编号	CN
5	Entry Accounting Policy Description	分录会计政策说明	CN
5	Entry Accounting Policy Purpose	分录会计政策目的	CN
5	Account Active	账户有效性	COR
4	Monetary Amount	金额	COR
4	Currency	货币	MUC
4	Original Exchange Rate Date	原始汇率日期	MUC
4	Amount in Original Currency	原币金额	MUC
4	Original Currency	原币	MUC
4	Original Exchange Rate	原始汇率	MUC
4	Original Exchange Rate Source	原始汇率来源	MUC
4	Original Exchange Rate Comment	原始汇率注释	MUC
4	Original Amount in Triangulation Currency	三角关系货币的原始金额	MUC
4	Original Triangulation Currency	原始三角关系货币	MUC
4	National to Triangulation Currency Exchange Rate	本币对三角关系货币汇率	MUC
4	National to Triangulation Currency Exchange Rate Source	本币对三角关系货币汇率来源	MUC
4	National to Triangulation Currency Exchange Rate Type	本币对三角关系货币汇率类型	MUC
4	Original to Triangulation Currency Exchange Rate	原币对三角关系货币汇率	MUC
4	Original to Triangulation Currency Exchange Rate Source	原币对三角关系货币汇率来源	MUC

（续表）

层级	元素英文标签	元素中文标签	模块
4	Original to Triangulation Currency Exchange Rate Type	原币对三角关系货币汇率类型	MUC
4	Sign Indication for Amount	金额符号	COR
4	Debit/Credit Identifier	借贷标识符	COR
4	Posting Date	过账日期	COR
4	Memo Line	备忘录	BUS
4	Allocation Code	分配编码	BUS
4	Multicurrency Detail	多币种细节[元组]	MUC
5	Date of Exchange Rate	汇率日期	MUC
5	Restated Amount	重述金额	MUC
5	Currency of Restated Amount	重述金额货币	MUC
5	Restated Amount Exchange Rate	重述金额汇率	MUC
5	Restated Amount Exchange Rate Source	重述金额汇率来源	MUC
5	Restated Amount Exchange Rate Type	重述金额汇率类型	MUC
5	Amount in Triangulation Currency	三角关系货币金额	MUC
5	Triangulation Currency	三角关系货币	MUC
5	Triangulation Exchange Rate	三角关系汇率	MUC
5	Triangulation Exchange Rate Source	三角关系汇率来源	MUC
5	Triangulation Exchange Rate Type	三角关系汇率类型	MUC
5	Restated Triangulation Exchange Rate	重述三角关系汇率	MUC
5	Restated Triangulation Exchange Rate Source	重述三角关系汇率来源	MUC
5	Restated Triangulation Exchange Rate Type	重述三角关系汇率类型	MUC
5	Multicurrency Detail Comment	多币种细节注释	MUC
4	Identifier Reference	标识符引用[元组]	COR
5	ID Number (internal)	标识符编号(内部)	COR
5	External Authority	外部授权机构结构[元组]	COR
6	External Authority ID Number	外部授权机构标识符编号	COR
6	External Authority	外部授权机构名称	COR

(续表)

层级	元素英文标签	元素中文标签	模块
6	External Authority Verification Date	外部授权机构验证日期	COR
5	Identifier Organization Type	标识符组织类型	COR
5	Identifier Organization Type Description	标识符组织类型说明	COR
5	Identifier Description	标识符说明	COR
5	Identifier Type	标识符类型	COR
5	Identifier Category	标识符分类	COR
5	Email Address	标识符电子邮箱地址结构[元组]	COR
6	Identifer Email Address Usage	标识符电子邮箱地址用途	COR
6	Identifer Email Address	标识符电子邮箱地址	COR
5	Phone Number	标识符电话号码结构[元组]	COR
6	Identifier Phone Number Usage	标识符电话号码用途	COR
6	Identifier Phone Number	标识符电话号码	COR
5	Fax Number Structure	标识符传真号码结构[元组]	COR
6	Identifer Fax Number Usage	标识符传真号码用途	COR
6	Identifer Fax Number	标识符传真号码	COR
5	Identifier Purpose	标识符目的	BUS
5	Address	标识符地址结构[元组]	BUS
6	Identifier Address Description	标识符地址说明	BUS
6	Identifier Address Purpose	标识符地址目的	BUS
6	Building Number	标识符建筑物编号	BUS
6	Street	标识符所在街道	BUS
6	Address Detail	标识符详细地址	BUS
6	City	标识符所在城市	BUS
6	State or Province	标识符所在州或省	BUS
6	Country	标识符所在国家	BUS
6	Zip or Postal Code	邮政编码	BUS
6	Identifier Address Location ID	标识符地址位置标识	BUS

（续表）

层级	元素英文标签	元素中文标签	模块
5	Identifier Contact Information Structure	标识符联系人信息结构[元组]	COR
6	Identifier Contact Prefix	标识符联系人称谓	COR
6	Identifier Contact Last Name	标识符联系人姓氏	COR
6	Identifier Contact First Name	标识符联系人名	COR
6	Identifier Contact Suffix	标识符联系人后缀	COR
6	Identifier Contact Attention Line	标识符联系人经办人	COR
6	Identifier Contact Position/Role	标识符联系人职务	COR
6	Identifier Contact Phone	标识符联系人电话号码结构[元组]	COR
7	Identifier Contact Phone Number Usage	标识符联系人电话号码用途	COR
7	Identifier Contact Phone Number	标识符联系人电话号码	COR
6	Identifier Contact Fax Number	标识符联系人传真号码结构[元组]	COR
7	Identifer Contact Fax Number Usage	标识符联系人传真号码用途	COR
7	Identifer Contact Fax Number	标识符联系人传真号码	COR
6	Identifier Contact Email Address	标识符联系人电子邮箱地址结构[元组]	COR
7	Identifer Contact Email Address Usage	标识符联系人电子邮箱地址用途	COR
7	Identifer Contact Email Address	标识符联系人电子邮箱地址	COR
6	Identifier Contact Type	标识符联系人类型	COR
6	Identifier Address Location ID Cross Reference	标识符地址位置标识交叉引用	BUS
5	Identifier Active	标识符有效性	COR
4	Document Type	凭证类型	COR
4	Document Type Description	凭证类型说明	COR

(续表)

层级	元素英文标签	元素中文标签	模块
4	Invoice Type	发票类型	COR
4	Document Number	凭证编号	COR
4	Apply To Number	适用编号	COR
4	Document Reference	凭证参考	COR
4	Document Date	凭证日期	COR
4	Received Date	接收日期	BUS
4	Chargeable or Reimbursable	收费或报销	BUS
4	Document Location	凭证位置	BUS
4	Payment Method	支付方式	BUS
4	Posting Status	过账状态	COR
4	Posting Status Description	过账状态说明	COR
4	XBRL Information	XBRL 信息结构[元组]	COR
5	XBRL Allocation	XBRL 分配	COR
5	Summary Reporting Element	汇总报告元素	COR
5	Detail Matching Element	详细匹配元素	COR
4	Description	说明	COR
4	Acknowledgement Date	承认日期	COR
4	Confirmation Date	确认日期	COR
4	Ship From	发货地址	COR
4	Date Shipped/Received	收发日期	COR
4	Maturity Date or Date Due	到期日	COR
4	Payment Terms	付款条件	COR
4	Measurable	可度量项目结构[元组]	BUS
5	Measurable Code	可度量项目编码	BUS
5	Measurable Code Description	可度量项目编码说明	BUS
5	Measurable Category	可度量项目类别	BUS
5	Measurable Identification	可度量项目标识符	BUS
5	Schema for Measurable Identification	可度量项目标识符验证模式	BUS

（续表）

层级	元素英文标签	元素中文标签	模块
5	Secondary Measurable Identifier	次要可度量项目标识符	BUS
5	Schema for Secondary Measurable Identification	次要可度量项目标识符验证模式	BUS
5	Measurable Description	可度量项目说明	BUS
5	Quantity	度量数量	BUS
5	Qualifier	度量限定符	BUS
5	Unit of Measure	度量单位	BUS
5	Per Unit Cost/Price	单位成本/价格	BUS
5	Start Time	度量起始时间	BUS
5	End Time	度量终止时间	BUS
5	Measurable Active	可度量项目有效性	BUS
4	Job Information	工作信息结构[元组]	BUS
5	Job Identifier	工作标识符	USK
5	Job Description	工作说明	USK
5	Job Phase	工作阶段	USK
5	Job Phase Description	工作阶段说明	USK
5	Job Active	工作有效性	USK
4	Depreciation Mortgage	折旧抵押结构[元组]	BUS
5	Mortgage Jurisdiction	抵押管辖权	BUS
5	Depreciation Method	折旧方法	BUS
5	Mortgage Life	抵押物寿命	BUS
5	Description	说明	BUS
5	Start Date	起始日期	BUS
5	End Date	终止日期	BUS
5	Amount	成本或费用金额	BUS
4	Tax Information	税务信息[元组]	COR
5	Tax Authority	税务机构	COR
5	Tax Table Code	纳税申报表	COR

(续表)

层级	元素英文标签	元素中文标签	模块
5	Tax Description	税务机构说明	COR
5	Amount of Taxes	税额	COR
5	Basis for Taxation	税基	COR
5	[DEPRECATED. taxExchangeRate should be used one in gl-muc pallette] Exchange Rate for Tax	[废弃]税费汇率	COR
5	Tax Percentage Rate	税率	COR
5	Tax Category	税费类别	COR
5	Tax Comment/Exemption Reason	税费注释/免税理由	COR
5	Tax Amount in Foreign Currency	外币税额	MUC
5	Tax Foreign Currency	税费外币	MUC
5	Tax Exchange Rate Date	税费汇率日期	MUC
5	Tax Exchange Rate	税费汇率	MUC
5	Tax Exchange Rate Source	税费汇率来源	MUC
5	Tax Exchange Rate Type	税费汇率类型	MUC
5	Tax Exchange Rate Comment	税费汇率注释	MUC
5	Tax Amount in Triangulation Currency	三角关系货币税额	MUC
5	Tax Triangulation Currency	三角关系税费货币	MUC
5	Tax Triangulation Currency Exchange Rate	三角关系货币汇率	MUC
5	Tax Triangulation Currency Exchange Rate Source	三角关系货币汇率来源	MUC
5	Tax Triangulation Currency Exchange Rate Type	三角关系货币汇率类型	MUC
5	Tax Foreign to Triangulation Currency Exchange Rate	税费外币对三角关系货币的汇率	MUC
5	Tax Foreign to Triangulation Currency Exchange Rate Source	税费外币对三角关系货币的汇率来源	MUC
5	Tax Foreign to Triangulation Currency Exchange Rate Type	税费外币对三角关系货币的汇率类型	MUC
4	Ticking Field	标注区域	TAF
4	Document Remaining Balance	凭证余额	TAF

（续表）

层级	元素英文标签	元素中文标签	模块
4	UCR	唯一托运编号	TAF
4	Originating Document-Heading	原始凭证结构[元组]	TAF
5	Originating Document Type	原始凭证类型	TAF
5	Originating Document Number	原始凭证编号	TAF
5	Originating Document Date	原始凭证日期	TAF
5	Originating Document Identifier Type	原始凭证标识符类型	TAF
5	Originating Document Identifier Code	原始凭证标识符编码	TAF
5	Originating Document Identifier Tax Code	原始凭证标识符税费编码	TAF

附录 2

XBRL 代码——XBRL 试算平衡表实例

```
<xbrli:xbrl xmlns:xbrli="http://www.xbrl.org/2003/instance" xmlns:gl-bus="http://www.xbrl.org/int/gl/bus/2006-10-25"
xmlns:gl-cor="http://www.xbrl.org/int/gl/cor/2006-10-25" xmlns:gl-muc="http://www.xbrl.org/int/gl/muc/2006-10-25"
xmlns:gl-plt="http://www.xbrl.org/int/gl/plt/2006-10-25" xmlns:gl-srcd="http://www.xbrl.org/int/gl/srcd/2009-05-12"
xmlns:iso4217="http://www.xbrl.org/2003/iso4217" xmlns:iso639="http://www.xbrl.org/2005/iso639"
xmlns:pDim="http://www.mycompany.com/xbrl/taxeditor/dim" xmlns:pPrimary="
http://www.mycompany.com/xbrl/taxeditor/primary" xmlns:xbrll="http://www.xbrl.org/2003/linkbase"
xmlns:xlink="http://www.w3.org/1999/xlink" xmlns:xsi="http://www.w3.org/2001/XMLSchema-instance"
xsi:schemaLocation="http://www.xbrl.org/int/gl/plt/2006-10-25 ../plt/case-c-b-m-u-t-s/gl-plt-2006-10-25.xsd">
    <xbrll:schemaRef xlink:arcrole="http://www.w3.org/1999/xlink/properties/linkbase" xlink:href="../plt/case-c-b-m-u-t-s/gl-plt-2006-10-25.xsd" xlink:type="simple"/>
    <!--Contexts, mandatory according to the XBRL 2.1, Specification, are not meant to describe the information in XBRL GL and appear only by convention. All facts are instant and developers are encouraged to duplicate/provide the date the XBRL GL information is created as the period's date.-->
      <xbrli:context id="now">
        <xbrli:entity>
          <xbrli:identifier scheme="http://www.xbrl.org/xbrlgl/sample">风神轮胎</xbrli:identifier>
        </xbrli:entity>
        <xbrli:period>
          <xbrli:instant>2012-02-01</xbrli:instant>
        </xbrli:period>
```

```
</xbrli:context>
<xbrli:unit id="CNY">
    <xbrli:measure>iso4217:CNY</xbrli:measure>
</xbrli:unit>
<xbrli:unit id="USD">
    <xbrli:measure>iso4217:USD</xbrli:measure>
</xbrli:unit>
<xbrli:unit id="EUR">
    <xbrli:measure>iso4217:EUR</xbrli:measure>
</xbrli:unit>
<xbrli:unit id="PURE">
    <xbrli:measure>pure</xbrli:measure>
</xbrli:unit>
<gl-cor:accountingEntries>
    <gl-cor:documentInfo>
        <gl-cor:entriesType contextRef="now">trialbalance</gl-cor:entriesType>
        <gl-cor:uniqueID contextRef="now">001</gl-cor:uniqueID>
        <gl-cor:language contextRef="now">iso639:zh</gl-cor:language>
        <gl-cor:creationDate contextRef="now">2012-02-01</gl-cor:creationDate>
        <gl-bus:creator contextRef="now">会计工程研究中心</gl-bus:creator>
        <gl-cor:entriesComment contextRef="now">账簿信息到财务报告信息的集成实践案例</gl-cor:entriesComment>
        <gl-cor:periodCoveredStart contextRef="now">2011-01-01</gl-cor:periodCoveredStart>
        <gl-cor:periodCoveredEnd contextRef="now">2011-12-31</gl-cor:periodCoveredEnd>
        <gl-muc:defaultCurrency contextRef="now">iso4217:CNY</gl-muc:defaultCurrency>
        <gl-srcd:summaryReportingTaxonomies>
            <gl-srcd:summaryReportingTaxonomyID contextRef="now">cas</gl-srcd:summaryReportingTaxonomyID>
```

```
                <gl-srcd:summaryReportingTaxonomySchemaRefHref
contextRef="now">cas_entry_point_2010-09-30.xsd</gl-srcd:summaryReportingTaxonomySchemaRefHref>
            </gl-srcd:summaryReportingTaxonomies>
        </gl-cor:documentInfo>
        <gl-cor:entityInformation>
            <gl-bus:organizationIdentifiers>
                <gl-bus:organizationIdentifier contextRef="now">风神轮胎</gl-bus:organizationIdentifier>
                <gl-bus:organizationDescription contextRef="now">风神轮胎股份有限公司</gl-bus:organizationDescription>
            </gl-bus:organizationIdentifiers>
            <gl-bus:organizationAddress>
                <gl-bus:organizationAddressName contextRef="now">河南省焦作市焦东南路 48 号</gl-bus:organizationAddressName>
                <gl-bus:organizationAddressCity contextRef="now">焦作市</gl-bus:organizationAddressCity>
                <gl-bus:organizationAddressStateOrProvince contextRef="now">河南省</gl-bus:organizationAddressStateOrProvince>
                <gl-bus:organizationAddressZipOrPostalCode contextRef="now">454003</gl-bus:organizationAddressZipOrPostalCode>
                <gl-bus:organizationAddressCountry contextRef="now">中国</gl-bus:organizationAddressCountry>
            </gl-bus:organizationAddress>
            <gl-bus:entityWebSite>
                <gl-bus:webSiteURL contextRef="now">http://www.aeolustyre.com</gl-bus:webSiteURL>
            </gl-bus:entityWebSite>
            <gl-bus:contactInformation>
                <gl-bus:contactLastName contextRef="now">韩</gl-bus:contactLastName>
                <gl-bus:contactFirstName contextRef="now">法强</gl-bus:contactFirstName>
                <gl-bus:contactPositionRole contextRef="now">董事会秘书</gl-bus:contactPositionRole>
                <gl-bus:contactPhone>
                    <gl-bus:contactPhoneNumber contextRef="now">0391-3999081</gl-bus:contactPhoneNumber>
                </gl-bus:contactPhone>
```

```
            <gl-bus:contactFax>
                <gl-bus:contactFaxNumber contextRef="now">0391-3999080</gl-bus:contactFaxNumber>
            </gl-bus:contactFax>
            <gl-bus:contactEMail>
                <gl-bus:contactEmailAddress contextRef="now">hfq@aeolustyre.com</gl-bus:contactEmailAddress>
            </gl-bus:contactEMail>
            <gl-bus:contactActive contextRef="now">true</gl-bus:contactActive>
        </gl-bus:contactInformation>
        <gl-bus:contactInformation>
            <gl-bus:contactLastName contextRef="now">李</gl-bus:contactLastName>
            <gl-bus:contactFirstName contextRef="now">鸿</gl-bus:contactFirstName>
            <gl-bus:contactPositionRole contextRef="now">证券事务代表</gl-bus:contactPositionRole>
            <gl-bus:contactPhone>
                <gl-bus:contactPhoneNumber contextRef="now">0391-3999007</gl-bus:contactPhoneNumber>
            </gl-bus:contactPhone>
            <gl-bus:contactFax>
                <gl-bus:contactFaxNumber contextRef="now">0391-3999080</gl-bus:contactFaxNumber>
            </gl-bus:contactFax>
            <gl-bus:contactEMail>
                <gl-bus:contactEmailAddress contextRef="now">lihong@aeolustyre.com</gl-bus:contactEmailAddress>
            </gl-bus:contactEMail>
            <gl-bus:contactActive contextRef="now">true</gl-bus:contactActive>
        </gl-bus:contactInformation>
    </gl-cor:entityInformation>
    <gl-cor:entryHeader>
        <gl-cor:enteredBy contextRef="now">会计工程研究中心</gl-cor:enteredBy>
```

```
<gl-cor：enteredDate contextRef="now">2012-02-01</gl-cor：enteredDate>
<gl-cor：entryDetail>
    <gl-cor：lineNumber contextRef="now">1</gl-cor：lineNumber>
    <gl-cor：account>
        <gl-cor：accountMainID contextRef="now">1001</gl-cor：accountMainID>
        <gl-cor：accountMainDescription contextRef="now">库存现金</gl-cor：accountMainDescription>
        <gl-cor：accountType contextRef="now">account</gl-cor：accountType>
    </gl-cor：account>
    <gl-cor：amount contextRef="now" decimals="2" unitRef="CNY">63977.68</gl-cor：amount>
    <gl-muc：amountCurrency contextRef="now">iso4217：CNY</gl-muc：amountCurrency>
    <gl-cor：debitCreditCode contextRef="now">D</gl-cor：debitCreditCode>
    <gl-cor：xbrlInfo>
        <gl-cor：xbrlInclude contextRef="now">ending_balance</gl-cor：xbrlInclude>
        <gl-cor：summaryReportingElement contextRef="now">cas：RMBAmount</gl-cor：summaryReportingElement>
        <gl-srcd：summaryContext>
            <gl-srcd：summaryScenario>
                <gl-srcd：summaryExplicitDimension>
                    <gl-srcd：summaryDimension
contextRef="now">cas：ClassesOfCashAndCashEquivalentsAxis</gl-srcd：summaryDimension>
                    <gl-srcd：summaryExplicitDimensionValue
contextRef="now">cas：CashOnHandMember</gl-srcd：summaryExplicitDimensionValue>
                </gl-srcd：summaryExplicitDimension>
            </gl-srcd：summaryScenario>
        </gl-srcd：summaryContext>
    </gl-cor：xbrlInfo>
</gl-cor：entryDetail>
```

```
<gl-cor:entryDetail>
    <gl-cor:lineNumber contextRef="now">2</gl-cor:lineNumber>
    <gl-cor:account>
        <gl-cor:accountMainID contextRef="now">1001</gl-cor:accountMainID>
        <gl-cor:accountMainDescription contextRef="now">库存现金</gl-cor:accountMainDescription>
        <gl-cor:accountType contextRef="now">account</gl-cor:accountType>
        <gl-cor:accountSub>
            <gl-cor:accountSubDescription contextRef="now">人民币</gl-cor:accountSubDescription>
            <gl-cor:accountSubID contextRef="now">100101</gl-cor:accountSubID>
        </gl-cor:accountSub>
    </gl-cor:account>
    <gl-cor:amount contextRef="now" decimals="2" unitRef="CNY">63977.68</gl-cor:amount>
    <gl-muc:amountCurrency contextRef="now">iso4217:CNY</gl-muc:amountCurrency>
    <gl-cor:debitCreditCode contextRef="now">D</gl-cor:debitCreditCode>
    <gl-cor:xbrlInfo>
        <gl-cor:xbrlInclude contextRef="now">ending_balance</gl-cor:xbrlInclude>
        <gl-cor:summaryReportingElement contextRef="now">cas:RMBAmount</gl-cor:summaryReportingElement>
        <gl-srcd:summaryContext>
            <gl-srcd:summaryScenario>
                <gl-srcd:summaryExplicitDimension>
                    <gl-srcd:summaryDimension
contextRef="now">cas:ClassesOfCashAndCashEquivalentsAxis</gl-srcd:summaryDimension>
                    <gl-srcd:summaryExplicitDimensionValue
contextRef="now">cas:CashOnHandMember</gl-srcd:summaryExplicitDimensionValue>
                </gl-srcd:summaryExplicitDimension>
                <gl-srcd:summaryExplicitDimension>
```

```
                                        <gl-srcd:summaryDimension
PcontextRef="now">cas:CurrenciesTypeAxis</gl-srcd:summaryDimension>
                                        <gl-srcd:summaryExplicitDimensionValue
contextRef="now">cas:RMBMember</gl-srcd:summaryExplicitDimensionValue>
                                    </gl-srcd:summaryExplicitDimension>
                                </gl-srcd:summaryScenario>
                            </gl-srcd:summaryContext>
                        </gl-cor:xbrlInfo>
                    </gl-cor:entryDetail>
                    <gl-cor:entryDetail>
                        <gl-cor:lineNumber contextRef="now">3</gl-cor:lineNumber>
                        <gl-cor:account>
                            <gl-cor:accountMainID contextRef="now">1002</gl-cor:accountMainID>
                            <gl-cor:accountMainDescription contextRef="now">银行存款</gl-cor:accountMainDescription>
                            <gl-cor:accountType contextRef="now">account</gl-cor:accountType>
                        </gl-cor:account>
                        <gl-cor:amount contextRef="now" decimals="2" unitRef="CNY">579382323.83</gl-cor:amount>
                        <gl-muc:amountCurrency contextRef="now">iso4217:CNY</gl-muc:amountCurrency>
                        <gl-cor:debitCreditCode contextRef="now">D</gl-cor:debitCreditCode>
                        <gl-cor:xbrlInfo>
                            <gl-cor:xbrlInclude contextRef="now">ending_balance</gl-cor:xbrlInclude>
                            <gl-cor:summaryReportingElement contextRef="now">cas:RMBAmount</gl-cor:summaryReportingElement>
                            <gl-srcd:summaryContext>
                                <gl-srcd:summaryScenario>
                                    <gl-srcd:summaryExplicitDimension>
                                        <gl-srcd:summaryDimension
```

```
contextRef="now">cas:ClassesOfCashAndCashEquivalentsAxis</gl-srcd:summaryDimension>
                                        <gl-srcd:summaryExplicitDimensionValue
contextRef="now">cas:BankDepositsMember</gl-srcd:summaryExplicitDimensionValue>
                                    </gl-srcd:summaryExplicitDimension>
                                </gl-srcd:summaryScenario>
                            </gl-srcd:summaryContext>
                        </gl-cor:xbrlInfo>
                    </gl-cor:entryDetail>
                    <gl-cor:entryDetail>
                        <gl-cor:lineNumber contextRef="now">4</gl-cor:lineNumber>
                        <gl-cor:account>
                            <gl-cor:accountMainID contextRef="now">1002</gl-cor:accountMainID>
                            <gl-cor:accountMainDescription contextRef="now">银行存款</gl-cor:accountMainDescription>
                            <gl-cor:accountType contextRef="now">account</gl-cor:accountType>
                            <gl-cor:accountSub>
                                <gl-cor:accountSubDescription contextRef="now">人民币</gl-cor:accountSubDescription>
                                <gl-cor:accountSubID contextRef="now">100201</gl-cor:accountSubID>
                            </gl-cor:accountSub>
                        </gl-cor:account>
                        <gl-cor:amount contextRef="now" decimals="2" unitRef="CNY">357512826.78</gl-cor:amount>
                        <gl-muc:amountCurrency contextRef="now">iso4217:CNY</gl-muc:amountCurrency>
                        <gl-cor:debitCreditCode contextRef="now">D</gl-cor:debitCreditCode>
                        <gl-cor:xbrlInfo>
                            <gl-cor:xbrlInclude contextRef="now">ending_balance</gl-cor:xbrlInclude>
                            <gl-cor:summaryReportingElement contextRef="now">cas:RMBAmount</gl-cor:summaryReportingElement>
                            <gl-srcd:summaryContext>
```

```
                    <gl-srcd:summaryScenario>
                        <gl-srcd:summaryExplicitDimension>
                            <gl-srcd:summaryDimension
contextRef="now">cas:ClassesOfCashAndCashEquivalentsAxis</gl-srcd:summaryDimension>
                            <gl-srcd:summaryExplicitDimensionValue
contextRef="now">cas:BankDepositsMember</gl-srcd:summaryExplicitDimensionValue>
                        </gl-srcd:summaryExplicitDimension>
                        <gl-srcd:summaryExplicitDimension>
                            <gl-srcd:summaryDimension
contextRef="now">cas:CurrenciesTypeAxis</gl-srcd:summaryDimension>
                            <gl-srcd:summaryExplicitDimensionValue
contextRef="now">cas:RMBMember</gl-srcd:summaryExplicitDimensionValue>
                        </gl-srcd:summaryExplicitDimension>
                    </gl-srcd:summaryScenario>
                </gl-srcd:summaryContext>
            </gl-cor:xbrlInfo>
        </gl-cor:entryDetail>
        <gl-cor:entryDetail>
            <gl-cor:lineNumber contextRef="now">5</gl-cor:lineNumber>
            <gl-cor:account>
                <gl-cor:accountMainID contextRef="now">1002</gl-cor:accountMainID>
                <gl-cor:accountMainDescription contextRef="now">银行存款</gl-cor:accountMainDescription>
                <gl-cor:accountType contextRef="now">account</gl-cor:accountType>
                <gl-cor:accountSub>
                    <gl-cor:accountSubDescription contextRef="now">美元</gl-cor:accountSubDescription>
                    <gl-cor:accountSubID contextRef="now">100202</gl-cor:accountSubID>
```

```
            </gl-cor:accountSub>
        </gl-cor:account>
        <gl-cor:amount contextRef="now" decimals="2" unitRef="CNY">200976833.26</gl-cor:amount>
        <gl-muc:amountCurrency contextRef="now">iso4217:CNY</gl-muc:amountCurrency>
        <gl-muc:amountOriginalAmount contextRef="now" decimals="2"
unitRef="USD">31896528.00</gl-muc:amountOriginalAmount>
        <gl-muc:amountOriginalCurrency contextRef="now">iso4217:USD</gl-muc:amountOriginalCurrency>
        <gl-muc:amountOriginalExchangeRate unitRef="PURE" contextRef="now">6.3009</gl-muc:amountOriginalExchangeRate>
        <gl-cor:debitCreditCode contextRef="now">D</gl-cor:debitCreditCode>
        <gl-cor:xbrlInfo>
            <gl-cor:xbrlInclude contextRef="now">ending_balance</gl-cor:xbrlInclude>
            <gl-cor:summaryReportingElement
contextRef="now">cas:OriginalCurrencyAmount</gl-cor:summaryReportingElement>
            <gl-srcd:summaryContext>
                <gl-srcd:summaryScenario>
                    <gl-srcd:summaryExplicitDimension>
                        <gl-srcd:summaryDimension
contextRef="now">cas:ClassesOfCashAndCashEquivalentsAxis</gl-srcd:summaryDimension>
                        <gl-srcd:summaryExplicitDimensionValue
contextRef="now">cas:BankDepositsMember</gl-srcd:summaryExplicitDimensionValue>
                    </gl-srcd:summaryExplicitDimension>
                    <gl-srcd:summaryExplicitDimension>
                        <gl-srcd:summaryDimension
contextRef="now">cas:CurrenciesTypeAxis</gl-srcd:summaryDimension>
                        <gl-srcd:summaryExplicitDimensionValue
contextRef="now">cas:USDollarItemMember</gl-srcd:summaryExplicitDimensionValue>
```

```
                    </gl-srcd:summaryExplicitDimension>
                </gl-srcd:summaryScenario>
            </gl-srcd:summaryContext>
        </gl-cor:xbrlInfo>
        <gl-cor:xbrlInfo>
            <gl-cor:xbrlInclude contextRef="now">ending_balance</gl-cor:xbrlInclude>
            <gl-cor:summaryReportingElement
contextRef="now">cas:OriginalCurrencyAmount</gl-cor:summaryReportingElement>
            <gl-srcd:summaryContext>
                <gl-srcd:summaryScenario>
                    <gl-srcd:summaryExplicitDimension>
                        <gl-srcd:summaryDimension
contextRef="now">cas:ClassesOfCashAndCashEquivalentsAxis</gl-srcd:summaryDimension>
                        <gl-srcd:summaryExplicitDimensionValue
contextRef="now">cas:BankDepositsMember</gl-srcd:summaryExplicitDimensionValue>
                    </gl-srcd:summaryExplicitDimension>
                    <gl-srcd:summaryExplicitDimension>
                        <gl-srcd:summaryDimensioncontextRef="now">cas:CurrenciesTypeAxis</gl-srcd:summaryDimension>
                        <gl-srcd:summaryExplicitDimensionValue
contextRef="now">cas:RMBMember</gl-srcd:summaryExplicitDimensionValue>
                    </gl-srcd:summaryExplicitDimension>
                </gl-srcd:summaryScenario>
            </gl-srcd:summaryContext>
        </gl-cor:xbrlInfo>
    </gl-cor:entryDetail>
    <gl-cor:entryDetail>
```

```
<gl-cor:lineNumber contextRef="now">6</gl-cor:lineNumber>
<gl-cor:account>
    <gl-cor:accountMainID contextRef="now">1002</gl-cor:accountMainID>
    <gl-cor:accountMainDescription contextRef="now">银行存款</gl-cor:accountMainDescription>
    <gl-cor:accountType contextRef="now">account</gl-cor:accountType>
    <gl-cor:accountSub>
        <gl-cor:accountSubDescription contextRef="now">欧元</gl-cor:accountSubDescription>
        <gl-cor:accountSubID contextRef="now">100203</gl-cor:accountSubID>
    </gl-cor:accountSub>
</gl-cor:account>
<gl-cor:amount contextRef="now" decimals="2" unitRef="CNY">20892663.79</gl-cor:amount>
<gl-muc:amountCurrency contextRef="now">iso4217:CNY</gl-muc:amountCurrency>
<gl-muc:amountOriginalAmount contextRef="now" decimals="2"
unitRef="USD">2559591.28</gl-muc:amountOriginalAmount>
<gl-muc:amountOriginalCurrency contextRef="now">iso4217:EUR</gl-muc:amountOriginalCurrency>
<gl-muc:amountOriginalExchangeRate unitRef="PURE" contextRef="now">8.1625</gl-muc:amountOriginalExchangeRate>
<gl-cor:debitCreditCode contextRef="now">D</gl-cor:debitCreditCode>
<gl-cor:xbrlInfo>
    <gl-cor:xbrlInclude contextRef="now">ending_balance</gl-cor:xbrlInclude>
    <gl-cor:summaryReportingElement
contextRef="now">cas:OriginalCurrencyAmount</gl-cor:summaryReportingElement>
    <gl-srcd:summaryContext>
        <gl-srcd:summaryScenario>
            <gl-srcd:summaryExplicitDimension>
                <gl-srcd:summaryDimension
contextRef="now">cas:ClassesOfCashAndCashEquivalentsAxis</gl-srcd:summaryDimension>
```

```
                <gl-srcd:summaryExplicitDimensionValue
contextRef="now">cas:BankDepositsMember</gl-srcd:summaryExplicitDimensionValue>
              </gl-srcd:summaryExplicitDimension>
              <gl-srcd:summaryExplicitDimension>
                <gl-srcd:summaryDimension
contextRef="now">cas:CurrenciesTypeAxis</gl-srcd:summaryDimension>
                <gl-srcd:summaryExplicitDimensionValue
contextRef="now">cas:USDollarItemMember</gl-srcd:summaryExplicitDimensionValue>
              </gl-srcd:summaryExplicitDimension>
            </gl-srcd:summaryScenario>
          </gl-srcd:summaryContext>
        </gl-cor:xbrlInfo>
        <gl-cor:xbrlInfo>
          <gl-cor:xbrlInclude contextRef="now">ending_balance</gl-cor:xbrlInclude>
          <gl-cor:summaryReportingElement
contextRef="now">cas:OriginalCurrencyAmount</gl-cor:summaryReportingElement>
          <gl-srcd:summaryContext>
            <gl-srcd:summaryScenario>
              <gl-srcd:summaryExplicitDimension>
                <gl-srcd:summaryDimension
contextRef="now">cas:ClassesOfCashAndCashEquivalentsAxis</gl-srcd:summaryDimension>
                <gl-srcd:summaryExplicitDimensionValue
contextRef="now">cas:BankDepositsMember</gl-srcd:summaryExplicitDimensionValue>
              </gl-srcd:summaryExplicitDimension>
              <gl-srcd:summaryExplicitDimension>
                <gl-srcd:summaryDimension
```

```
contextRef="now">cas:CurrenciesTypeAxis</gl-srcd:summaryDimension>
                              <gl-srcd:summaryExplicitDimensionValue
contextRef="now">cas:RMBMember</gl-srcd:summaryExplicitDimensionValue>
                           </gl-srcd:summaryExplicitDimension>
                        </gl-srcd:summaryScenario>
                     </gl-srcd:summaryContext>
                  </gl-cor:xbrlInfo>
               </gl-cor:entryDetail>
               <gl-cor:entryDetail>
                  <gl-cor:lineNumber contextRef="now">7</gl-cor:lineNumber>
                  <gl-cor:account>
                     <gl-cor:accountMainID contextRef="now">1012</gl-cor:accountMainID>
                     <gl-cor:accountMainDescription contextRef="now">其他货币资金</gl-cor:accountMainDescription>
                     <gl-cor:accountType contextRef="now">account</gl-cor:accountType>
                  </gl-cor:account>
                  <gl-cor:amount contextRef="now" decimals="2" unitRef="CNY">135315550.00</gl-cor:amount>
                  <gl-muc:amountCurrency contextRef="now">iso4217:CNY</gl-muc:amountCurrency>
                  <gl-cor:debitCreditCode contextRef="now">D</gl-cor:debitCreditCode>
                  <gl-cor:xbrlInfo>
                     <gl-cor:xbrlInclude contextRef="now">ending_balance</gl-cor:xbrlInclude>
                     <gl-cor:summaryReportingElement contextRef="now">cas:RMBAmount</gl-cor:summaryReportingElement>
                     <gl-srcd:summaryContext>
                        <gl-srcd:summaryScenario>
                           <gl-srcd:summaryExplicitDimension>
                              <gl-srcd:summaryDimension
contextRef="now">cas:ClassesOfCashAndCashEquivalentsAxis</gl-srcd:summaryDimension>
```

```
                    <gl-srcd:summaryExplicitDimensionValue
contextRef="now">cas:OtherCashMember</gl-srcd:summaryExplicitDimensionValue>
                  </gl-srcd:summaryExplicitDimension>
                </gl-srcd:summaryScenario>
              </gl-srcd:summaryContext>
            </gl-cor:xbrlInfo>
          </gl-cor:entryDetail>
          <gl-cor:entryDetail>
            <gl-cor:lineNumber contextRef="now">8</gl-cor:lineNumber>
            <gl-cor:account>
              <gl-cor:accountMainID contextRef="now">1012</gl-cor:accountMainID>
              <gl-cor:accountMainDescription contextRef="now">其他货币资金</gl-cor:accountMainDescription>
              <gl-cor:accountType contextRef="now">account</gl-cor:accountType>
              <gl-cor:accountSub>
                <gl-cor:accountSubDescription contextRef="now">人民币</gl-cor:accountSubDescription>
                <gl-cor:accountSubID contextRef="now">101201</gl-cor:accountSubID>
              </gl-cor:accountSub>
            </gl-cor:account>
            <gl-cor:amount contextRef="now" decimals="2" unitRef="CNY">135315550.00</gl-cor:amount>
            <gl-muc:amountCurrency contextRef="now">iso4217:CNY</gl-muc:amountCurrency>
            <gl-cor:debitCreditCode contextRef="now">D</gl-cor:debitCreditCode>
            <gl-cor:xbrlInfo>
              <gl-cor:xbrlInclude contextRef="now">ending_balance</gl-cor:xbrlInclude>
              <gl-cor:summaryReportingElement contextRef="now">cas:RMBAmount</gl-cor:summaryReportingElement>
              <gl-srcd:summaryContext>
                <gl-srcd:summaryScenario>
```

```
                    <gl-srcd:summaryExplicitDimension>
                        <gl-srcd:summaryDimension
contextRef="now">cas:ClassesOfCashAndCashEquivalentsAxis</gl-srcd:summaryDimension>
                        <gl-srcd:summaryExplicitDimensionValue
contextRef="now">cas:OtherCashMember</gl-srcd:summaryExplicitDimensionValue>
                    </gl-srcd:summaryExplicitDimension>
                    <gl-srcd:summaryExplicitDimension>
                        <gl-srcd:summaryDimension
contextRef="now">cas:CurrenciesTypeAxis</gl-srcd:summaryDimension>
                        <gl-srcd:summaryExplicitDimensionValue
contextRef="now">cas:RMBMember</gl-srcd:summaryExplicitDimensionValue>
                    </gl-srcd:summaryExplicitDimension>
                </gl-srcd:summaryScenario>
            </gl-srcd:summaryContext>
        </gl-cor:xbrlInfo>
      </gl-cor:entryDetail>
    </gl-cor:entryHeader>
  </gl-cor:accountingEntries>
</xbrli:xbrl>
```

附录 3

XBRL 财务报告集成采用的报告项目列表

报告项目编号	报告项目名称	报告项目编号	报告项目名称
01	货币资金	19	工程物资
02	交易性金融资产	20	固定资产清理
03	应收票据	21	生产性生物资产
04	应收股利	22	油气资产
05	应收利息	23	无形资产
06	应收账款	24	商誉
07	其他应收款	25	长期待摊费用
08	预付款项	26	递延所得税资产/递延所得税负债
09	存货	27	资产减值准备明细
10	其他流动资产	28	其他非流动资产
11	可供出售金融资产	29	短期借款
12	持有至到期投资	30	交易性金融负债
13	长期应收款	31	应付票据
14	对合营企业投资和联营企业投资	32	应付账款
15	长期股权投资	33	预收款项
16	投资性房地产	34	应付职工薪酬
17	固定资产	35	应交税费
18	在建工程	36	应付利息

（续表）

报告项目编号	报告项目名称	报告项目编号	报告项目名称
37	应付股利	54	营业收入和营业成本
38	其他应付款	55	合同项目收入
39	预计负债	56	营业税金及附加
40	一年内到期的非流动负债	57	销售费用
41	其他流动负债	58	管理费用
42	长期借款	59	财务费用
43	应付债券	60	公允价值变动收益
44	长期应付款	61	投资收益
45	专项应付款	62	资产减值损失
46	其他非流动负债	63	营业外收入
47	实收资本(或股本）	64	营业外支出
48	库存股	65	所得税费用
49	专项储备	66	基本每股收益和稀释每股收益的计算过程
50	资本公积	67	其他综合收益
51	盈余公积	68	现金流量表项目注释
52	一般风险准备	69	现金流量表补充资料
53	未分配利润	70	所有者权益变动表项目注释

附录 4

东风汽车上交所 XBRL 报告实例(货币资金部分)


```
<clcid-pte:XianJinHeJi contextRef="C_instant_20111231" unitRef="U_CNY" decimals="2">88678.49</clcid-pte:XianJinHeJi>
<clcid-pte:XianJinHeJi contextRef="C_instant_20110101" unitRef="U_CNY" decimals="2">37365.98</clcid-pte:XianJinHeJi>
<clcid-pte:XianJinBenBiJinE contextRef="C_instant_20111231" unitRef="U_CNY" decimals="2">88678.49</clcid-pte:XianJinBenBiJinE>
<clcid-pte:XianJinBenBiJinE contextRef="C_instant_20110101" unitRef="U_CNY" decimals="2">37365.98</clcid-pte:XianJinBenBiJinE>
<clcid-pte:YinHangCunKuanBenBiJinE contextRef="C_instant_20111231" unitRef="U_CNY"
decimals="2">2529084971.02</clcid-pte:YinHangCunKuanBenBiJinE>
<clcid-pte:YinHangCunKuanBenBiJinE contextRef="C_instant_20110101" unitRef="U_CNY"
decimals="2">3193208391.65</clcid-pte:YinHangCunKuanBenBiJinE>
<clcid-pte:YinHangCunKuanWaiBiFenLei>
    <clcid-pte:YinHangCunKuanWaiBiBiZhong contextRef="C_instant_20111231">JPY</clcid-pte:YinHangCunKuanWaiBiBiZhong>
    <clcid-pte:YinHangCunKuanWaiBiJinE contextRef="C_instant_20111231" unitRef="U_JPY"
decimals="2">4.00</clcid-pte:YinHangCunKuanWaiBiJinE>
    <clcid-pte:YinHangCunKuanWaiBiJinE contextRef="C_instant_20110101" unitRef="U_JPY"
decimals="2">32261040.00</clcid-pte:YinHangCunKuanWaiBiJinE>
    <clcid-pte:YinHangCunKuanWaiBiZheSuanLv contextRef="C_instant_20111231" unitRef="U_pure"
decimals="4">0.0811</clcid-pte:YinHangCunKuanWaiBiZheSuanLv>
    <clcid-pte:YinHangCunKuanWaiBiZheSuanLv contextRef="C_instant_20110101" unitRef="U_pure"
decimals="4">0.0813</clcid-pte:YinHangCunKuanWaiBiZheSuanLv>
    <clcid-pte:YinHangCunKuanWaiBiZheSuanRenMinBiJinE contextRef="C_instant_20111231" unitRef="U_CNY"
```

```
decimals="2">0.32</clcid-pte:YinHangCunKuanWaiBiZheSuanRenMinBiJinE>
    <clcid-pte:YinHangCunKuanWaiBiZheSuanRenMinBiJinE contextRef="C_instant_20110101" unitRef="U_CNY"
decimals="2">2621532.11</clcid-pte:YinHangCunKuanWaiBiZheSuanRenMinBiJinE>
</clcid-pte:YinHangCunKuanWaiBiFenLei>
<clcid-pte:YinHangCunKuanWaiBiFenLei>
    <clcid-pte:YinHangCunKuanWaiBiBiZhong contextRef="C_instant_20111231">USD</clcid-pte:YinHangCunKuanWaiBiBiZhong>
    <clcid-pte:YinHangCunKuanWaiBiJinE contextRef="C_instant_20111231" unitRef="U_USD"
decimals="2">2638965.68</clcid-pte:YinHangCunKuanWaiBiJinE>
    <clcid-pte:YinHangCunKuanWaiBiJinE contextRef="C_instant_20110101" unitRef="U_USD"
decimals="2">1736239.69</clcid-pte:YinHangCunKuanWaiBiJinE>
    <clcid-pte:YinHangCunKuanWaiBiZheSuanLv contextRef="C_instant_20111231" unitRef="U_pure"
decimals="4">6.3009</clcid-pte:YinHangCunKuanWaiBiZheSuanLv>
    <clcid-pte:YinHangCunKuanWaiBiZheSuanLv contextRef="C_instant_20110101" unitRef="U_pure"
decimals="4">6.6227</clcid-pte:YinHangCunKuanWaiBiZheSuanLv>
    <clcid-pte:YinHangCunKuanWaiBiZheSuanRenMinBiJinE contextRef="C_instant_20111231" unitRef="U_CNY"
decimals="2">16627858.86</clcid-pte:YinHangCunKuanWaiBiZheSuanRenMinBiJinE>
    <clcid-pte:YinHangCunKuanWaiBiZheSuanRenMinBiJinE contextRef="C_instant_20110101" unitRef="U_CNY"
decimals="2">11498594.60</clcid-pte:YinHangCunKuanWaiBiZheSuanRenMinBiJinE>
</clcid-pte:YinHangCunKuanWaiBiFenLei>
<clcid-pte:YinHangCunKuanWaiBiFenLei>
    <clcid-pte:YinHangCunKuanWaiBiBiZhong contextRef="C_instant_20111231">EUR</clcid-pte:YinHangCunKuanWaiBiBiZhong>
    <clcid-pte:YinHangCunKuanWaiBiJinE contextRef="C_instant_20111231" unitRef="U_EUR"
decimals="2">2859011.96</clcid-pte:YinHangCunKuanWaiBiJinE>
    <clcid-pte:YinHangCunKuanWaiBiJinE contextRef="C_instant_20110101" unitRef="U_EUR"
decimals="2">0.13</clcid-pte:YinHangCunKuanWaiBiJinE>
    <clcid-pte:YinHangCunKuanWaiBiZheSuanLv contextRef="C_instant_20111231" unitRef="U_pure"
```

decimals="4">8.1625</clcid-pte:YinHangCunKuanWaiBiZheSuanLv>
<clcid-pte:YinHangCunKuanWaiBiZheSuanLv contextRef="C_instant_20110101" unitRef="U_pure" decimals="4">8.8065</clcid-pte:YinHangCunKuanWaiBiZheSuanLv>
<clcid-pte:YinHangCunKuanWaiBiZheSuanRenMinBiJinE contextRef="C_instant_20111231" unitRef="U_CNY" decimals="2">23336685.25</clcid-pte:YinHangCunKuanWaiBiZheSuanRenMinBiJinE>
<clcid-pte:YinHangCunKuanWaiBiZheSuanRenMinBiJinE contextRef="C_instant_20110101" unitRef="U_CNY" decimals="2">1.10</clcid-pte:YinHangCunKuanWaiBiZheSuanRenMinBiJinE>
</clcid-pte:YinHangCunKuanWaiBiFenLei>
<clcid-pte:YinHangCunKuanHeJi contextRef="C_instant_20111231" unitRef="U_CNY" decimals="2">2569049515.45</clcid-pte:YinHangCunKuanHeJi>
<clcid-pte:YinHangCunKuanHeJi contextRef="C_instant_20110101" unitRef="U_CNY" decimals="2">3207328519.46</clcid-pte:YinHangCunKuanHeJi>
<clcid-pte:QiTaHuoBiZiJinWaiBiFenLei>
<clcid-pte:QiTaHuoBiZiJinWaiBiBiZhong contextRef="C_instant_20111231">JPY</clcid-pte:QiTaHuoBiZiJinWaiBiBiZhong>
<clcid-pte:QiTaHuoBiZiJinWaiBiJinE contextRef="C_instant_20111231" unitRef="U_JPY" decimals="2">2708717.00</clcid-pte:QiTaHuoBiZiJinWaiBiJinE>
<clcid-pte:QiTaHuoBiZiJinWaiBiJinE contextRef="C_instant_20110101" unitRef="U_JPY" decimals="2">1843982.00</clcid-pte:QiTaHuoBiZiJinWaiBiJinE>
<clcid-pte:QiTaHuoBiZiJinWaiBiZheSuanLv contextRef="C_instant_20111231" unitRef="U_pure" decimals="4">0.0811</clcid-pte:QiTaHuoBiZiJinWaiBiZheSuanLv>
<clcid-pte:QiTaHuoBiZiJinWaiBiZheSuanLv contextRef="C_instant_20110101" unitRef="U_pure" decimals="4">0.0813</clcid-pte:QiTaHuoBiZiJinWaiBiZheSuanLv>
<clcid-pte:QiTaHuoBiZiJinWaiBiZheSuanRenMinBiJinE contextRef="C_instant_20111231" unitRef="U_CNY" decimals="2">219685.07</clcid-pte:QiTaHuoBiZiJinWaiBiZheSuanRenMinBiJinE>
<clcid-pte:QiTaHuoBiZiJinWaiBiZheSuanRenMinBiJinE contextRef="C_instant_20110101" unitRef="U_CNY" decimals="2">149841.98</clcid-pte:QiTaHuoBiZiJinWaiBiZheSuanRenMinBiJinE>

```
</clcid-pte:QiTaHuoBiZiJinWaiBiFenLei>
<clcid-pte:QiTaHuoBiZiJinWaiBiFenLei>
    <clcid-pte:QiTaHuoBiZiJinWaiBiBiZhong contextRef="C_instant_20111231">USD</clcid-pte:QiTaHuoBiZiJinWaiBiBiZhong>
    <clcid-pte:QiTaHuoBiZiJinWaiBiJinE contextRef="C_instant_20111231"
unitRef="U_USD" decimals="2">3821178.75</clcid-pte:QiTaHuoBiZiJinWaiBiJinE>
    <clcid-pte:QiTaHuoBiZiJinWaiBiJinE contextRef="C_instant_20110101" unitRef="U_USD"
decimals="2">24290.46</clcid-pte:QiTaHuoBiZiJinWaiBiJinE>
    <clcid-pte:QiTaHuoBiZiJinWaiBiZheSuanLv contextRef="C_instant_20111231" unitRef="U_pure"
decimals="4">6.3009</clcid-pte:QiTaHuoBiZiJinWaiBiZheSuanLv>
    <clcid-pte:QiTaHuoBiZiJinWaiBiZheSuanLv contextRef="C_instant_20110101" unitRef="U_pure"
decimals="4">6.6227</clcid-pte:QiTaHuoBiZiJinWaiBiZheSuanLv>
    <clcid-pte:QiTaHuoBiZiJinWaiBiZheSuanRenMinBiJinE contextRef="C_instant_20111231" unitRef="U_CNY"
decimals="2">24076865.18</clcid-pte:QiTaHuoBiZiJinWaiBiZheSuanRenMinBiJinE>
    <clcid-pte:QiTaHuoBiZiJinWaiBiZheSuanRenMinBiJinE contextRef="C_instant_20110101" unitRef="U_CNY"
decimals="2">160868.43</clcid-pte:QiTaHuoBiZiJinWaiBiZheSuanRenMinBiJinE>
</clcid-pte:QiTaHuoBiZiJinWaiBiFenLei>
<clcid-pte:QiTaHuoBiZiJinWaiBiFenLei>
    <clcid-pte:QiTaHuoBiZiJinWaiBiBiZhong contextRef="C_instant_20111231">EUR</clcid-pte:QiTaHuoBiZiJinWaiBiBiZhong>
    <clcid-pte:QiTaHuoBiZiJinWaiBiJinE contextRef="C_instant_20111231" unitRef="U_EUR"
decimals="2">1157493.82</clcid-pte:QiTaHuoBiZiJinWaiBiJinE>
    <clcid-pte:QiTaHuoBiZiJinWaiBiJinE contextRef="C_instant_20110101" unitRef="U_EUR"
decimals="2">359607.65</clcid-pte:QiTaHuoBiZiJinWaiBiJinE>
    <clcid-pte:QiTaHuoBiZiJinWaiBiZheSuanLv contextRef="C_instant_20111231" unitRef="U_pure"
decimals="4">8.1625</clcid-pte:QiTaHuoBiZiJinWaiBiZheSuanLv>
    <clcid-pte:QiTaHuoBiZiJinWaiBiZheSuanLv contextRef="C_instant_20110101" unitRef="U_pure"
decimals="4">8.8065</clcid-pte:QiTaHuoBiZiJinWaiBiZheSuanLv>
```

```
&lt;clcid-pte:QiTaHuoBiZiJinWaiBiZheSuanRenMinBiJinE contextRef="C_instant_20111231" unitRef="U_CNY" decimals="2"&gt;9448043.31&lt;/clcid-pte:QiTaHuoBiZiJinWaiBiZheSuanRenMinBiJinE&gt;
&lt;clcid-pte:QiTaHuoBiZiJinWaiBiZheSuanRenMinBiJinE contextRef="C_instant_20110101" unitRef="U_CNY" decimals="2"&gt;3166884.77&lt;/clcid-pte:QiTaHuoBiZiJinWaiBiZheSuanRenMinBiJinE&gt;
&lt;/clcid-pte:QiTaHuoBiZiJinWaiBiFenLei&gt;
&lt;clcid-pte:QiTaHuoBiZiJinBenBiJinE contextRef="C_instant_20111231" unitRef="U_CNY" decimals="2"&gt;937367781.68&lt;/clcid-pte:QiTaHuoBiZiJinBenBiJinE&gt;
&lt;clcid-pte:QiTaHuoBiZiJinBenBiJinE contextRef="C_instant_20110101" unitRef="U_CNY" decimals="2"&gt;820738856.92&lt;/clcid-pte:QiTaHuoBiZiJinBenBiJinE&gt;
&lt;clcid-pte:QiTaHuoBiZiJinHeJi contextRef="C_instant_20111231" unitRef="U_CNY" decimals="2"&gt;971112375.24&lt;/clcid-pte:QiTaHuoBiZiJinHeJi&gt;
&lt;clcid-pte:QiTaHuoBiZiJinHeJi contextRef="C_instant_20110101" unitRef="U_CNY" decimals="2"&gt;824216452.10&lt;/clcid-pte:QiTaHuoBiZiJinHeJi&gt;
&lt;clcid-pte:HuoBiZiJin contextRef="C_instant_20111231" unitRef="U_CNY" decimals="2"&gt;3540250569.18&lt;/clcid-pte:HuoBiZiJin&gt;
&lt;clcid-pte:HuoBiZiJin contextRef="C_instant_20110101" unitRef="U_CNY" decimals="2"&gt;4031582337.54&lt;/clcid-pte:HuoBiZiJin&gt;
```

附录 5

东风汽车财政部 XBRL 转换实例(货币资金部分)


```
<xbrli:context id="Context_Instant_CashOnHandMember_RMBMember">
    <xbrli:entity>
        <xbrli:identifier scheme="http://www.sse.com.cn">600006</xbrli:identifier>
    </xbrli:entity>
    <xbrli:period>
        <xbrli:instant>2011-12-31</xbrli:instant>
    </xbrli:period>
    <xbrli:scenario>
        <xbrldi:explicitMember
dimension="cas:ClassesOfCashAndCashEquivalentsAxis">cas:CashOnHandMember</xbrldi:explicitMember>
        <xbrldi:explicitMember dimension="cas:CurrenciesTypeAxis">cas:RMBMember</xbrldi:explicitMember>
    </xbrli:scenario>
</xbrli:context>
<xbrli:context id="Context_Instant_CashOnHandMember">
    <xbrli:entity>
        <xbrli:identifier scheme="http://www.sse.com.cn">600006</xbrli:identifier>
    </xbrli:entity>
    <xbrli:period>
        <xbrli:instant>2011-12-31</xbrli:instant>
```

```
    </xbrli:period>
    <xbrli:scenario>
        <xbrldi:explicitMember
dimension="cas:ClassesOfCashAndCashEquivalentsAxis">cas:CashOnHandMember</xbrldi:explicitMember>
    </xbrli:scenario>
  </xbrli:context>
  <xbrli:context id="Context_Instant_BankDepositsMember_RMBMember">
    <xbrli:entity>
        <xbrli:identifier scheme="http://www.sse.com.cn">600006</xbrli:identifier>
    </xbrli:entity>
    <xbrli:period>
        <xbrli:instant>2011-12-31</xbrli:instant>
    </xbrli:period>
    <xbrli:scenario>
        <xbrldi:explicitMember
dimension="cas:ClassesOfCashAndCashEquivalentsAxis">cas:BankDepositsMember</xbrldi:explicitMember>
        <xbrldi:explicitMember dimension="cas:CurrenciesTypeAxis">cas:RMBMember</xbrldi:explicitMember>
    </xbrli:scenario>
  </xbrli:context>
  <xbrli:context id="Context_Instant_BankDepositsMember_USDollarItemMember">
    <xbrli:entity>
        <xbrli:identifier scheme="http://www.sse.com.cn">600006</xbrli:identifier>
    </xbrli:entity>
    <xbrli:period>
        <xbrli:instant>2011-12-31</xbrli:instant>
    </xbrli:period>
```

```
        <xbrli:scenario>
            <xbrldi:explicitMember
dimension="cas:ClassesOfCashAndCashEquivalentsAxis">cas:BankDepositsMember</xbrldi:explicitMember>
            <xbrldi:explicitMember dimension="cas:CurrenciesTypeAxis">cas:USDollarItemMember</xbrldi:explicitMember>
        </xbrli:scenario>
    </xbrli:context>
    <xbrli:context id="Context_Instant_BankDepositsMember_EuroItemMember">
        <xbrli:entity>
            <xbrli:identifier scheme="http://www.sse.com.cn">600006</xbrli:identifier>
        </xbrli:entity>
        <xbrli:period>
            <xbrli:instant>2011-12-31</xbrli:instant>
        </xbrli:period>
        <xbrli:scenario>
            <xbrldi:explicitMember
dimension="cas:ClassesOfCashAndCashEquivalentsAxis">cas:BankDepositsMember</xbrldi:explicitMember>
            <xbrldi:explicitMember dimension="cas:CurrenciesTypeAxis">cas:EuroItemMember</xbrldi:explicitMember>
        </xbrli:scenario>
    </xbrli:context>
    <xbrli:context id="Context_Instant_BankDepositsMember_JPYMember">
        <xbrli:entity>
            <xbrli:identifier scheme="http://www.sse.com.cn">600006</xbrli:identifier>
        </xbrli:entity>
        <xbrli:period>
            <xbrli:instant>2011-12-31</xbrli:instant>
        </xbrli:period>
```

```
        <xbrli:scenario>
            <xbrldi:explicitMember
dimension="cas:ClassesOfCashAndCashEquivalentsAxis">cas:BankDepositsMember</xbrldi:explicitMember>
            <xbrldi:explicitMember dimension="cas:CurrenciesTypeAxis">cas_entry_point:JPYMember</xbrldi:explicitMember>
        </xbrli:scenario>
    </xbrli:context>
    <xbrli:context id="Context_Instant_BankDepositsMember">
        <xbrli:entity>
            <xbrli:identifier scheme="http://www.sse.com.cn">600006</xbrli:identifier>
        </xbrli:entity>
        <xbrli:period>
            <xbrli:instant>2011-12-31</xbrli:instant>
        </xbrli:period>
        <xbrli:scenario>
            <xbrldi:explicitMember
dimension="cas:ClassesOfCashAndCashEquivalentsAxis">cas:BankDepositsMember</xbrldi:explicitMember>
        </xbrli:scenario>
    </xbrli:context>
    <xbrli:context id="Context_Instant_OtherCashMember_RMBMember">
        <xbrli:entity>
            <xbrli:identifier scheme="http://www.sse.com.cn">600006</xbrli:identifier>
        </xbrli:entity>
        <xbrli:period>
            <xbrli:instant>2011-12-31</xbrli:instant>
        </xbrli:period>
        <xbrli:scenario>
```

```
            <xbrldi:explicitMember
dimension="cas:ClassesOfCashAndCashEquivalentsAxis">cas:OtherCashMember</xbrldi:explicitMember>
            <xbrldi:explicitMember dimension="cas:CurrenciesTypeAxis">cas:RMBMember</xbrldi:explicitMember>
        </xbrli:scenario>
    </xbrli:context>
    <xbrli:context id="Context_Instant_OtherCashMember_USDollarItemMember">
        <xbrli:entity>
            <xbrli:identifier scheme="http://www.sse.com.cn">600006</xbrli:identifier>
        </xbrli:entity>
        <xbrli:period>
            <xbrli:instant>2011-12-31</xbrli:instant>
        </xbrli:period>
        <xbrli:scenario>
            <xbrldi:explicitMember dimension="cas:ClassesOfCashAndCashEquivalentsAxis">cas:OtherCashMember</xbrldi:explicitMember>
            <xbrldi:explicitMember dimension="cas:CurrenciesTypeAxis">cas:USDollarItemMember</xbrldi:explicitMember>
        </xbrli:scenario>
    </xbrli:context>
    <xbrli:context id="Context_Instant_OtherCashMember_EuroItemMember">
        <xbrli:entity>
            <xbrli:identifier scheme="http://www.sse.com.cn">600006</xbrli:identifier>
        </xbrli:entity>
        <xbrli:period>
            <xbrli:instant>2011-12-31</xbrli:instant>
        </xbrli:period>
        <xbrli:scenario>
            <xbrldi:explicitMember dimension="cas:ClassesOfCashAndCashEquivalentsAxis">cas:OtherCashMember</xbrldi:explicitMember>
```

```xml
            <xbrldi:explicitMember dimension="cas:CurrenciesTypeAxis">cas:EuroItemMember</xbrldi:explicitMember>
        </xbrli:scenario>
    </xbrli:context>
    <xbrli:context id="Context_Instant_OtherCashMember_JPYMember">
        <xbrli:entity>
            <xbrli:identifier scheme="http://www.sse.com.cn">600006</xbrli:identifier>
        </xbrli:entity>
        <xbrli:period>
            <xbrli:instant>2011-12-31</xbrli:instant>
        </xbrli:period>
        <xbrli:scenario>
            <xbrldi:explicitMember dimension="cas:ClassesOfCashAndCashEquivalentsAxis">cas:OtherCashMember</xbrldi:explicitMember>
            <xbrldi:explicitMember dimension="cas:CurrenciesTypeAxis">cas_entry_point:JPYMember</xbrldi:explicitMember>
        </xbrli:scenario>
    </xbrli:context>
    <xbrli:context id="Context_Instant_OtherCashMember">
        <xbrli:entity>
            <xbrli:identifier scheme="http://www.sse.com.cn">600006</xbrli:identifier>
        </xbrli:entity>
        <xbrli:period>
            <xbrli:instant>2011-12-31</xbrli:instant>
        </xbrli:period>
        <xbrli:scenario>
            <xbrldi:explicitMember dimension="cas:ClassesOfCashAndCashEquivalentsAxis">cas:OtherCashMember</xbrldi:explicitMember>
        </xbrli:scenario>
    </xbrli:context>
```

```
&lt;xbrli:context id="Context_Instant_CashOnHandMember_RMBMember_2"&gt;
    &lt;xbrli:entity&gt;
        &lt;xbrli:identifier scheme="http://www.sse.com.cn"&gt;600006&lt;/xbrli:identifier&gt;
    &lt;/xbrli:entity&gt;
    &lt;xbrli:period&gt;
        &lt;xbrli:instant&gt;2011-01-01&lt;/xbrli:instant&gt;
    &lt;/xbrli:period&gt;
    &lt;xbrli:scenario&gt;
        <xbrldi:explicitMember
dimension="cas:ClassesOfCashAndCashEquivalentsAxis">cas:CashOnHandMember&lt;/xbrldi:explicitMember&gt;
        &lt;xbrldi:explicitMember dimension="cas:CurrenciesTypeAxis"&gt;cas:RMBMember&lt;/xbrldi:explicitMember&gt;
    &lt;/xbrli:scenario&gt;
&lt;/xbrli:context&gt;
&lt;xbrli:context id="Context_Instant_CashOnHandMember_2"&gt;
    &lt;xbrli:entity&gt;
        &lt;xbrli:identifier scheme="http://www.sse.com.cn"&gt;600006&lt;/xbrli:identifier&gt;
    &lt;/xbrli:entity&gt;
    &lt;xbrli:period&gt;
        &lt;xbrli:instant&gt;2011-01-01&lt;/xbrli:instant&gt;
    &lt;/xbrli:period&gt;
    &lt;xbrli:scenario&gt;
        <xbrldi:explicitMember
dimension="cas:ClassesOfCashAndCashEquivalentsAxis">cas:CashOnHandMember&lt;/xbrldi:explicitMember&gt;
    &lt;/xbrli:scenario&gt;
&lt;/xbrli:context&gt;
&lt;xbrli:context id="Context_Instant_BankDepositsMember_RMBMember_2"&gt;
```

```
        <xbrli:entity>
            <xbrli:identifier scheme="http://www.sse.com.cn">600006</xbrli:identifier>
        </xbrli:entity>
        <xbrli:period>
            <xbrli:instant>2011-01-01</xbrli:instant>
        </xbrli:period>
        <xbrli:scenario>
            <xbrldi:explicitMember
dimension="cas:ClassesOfCashAndCashEquivalentsAxis">cas:BankDepositsMember</xbrldi:explicitMember>
            <xbrldi:explicitMember dimension="cas:CurrenciesTypeAxis">cas:RMBMember</xbrldi:explicitMember>
        </xbrli:scenario>
    </xbrli:context>
    <xbrli:context id="Context_Instant_BankDepositsMember_USDollarItemMember_2">
        <xbrli:entity>
            <xbrli:identifier scheme="http://www.sse.com.cn">600006</xbrli:identifier>
        </xbrli:entity>
        <xbrli:period>
            <xbrli:instant>2011-01-01</xbrli:instant>
        </xbrli:period>
        <xbrli:scenario>
            <xbrldi:explicitMember
dimension="cas:ClassesOfCashAndCashEquivalentsAxis">cas:BankDepositsMember</xbrldi:explicitMember>
            <xbrldi:explicitMember dimension="cas:CurrenciesTypeAxis">cas:USDollarItemMember</xbrldi:explicitMember>
        </xbrli:scenario>
    </xbrli:context>
    <xbrli:context id="Context_Instant_BankDepositsMember_EuroItemMember_2">
```

```
        <xbrli:entity>
            <xbrli:identifier scheme="http://www.sse.com.cn">600006</xbrli:identifier>
        </xbrli:entity>
        <xbrli:period>
            <xbrli:instant>2011-01-01</xbrli:instant>
        </xbrli:period>
        <xbrli:scenario>
            <xbrldi:explicitMember
dimension="cas:ClassesOfCashAndCashEquivalentsAxis">cas:BankDepositsMember</xbrldi:explicitMember>
            <xbrldi:explicitMember dimension="cas:CurrenciesTypeAxis">cas:EuroItemMember</xbrldi:explicitMember>
        </xbrli:scenario>
    </xbrli:context>
    <xbrli:context id="Context_Instant_BankDepositsMember_JPYMember_2">
        <xbrli:entity>
            <xbrli:identifier scheme="http://www.sse.com.cn">600006</xbrli:identifier>
        </xbrli:entity>
        <xbrli:period>
            <xbrli:instant>2011-01-01</xbrli:instant>
        </xbrli:period>
        <xbrli:scenario>
            <xbrldi:explicitMember
dimension="cas:ClassesOfCashAndCashEquivalentsAxis">cas:BankDepositsMember</xbrldi:explicitMember>
            <xbrldi:explicitMember dimension="cas:CurrenciesTypeAxis">cas_entry_point:JPYMember</xbrldi:explicitMember>
        </xbrli:scenario>
    </xbrli:context>
    <xbrli:context id="Context_Instant_BankDepositsMember_2">
```

```
        <xbrli:entity>
            <xbrli:identifier scheme="http://www.sse.com.cn">600006</xbrli:identifier>
        </xbrli:entity>
        <xbrli:period>
            <xbrli:instant>2011-01-01</xbrli:instant>
        </xbrli:period>
        <xbrli:scenario>
            <xbrldi:explicitMember
dimension="cas:ClassesOfCashAndCashEquivalentsAxis">cas:BankDepositsMember</xbrldi:explicitMember>
        </xbrli:scenario>
    </xbrli:context>
    <xbrli:context id="Context_Instant_OtherCashMember_RMBMember_2">
        <xbrli:entity>
            <xbrli:identifier scheme="http://www.sse.com.cn">600006</xbrli:identifier>
        </xbrli:entity>
        <xbrli:period>
            <xbrli:instant>2011-01-01</xbrli:instant>
        </xbrli:period>
        <xbrli:scenario>
            <xbrldi:explicitMember
dimension="cas:ClassesOfCashAndCashEquivalentsAxis">cas:OtherCashMember</xbrldi:explicitMember>
            <xbrldi:explicitMember dimension="cas:CurrenciesTypeAxis">cas:RMBMember</xbrldi:explicitMember>
        </xbrli:scenario>
    </xbrli:context>
    <xbrli:context id="Context_Instant_OtherCashMember_USDollarItemMember_2">
        <xbrli:entity>
```

```
            <xbrli:identifier scheme="http://www.sse.com.cn">600006</xbrli:identifier>
        </xbrli:entity>
        <xbrli:period>
            <xbrli:instant>2011-01-01</xbrli:instant>
        </xbrli:period>
        <xbrli:scenario>
            <xbrldi:explicitMember
dimension="cas:ClassesOfCashAndCashEquivalentsAxis">cas:OtherCashMember</xbrldi:explicitMember>
            <xbrldi:explicitMember dimension="cas:CurrenciesTypeAxis">cas:USDollarItemMember</xbrldi:explicitMember>
        </xbrli:scenario>
    </xbrli:context>
    <xbrli:context id="Context_Instant_OtherCashMember_EuroItemMember_2">
        <xbrli:entity>
            <xbrli:identifier scheme="http://www.sse.com.cn">600006</xbrli:identifier>
        </xbrli:entity>
        <xbrli:period>
            <xbrli:instant>2011-01-01</xbrli:instant>
        </xbrli:period>
        <xbrli:scenario>
            <xbrldi:explicitMember dimension="cas:ClassesOfCashAndCashEquivalentsAxis">cas:OtherCashMember</xbrldi:explicitMember>
            <xbrldi:explicitMember dimension="cas:CurrenciesTypeAxis">cas:EuroItemMember</xbrldi:explicitMember>
        </xbrli:scenario>
    </xbrli:context>
    <xbrli:context id="Context_Instant_OtherCashMember_JPYMember_2">
        <xbrli:entity>
            <xbrli:identifier scheme="http://www.sse.com.cn">600006</xbrli:identifier>
```

```
    </xbrli:entity>
    <xbrli:period>
        <xbrli:instant>2011-01-01</xbrli:instant>
    </xbrli:period>
    <xbrli:scenario>
        <xbrldi:explicitMember
dimension="cas:ClassesOfCashAndCashEquivalentsAxis">cas:OtherCashMember</xbrldi:explicitMember>
        <xbrldi:explicitMember dimension="cas:CurrenciesTypeAxis">cas_entry_point:JPYMember</xbrldi:explicitMember>
    </xbrli:scenario>
</xbrli:context>
<xbrli:context id="Context_Instant_OtherCashMember_2">
    <xbrli:entity>
        <xbrli:identifier scheme="http://www.sse.com.cn">600006</xbrli:identifier>
    </xbrli:entity>
    <xbrli:period>
        <xbrli:instant>2011-01-01</xbrli:instant>
    </xbrli:period>
    <xbrli:scenario>
        <xbrldi:explicitMember dimension="cas:ClassesOfCashAndCashEquivalentsAxis">cas:OtherCashMember</xbrldi:explicitMember>
    </xbrli:scenario>
</xbrli:context>
<xbrli:unit id="U_CNY">
    <xbrli:measure>iso4217:CNY</xbrli:measure>
</xbrli:unit>
<xbrli:unit id="U_USD">
    <xbrli:measure>iso4217:USD</xbrli:measure>
```

```
</xbrli:unit>
<xbrli:unit id="U_JPY">
    <xbrli:measure>iso4217:JPY</xbrli:measure>
</xbrli:unit>
<xbrli:unit id="U_EUR">
    <xbrli:measure>iso4217:EUR</xbrli:measure>
</xbrli:unit>
<xbrli:unit id="U_Pure">
    <xbrli:measure>xbrli:pure</xbrli:measure>
</xbrli:unit>
<cas:RMBAmount decimals="2" contextRef="Context_Instant_CashOnHandMember_RMBMember"
unitRef="U_CNY">88678.49</cas:RMBAmount>
<cas:RMBAmount decimals="2" contextRef="Context_Instant_CashOnHandMember" unitRef="U_CNY">88678.49</cas:RMBAmount>
<cas:RMBAmount decimals="2" contextRef="Context_Instant_BankDepositsMember_RMBMember"
unitRef="U_CNY">2529084971.02</cas:RMBAmount>
<cas:OriginalCurrencyAmount decimals="2" contextRef="Context_Instant_BankDepositsMember_USDollarItemMember"
unitRef="U_USD">2638965.68</cas:OriginalCurrencyAmount>
<cas:TranslationRate decimals="4" contextRef="Context_Instant_BankDepositsMember_USDollarItemMember"
unitRef="U_Pure">6.3009</cas:TranslationRate>
<cas:RMBAmount decimals="2" contextRef="Context_Instant_BankDepositsMember_USDollarItemMember"
unitRef="U_CNY">16627858.86</cas:RMBAmount>
<cas:OriginalCurrencyAmount decimals="2" contextRef="Context_Instant_BankDepositsMember_EuroItemMember"
unitRef="U_EUR">2859011.96</cas:OriginalCurrencyAmount>
<cas:TranslationRate decimals="4" contextRef="Context_Instant_BankDepositsMember_EuroItemMember"
unitRef="U_Pure">8.1625</cas:TranslationRate>
<cas:RMBAmount decimals="2" contextRef="Context_Instant_BankDepositsMember_EuroItemMember"
```

```
unitRef="U_CNY">23336685.25</cas:RMBAmount>
    < cas: RMBAmount decimals = "2" contextRef = "Context _ Instant _ BankDepositsMember" unitRef = " U _ CNY" > 2569049515. 45 </cas:
RMBAmount>
    <cas:OriginalCurrencyAmount decimals="2" contextRef="Context_Instant_OtherCashMember_USDollarItemMember"
unitRef="U_EUR">3821178.75</cas:OriginalCurrencyAmount>
    <cas:TranslationRate decimals="4" contextRef="Context_Instant_OtherCashMember_USDollarItemMember" u
nitRef="U_Pure">6.3009</cas:TranslationRate>
    <cas:RMBAmount decimals="2" contextRef="Context_Instant_OtherCashMember_RMBMember"
unitRef="U_CNY">937367781.68</cas:RMBAmount>
    <cas:RMBAmount decimals="2" contextRef="Context_Instant_OtherCashMember_USDollarItemMember"
unitRef="U_CNY">24076865.18</cas:RMBAmount>
    <cas:OriginalCurrencyAmount decimals="2" contextRef="Context_Instant_OtherCashMember_EuroItemMember"
unitRef="U_EUR">1157493.82</cas:OriginalCurrencyAmount>
    <cas:TranslationRate decimals="4" contextRef="Context_Instant_OtherCashMember_EuroItemMember"
unitRef="U_Pure">8.1625</cas:TranslationRate>
    <cas:RMBAmount decimals="2" contextRef="Context_Instant_OtherCashMember_EuroItemMember"
unitRef="U_CNY">9448043.31</cas:RMBAmount>
    <cas:OriginalCurrencyAmount decimals="2" contextRef="Context_Instant_BankDepositsMember_JPYMember"
unitRef="U_JPY">4.00</cas:OriginalCurrencyAmount>
    <cas:TranslationRate decimals="4" contextRef="Context_Instant_BankDepositsMember_JPYMember"
unitRef="U_Pure">0.0811</cas:TranslationRate>
    < cas: RMBAmount decimals = "2" contextRef = " Context _ Instant _ BankDepositsMember _ JPYMember" unitRef = " U _ CNY" > 0. 32 </cas:
RMBAmount>
    <cas:OriginalCurrencyAmount decimals="2" contextRef="Context_Instant_OtherCashMember_JPYMember"
unitRef="U_JPY">2708717.00</cas:OriginalCurrencyAmount>
    <cas:TranslationRate decimals="4" contextRef="Context_Instant_OtherCashMember_JPYMember"
```

```
unitRef="U_Pure">0.0811</cas:TranslationRate>
    <cas:RMBAmount decimals="2" contextRef="Context_Instant_OtherCashMember_JPYMember"
unitRef="U_CNY">219685.07</cas:RMBAmount>
    <cas:RMBAmount decimals="2" contextRef="Context_Instant_OtherCashMember" unitRef="U_CNY">971112375.24</cas:RMBAmount>
    <cas:RMBAmount decimals="2" contextRef="Context_Instant_CashOnHandMember_2" unitRef="U_CNY">37365.98</cas:RMBAmount>
    <cas:RMBAmount decimals="2" contextRef="Context_Instant_CashOnHandMember_RMBMember_2"
unitRef="U_CNY">37365.98</cas:RMBAmount>
    <cas:RMBAmount decimals="2" contextRef="Context_Instant_BankDepositsMember_RMBMember_2"
unitRef="U_CNY">3193208391.65</cas:RMBAmount>
    <cas:RMBAmount decimals="2" contextRef="Context_Instant_BankDepositsMember_JPYMember_2"
unitRef="U_CNY">2621532.11</cas:RMBAmount>
    <cas:TranslationRate decimals="4" contextRef="Context_Instant_BankDepositsMember_JPYMember_2"
unitRef="U_Pure">0.0813</cas:TranslationRate>
    <cas:OriginalCurrencyAmount decimals="2" contextRef="Context_Instant_BankDepositsMember_JPYMember_2"
unitRef="U_JPY">32261040.00</cas:OriginalCurrencyAmount>
    <cas:OriginalCurrencyAmount decimals="2" contextRef="Context_Instant_BankDepositsMember_USDollarItemMember_2"
unitRef="U_USD">1736239.69</cas:OriginalCurrencyAmount>
    <cas:TranslationRate decimals="4" contextRef="Context_Instant_BankDepositsMember_USDollarItemMember_2"
unitRef="U_Pure">6.6227</cas:TranslationRate>
    <cas:RMBAmount decimals="2" contextRef="Context_Instant_BankDepositsMember_USDollarItemMember_2"
unitRef="U_CNY">11498594.60</cas:RMBAmount>
    <cas:RMBAmount decimals="2" contextRef="Context_Instant_BankDepositsMember_EuroItemMember_2"
unitRef="U_CNY">1.10</cas:RMBAmount>
    <cas:TranslationRate decimals="4" contextRef="Context_Instant_BankDepositsMember_EuroItemMember_2"
unitRef="U_Pure">8.8065</cas:TranslationRate>
    <cas:OriginalCurrencyAmount decimals="2" contextRef="Context_Instant_BankDepositsMember_EuroItemMember_2"
```

```
unitRef="U_EUR">0.13</cas:OriginalCurrencyAmount>
    <cas:RMBAmount decimals="2" contextRef="Context_Instant_BankDepositsMember_2" unitRef="U_CNY">3207328519.46</cas:RMBAmount>
    <cas:RMBAmount decimals="2" contextRef="Context_Instant_OtherCashMember_2" unitRef="U_CNY">824216452.10</cas:RMBAmount>
    <cas:RMBAmount decimals="2" contextRef="Context_Instant_OtherCashMember_RMBMember_2"
unitRef="U_CNY">820738856.92</cas:RMBAmount>
    <cas:RMBAmount decimals="2" contextRef="Context_Instant_OtherCashMember_JPYMember_2"
unitRef="U_CNY">149841.98</cas:RMBAmount>
    <cas:RMBAmount decimals="2" contextRef="Context_Instant_OtherCashMember_USDollarItemMember_2"
unitRef="U_CNY">160868.43</cas:RMBAmount>
    <cas:RMBAmount decimals="2" contextRef="Context_Instant_OtherCashMember_EuroItemMember_2"
unitRef="U_CNY">3166884.77</cas:RMBAmount>
    <cas:TranslationRate decimals="4" contextRef="Context_Instant_OtherCashMember_JPYMember_2"
unitRef="U_Pure">0.0813</cas:TranslationRate>
    <cas:TranslationRate decimals="4" contextRef="Context_Instant_OtherCashMember_USDollarItemMember_2"
unitRef="U_Pure">6.6227</cas:TranslationRate>
    <cas:TranslationRate decimals="4" contextRef="Context_Instant_OtherCashMember_EuroItemMember_2"
unitRef="U_Pure">8.8065</cas:TranslationRate>
    <cas:OriginalCurrencyAmount decimals="2" contextRef="Context_Instant_OtherCashMember_JPYMember_2"
unitRef="U_JPY">1843982.00</cas:OriginalCurrencyAmount>
    <cas:OriginalCurrencyAmount decimals="2" contextRef="Context_Instant_OtherCashMember_USDollarItemMember_2"
unitRef="U_USD">24290.46</cas:OriginalCurrencyAmount>
    <cas:OriginalCurrencyAmount decimals="2" contextRef="Context_Instant_OtherCashMember_EuroItemMember_2"
unitRef="U_EUR">359607.65</cas:OriginalCurrencyAmount>
    <cas:RMBAmount decimals="2" contextRef="Context_Instant_2" unitRef="U_CNY">4031582337.54</cas:RMBAmount>
    <cas:RMBAmount decimals="2" contextRef="Context_Instant" unitRef="U_CNY">3540250569.18</cas:RMBAmount>
```

参考文献

[1] Aebi D, Perrochon L. Towards improving data quality[C]//CiSMOD. 1993: 273-281.

[2] Abdolmohammadi M J, Baker C R. Accountants' value preferences and moral reasoning [J]. Journal of Business Ethics, 2006, 69: 11-25.

[3] Ali A, Chen T Y, Radhakrishnan S. Corporate disclosures by family firms[J]. Journal of Accounting and Economics, 2007,44(1-2): 238-286.

[4] Amrhein D G, Farewell S, Pinsker R E. REA and XBRL GL: synergies for the 21st century business reporting system[J]. The International Journal of Digital Accounting Research, 2010, 9(15): 7.

[5] Bai Z, Sakaue M, Takeda F. The impact of XBRL adoption on the information environment: evidence from Japan[J]. The Japanese Accounting Review, 2014(4): 49-74.

[6] Baldwin A A, Brown C E, Trinkle B S. XBRL: an impacts framework and research challenge[J]. Journal of Emerging Technologies in Accounting, 2006, 3(1): 97-116.

[7] Baldwin A A, Trinkle B S. The impact of XBRL: a delphi investigation[J]. The International Journal of Digital Accounting Research, 2011, 11(1): 1-24.

[8] Bartley J, Chen A Y S, Taylor E Z. A comparison of XBRL filings to corporate 10-ks-evidence from the voluntary filing program[J]. Accounting Horizons, 2011, 25(2): 227-245.

[9] Barua A, Lee B. An economic analysis of the introduction of an electronic data interchange system[J]. Information Systems Research, 1997, 8(4): 398-422.

[10] Bergeron B. Essentials of XBRL: financial reporting in the 21st century[M]. [S.I.]: John Wiley & Sons, 2004.

[11] Bizarro P A, Garcia A. XBRL-beyond the basics[J]. The CPA Journal, 2010, 80(5): 62.

[12] Bonsón E, Cortijo V, Escobar T. Towards the global adoption of XBRL using International Financial Reporting Standards (IFRS)[J]. International Journal of Accounting Information Systems, 2009, 10(1): 46-60.

[13] Boritz J E, No W G. Auditing an XBRL instance document: the case of United Technologies Corporation[J]. University of Waterloo, 2008a.

[14] Boritz J E, No W G. The SEC's XBRL voluntary filing program on EDGAR: a case for quality assurance[J]. Current Issues in Auditing, 2008b, 2(2): 36-50.

[15] Boritz J E, No W G. Assurance on XBRL-related documents: the case of United Technologies Corporation[J]. Journal of Information Systems, 2009, 23(2): 49-78.

[16] Bovee M, Ettredge M L, Srivastava R P, et al. Does the year 2000 XBRL taxonomy accommodate current business financial-reporting practice? [J]. Journal of Information Systems, 2002, 16(2): 165-182.

[17] Bovee M, Kogan A, Nelson K, et al. Financial reporting and auditing agent with net knowledge (FRAANK) and extensible business reporting language (XBRL)[J]. Journal of Information Systems, 2005, 19(1): 19-41.

[18] Bowen R M, Daley L A, Huber Jr C C. Evidence on the existence and determinants of inter-industry differences in leverage[J]. Financial Management, 1982: 10-20.

[19] Buys P W. The impact of XBRL on the financial reporting supply chain: a South African case study[J]. Meditari Accountancy Research, 2008, 16(1): 43-58.

[20] Carolyn A, Brian L M G, Liv A W, et al. The XBRL potential[J]. Strategic Finance, 2001, 82(12): 58.

[21] Chakraborty V, Vasarhelyi M A. Automating the process of taxonomy creation and comparison of taxonomy structures[R]. Working Paper, 2010.

[22] Chasan E. Companies grow weary of XBRL[J]. Wall Street Journal, 2012.

[23] Chen S, Chen X I A, Cheng Q. Do family firms provide more or less voluntary disclosure? [J]. Journal of Accounting Research, 2008, 46(3): 499-536.

[24] Chen Y C. A comparative study of e-government XBRL implementations: the potential of improving information transparency and efficiency [J]. Government Information Quarterly, 2012, 29(4): 553-563.

[25] CICA Information Technology Advisory Committee. The use of XBRL in electronic filing and disclosure of information[R]. White Paper, 2003.

[26] Coffin Z. The top ten effects of XBRL: the future of Internet reporting[J]. Strategic Finance, 2001: 64-67.

[27] Cohen E E. Compromise or customize: XBRL's paradoxical power[J]. Canadian Accounting Perspectives, 2004, 3(2): 187-206.

[28] Cohen E E. XBRL's global ledger framework: exploring the standardised missing link to ERP integration[J]. International Journal of Disclosure and Governance, 2009, 6(3): 188-206.

[29] Cordery C J, Fowler C J, Mustafa K. A solution looking for a problem: factors associated with the non-adoption of XBRL[J]. Pacific Accounting Review, 2011, 23(1): 69-88.

[30] Debreceny R S, Chandra A, Cheh J J, et al. Financial reporting in XBRL on the SEC's EDGAR system: a critique and evaluation[J]. Journal of Information Systems, 2005, 19(2): 191-210.

[31] Debreceny R S, Farewell S M, Piechocki M, et al. Flex or break? extensions in XBRL disclosures to the SEC[J]. Accounting Horizons, 2011, 25(4): 631-657.

[32] Debreceny R, Felden C, Ochocki B, et al. XBRL taxonomy engineering[M]//XBRL for Interactive Data. Berlin: Springer, 2009: 113-127.

[33] Declerck T, Krieger H U. Translating XBRL Into Description Logic. An approach using protege, sesame & OWL[C]//BIS. 2006: 455-467.

[34] Deshmukh A. XBRL[J]. Communications of the Association for Information Systems, 2004, 13(1):196-219.

[35] DiPiazza Jr S A, Eccles R G. Building public trust: the future of corporate reporting[M]. [S.I.]: John Wiley & Sons, 2002.

[36] Doolin B, Troshani I. XBRL: a research note[J]. Qualitative Research in Accounting & Management, 2004, 1(2): 93-104.

[37] Doolin B, Troshani I. Organizational adoption of XBRL[J]. Electronic Markets, 2007, 17(3): 199-209.

[38] Du H, Roohani S. Meeting challenges and expectations of continuous auditing in the context of independent audits of financial statements[J]. International Journal of Auditing, 2007, 11(2): 133-146.

[39] Du H, Vasarhelyi M A, Zheng X. XBRL mandate: thousands of filing errors and so what? [J]. Journal of Information Systems, 2013, 27(1): 61-78.

[40] Dunne T, Helliar C, Lymer A, et al. Stakeholder engagement in internet financial reporting: the diffusion of XBRL in the UK[J]. The British Accounting Review, 2013, 45(3): 167-182.

[41] Elliott R K. Twenty-first century assurance[J]. Auditing: A Journal of Practice &

Theory，2002，21(1)：139-146.

[42] Errunza V R. Determinants of financial structure in the Central American common market [J]. Financial Management，1979，8(3)：72-77.

[43] Garbellotto G. XBRL implementation strategies：the deeply embedded approach[J]. Strategic Finance，2009，91(5)：56.

[44] García R，Gil R. Publishing XBRL as linked open data [C]//CEUR Workshop Proceedings. 2009：538.

[45] Gray G L，Miller D W. XBRL：solving real-world problems[J]. International Journal of Disclosure and Governance，2009，6(3)：207-223.

[46] Gruber T R. A translation approach to portable ontology specifications[J]. Knowledge Acquisition，1993，5(2)：199-220.

[47] Hannon N. XBRL for general ledger，the journal taxonomy[J]. Strategic Finance，2003，85(2)：63-67.

[48] Harris T S，Morsfield S G. An evaluation of the current state and future of XBRL and interactive data for investors and analysts [R]. White Paper，Columbia Business School，2012.

[49] Haseqawa M，Sakata T，Sambuichi N，et al. Breathing new life into old systems[J]. Strategic Finance，2004，85(9)：46-51.

[50] Henderson D，Sheetz S D，Trinkle B S. The determinants of inter-organizational and internal in-house adoption of XBRL：a structural equation model[J]. International Journal of Accounting Information Systems，2012，13(2)：109-140.

[51] Higgins L N，Harrell H W. XBRL：don't lag behind the digital information revolution[J]. Journal of Corporate Accounting & Finance，2003，14(5)：13-21.

[52] Hodge F D，Kennedy J J，Maines L A. Does search-facilitating technology improve the transparency of financial reporting? [J]. The Accounting Review，2004，79(3)：687-703.

[53] Hoffman C，Kurt C，Koreto R J. The XML file[J]. Journal of Accountancy，1999，187(5)：71-77.

[54] Homayoun S，Abdul Rahman R，Bashiri N. Internet corporate reporting among public listed companies in Malaysia：an exploratory study[J]. African Journal of Business Management，2011，5(30)：11863-11873.

[55] Hucklesby M，Mcdonald J. XBRL：are you ready to reap the benefits? [J]. Chartered Accountants Journal of New Zealand，2002，81(4)：54-54.

[56] Iacovou C L, Benbasat I, Dexter A S. Electronic data interchange and small organizations: adoption and impact of technology[J]. MIS Quarterly, 1995 (12): 465-485.

[57] Janvrin D J, No W G. XBRL implementation: a field investigation to identify research opportunities[J]. Journal of Information Systems, 2012, 26(1): 169-197.

[58] Janvrin D J, Pinsker R E, Mascha M F. XBRL-enabled, spreadsheet, or PDF? Factors influencing exclusive user choice of reporting technology[J]. Journal of Information Systems, 2013, 27(2): 35-49.

[59] Jones A, Willis M. The challenge of XBRL: business reporting for the investor[J]. Balance Sheet, 2003, 11(3): 29-37.

[60] Kim J W, Lim J H, No W G. The effect of first wave mandatory XBRL reporting across the financial information environment[J]. Journal of Information Systems, 2012, 26(1): 127-153.

[61] Lara R, Cantador I, Castells P. XBRL taxonomies and OWL ontologies for investment funds[M]//Advances in Conceptual Modeling-Theory and Practice. Berlin: Springer, 2006: 271-280.

[62] Lassila K, Brancheau J. Adoption and utilization of commercial software packages: exploring utilization equilibria, transitions, triggers, and tracks [J]. Journal of Management Information Systems, 1999,16(2), 63-90.

[63] Liu C, Luo X R, Wang F L. An empirical investigation on the impact of XBRL adoption on information asymmetry: evidence from Europe[J]. Decision Support Systems, 2017 (93): 42-50.

[64] Locke J, Lowe A. XBRL: an (open) source of enlightenment or disillusion? [J]. European Accounting Review, 2007, 16(3): 585-623.

[65] Lowry R K, Loch S G. Transfer and SERPLO: powerful data quality control tools developed by the British Oceanographic Data Centre[J]. Geological Society, London, Special Publications, 1995, 97(1): 109-115.

[66] Mansfield E. Technical change and the rate of imitation[J]. Econometrica: Journal of the Econometric Society, 1961: 741-766.

[67] Melashchenko A O. Implementation of XBRL as international standard of organizing fiscal reporting in Ukraine[J]. Journal of Automation and Information Sciences, 2011, 43(10): 72-82.

[68] Murthy U S, Groomer S M. A continuous auditing web services model for XML-based

accounting systems[J]. International Journal of Accounting Information Systems, 2004, 5 (2): 139-163.

[69] Neches R, Fikes R E, Finin T, et al. Enabling technology for knowledge sharing[J]. AI Magazine, 1991, 12(3): 36.

[70] Nelson R R. An evolutionary theory of economic change[M]. [S.I.]: Harvard University press, 2009.

[71] Núñez S M, de Andrés Suárez J, Gayo J E L, et al. A semantic based collaborative system for the interoperability of XBRL accounting information [M]//Emerging Technologies and Information Systems for the Knowledge Society. Berlin: Springer, 2008: 593-599.

[72] O'Riain S, Curry E, Harth A. XBRL and open data for global financial ecosystems: a linked data approach[J]. International Journal of Accounting Information Systems, 2012, 13(2): 141-162.

[73] Patalas-Maliszewska J, Krebs I. Case-based business-to-business integration model for SME-the impact of ERP implementation[C]//Business Information Systems Workshops. Berlin: Springer, 2012: 44-48.

[74] Phenix P. XBRL: Exchanges & regulators[R]. Paper Presented at the 9th International XBRL Conference, Auckland New Zealand, 2004.

[75] Piechocki M, Felden C. XBRL taxonomy engineering. Definition of XBRL taxonomy development process model[C]//ECIS, 2007: 889-900.

[76] Piechocki M, Felden C, Gräning A, et al. Design and standardisation of XBRL solutions for governance and transparency[J]. International Journal of Disclosure and Governance, 2009, 6(3): 224-240.

[77] Pinsker R, Li S. Costs and benefits of XBRL adoption: early evidence [J]. Communications of the ACM, 2008, 51(3): 47-50.

[78] Plumlee R D, Plumlee M A. Assurance on XBRL for financial reporting[J]. Accounting Horizons, 2008, 22(3): 353-368.

[79] Polacek G A, Gianetto D A, Khashanah K, et al. On principles and rules in complex adaptive systems: a financial system case study[J]. Systems Engineering, 2012, 15(4): 433-447.

[80] Premuroso R, Bhattacharya S. Do early and voluntary filers of financial information in XBRL format signal superior corporate governance and operating performance? [J]. International Journal of Accounting Information Systems, 2008, 9(1):1-20.

[81] Reinganum J F. On the diffusion of new technology: a game theoretic approach[J]. The Review of Economic Studies, 1981, 48(3): 395-405.

[82] Rezaee Z, Turner J L. XBRL-based financial reporting: challenges and opportunities for government accountants[J]. Journal of Government Financial Management, 2002, 51(2): 16-23.

[83] Rogers E M. Lessons for guidelines from the diffusion of innovations[J]. Joint Commission Journal on Quality and Patient Safety, 1995, 21(7): 324-328.

[84] RoohaniS, Furusho Y, Koizumi M. XBRL: improving transparency and monitoring functions of corporate governance[J]. International Journal of Disclosure and Governance, 2009, 6(4): 355-369.

[85] Roos M. Using XBRL in a statistical context. the case of the Dutch taxonomy project[J]. Journal of Official Statistics, 2010, 26(3): 559.

[86] Spies M. An ontology modelling perspective on business reporting[J]. Information Systems, 2010, 35(4): 404-416.

[87] Srivastava R P, Kogan A. Assurance on XBRL instance document: a conceptual framework of assertions[J]. International Journal of Accounting Information Systems, 2010, 11(3): 261-273.

[88] Steenkamp L P, Nel G F. The adoption of XBRL in South Africa: an empirical study[J]. The Electronic Library, 2012, 30(3): 409-425.

[89] Sumner M. Critical success factors in enterprise wide information management systems projects[C]//Proceedings of the 1999 ACM SIGCPR conference on Computer personnel research. ACM, 1999: 297-303.

[90] Tabet S, GRC-XML Initiative. GRC-XML risk and control taxonomy alpha release[R]. 2009.

[91] Taylor B. Corporate Governance: the crisis, investors' losses and the decline in public trust[J]. Corporate Governance: an International Review, 2003, 11(3): 155-163.

[92] Troshani I, Rao S. Drivers and inhibitors to XBRL adoption: a qualitative approach to build a theory in under-researched areas[J]. International Journal of E-Business Research (IJEBR), 2007, 3(4): 98-111.

[93] Vasarhelyi M A, Chan D Y, Krahel J P. Consequences of XBRL standardization on financial statement data[J]. Journal of Information Systems, 2012, 26(1): 155-167.

[94] Wagenhofer A. Economic consequences of internet financial reporting[M]//New Dimensions of Business Reporting and XBRL. DUV, 2007: 99-123.

[95] Weber R A. XML, XBRL, and the future of business and business reporting[M]//Trust and Data Assurances in Capital Markets: the Role of Technology Solutions. Smithfield, Rhode Island: Bryant Collage, 2003, 1(3-6).

[96] Williams S P, Scifleet P A, Hardy C A. Online business reporting: an information management perspective[J]. International Journal of Information Management, 2006, 26 (2): 91-101.

[97] Willis M. Corporate reporting enters the information age[J]. Regulation, 2003(26): 56-60.

[98] XBRL International. XBRL dimensions and XBRL GL: why or why not (an apologetic) 1.0[R]. 2009.

[99] XBRL UK. Inline XBRL - Saving cost and effort for company reporting[R]. White Paper. 2015.

[100] Yoon H, Zo H, Ciganek A P. Does XBRL adoption reduce information asymmetry? [J]. Journal of Business Research, 2011, 64(2): 157-163.

[101] Zhu K, Weyant J P. Strategic decisions of new technology adoption under asymmetric information: a game - theoretic model[J]. Decision Sciences, 2003, 34(4): 643-675.

[102] Zhu H, Wu H. Quality of data standards: framework and illustration using XBRL taxonomy and instances[J]. Electronic Markets, 2011, 21(2): 129-139.

[103] 财政部. 企业会计准则通用分类标准指南[R]. 2015. http://kjs.mof.gov.cn/zhengwuxinxi/zhengcefabu/201504/P020150407406543487777.pdf

[104] 财政部. 企业会计准则通用分类标准元素清单[R]. 2015. http://kjs.mof.gov.cn/zhengwuxinxi/zhengcefabu/201504/P020150407406554367459.pdf

[105] 财政部. 企业会计准则通用分类标准编报规则[R]. 2015. http://kjs.mof.gov.cn/zhengwuxinxi/zhengcefabu/201504/P020150407406602999880.pdf

[106] 财政部会计司. 通用分类标准首批实施企业初战告捷[R]. 2011. http://kjs.mof.gov.cn/zhengwuxinxi/kuaijiguanlidongtai/201108/t20110810_585875.html

[107] 财政部会计司. 2013 年企业会计准则通用分类标准实施工作总结报告[R]. 2014. http://kjs.mof.gov.cn/zhengwuxinxi/diaochayanjiu/201401/t20140113_1035025.html

[108] 曹兴，柴张琦. 技术扩散的过程与模型：一个文献综述[J]. 中南大学学报（社会科学版），2013，19(4):14-22.

[109] 曹裕，陈晓红，万光羽. 控制权、现金流权与公司价值:基于企业生命周期的视角[J]. 中国管理科学，2010，18(3)：185-192.

[110] 常悦，鞠晓峰. 创新供给者、中介与潜在采纳者之间的博弈研究[J]. 中国软科学，2013，

267(3):152-157.

[111] 陈国辉，李长群. 论会计市场失灵与政府监管[J]. 会计研究，2000(8):24-28.

[112] 邓志鸿，唐世渭，张铭，等. Ontology 研究综述[J]. 北京大学学报（自然科学版），2002，38(5)：730-738.

[113] 杜美杰，刘凯，李吉梅. Inline XBRL 的原理及应用[J]. 财务与会计(理财版)，2014(9):37-39.

[114] 方红星. 公众公司财务报告架构研究[D]. 东北财经大学，2005.

[115] 方红星. 公司财务报告供应链的价值链分析[J]. 财经问题研究，2006(4)：73-78.

[116] 冯志勇，李文杰，李晓红. 本体论工程及其应用[M]. 北京:清华大学出版社，2007.

[117] 傅家骥. 技术创新——中国企业发展之路[M]. 北京:企业管理出版社，1992.

[118] 付晓蓉，赵冬阳，李永强，等. 消费者知识对我国信用卡创新扩散的影响研究[J]. 中国软科学，2011,242(2)：120-131.

[119] 高锦萍.XBRL 财务报告分类标准研究:质量水平、经济后果与改进[D]. 上海交通大学，2007.

[120] 高锦萍.XBRL 财务报告审计模型及实现机制：一种框架研究[J]. 审计研究，2011(3)：74-80.

[121] 高锦萍，张天西.XBRL 财务报告分类标准评价:基于财务报告分类与公司偏好的报告实务的匹配性研究[J]. 会计研究，2006(11):24-29.

[122] 葛家澍.未来财务会计和财务报告的模式:兼论会计信息的可靠性与相关性[J].财务与会计，1999(2):6-9.

[123] 郭鹏飞，孙培源.资本结构的行业特征：基于中国上市公司的实证研究[J]. 经济研究，2003，5(5)：66-73.

[124] 郭鹏飞，杨朝军，孙培源. 中国上市公司资本结构行业间差异实证研究[J]. 系统工程理论与实践，2004(5)：9-14.

[125] 韩庆兰. 应诉反倾销的会计举证资料管理平台构建研究[J]. 审计与经济研究，2011,26(4)：54-59.

[126] 韩京宇，徐立臻，董逸生. 数据质量研究综述[J]. 计算机科学，2008，35(2):1-5.

[127] 何芹. 上市银行 XBRL 财务报告现状及存在的问题[J]. 证券市场导报，2011,227(6)：22-28.

[128] 黄长胤.XBRL 财务报告分类标准的层级扩展研究[D]. 上海交通大学，2012.

[129] 黄长胤，吴忠生. 自愿性信息披露影响因素实证研究:基于 XBRL 分类标准视角[J]. 经济与管理研究，2011,225(8):116-122.

[130] 黄长胤，张天西. 上市公司自愿性信息披露的行业差异:基于 XBRL 分类标准的定量化

视角[J]. 证券市场导报，2011,228(7)：56-61.

[131] 贾贺，艾中良，刘忠麟. 基于中间模型的异构数据资源语义映射方法[J]. 计算机工程与应用，2013，49(3)：133-138.

[132] 李凡星. 基于数据质量的政府开放数据平台评估探究[D]. 南京大学，2017.

[133] 李富玲，卢振波.可扩展商业报告语言的体系结构与应用分析[J]. 情报科学，2007，25(2)：271-276.

[134] 李华.XBRL 财务报告质量保证的关键问题研究[J]. 会计之友，2017 (15)：44-46.

[135] 李争争.XBRL 财务报告分类标准：微观结构、质量评价和改进方案[D]. 上海交通大学，2013.

[136] 李争争，张天西.XBRL 财务报告分类标准的创建质量评价[J]. 西安交通大学学报(社会科学版)，2013，33(2)：29-33.

[137] 李争争，张天西，韩宜恒，等. 行业分类标准有更高的信息质量吗？——基于 XBRL 财务报告的量化视角[J]. 证券市场导报，2013,250(5)：16-21.

[138] 梁丹，吕永龙，史雅娟，等.技术扩散研究进展[J]. 科研管理，2005(4)：29-34.

[139] 林琳，潘琰.XBRL 鉴证业务理论基础建构[J]. 当代财经，2011,321(8)：110-118.

[140] 刘锋.基于语义网的 XBRL 技术模型及其应用研究[D]. 财政部财政科学研究所，2012.

[141] 刘勤.对当前一些有关 XBRL 流行观点的思考[J]. 会计研究，2006(8)：80-85.

[142] 刘素，薛有志，纪鑫. 中国上市公司多元化行业特征的实证研究[J]. 管理学报，2010，7(10)：1542-1547.

[143] 刘永璋，朱胜.基于 VEC 模型的四川省 GDP 统计数据质量分析[J]. 经济研究导刊，2010(4)：96-98.

[144] 陆建桥. 后安然时代的会计与审计：评美国《2002 年萨班斯-奥克斯利法案》及其对会计、审计发展的影响[J]. 会计研究，2002(10)：33-42+65.

[145] 罗炜，朱春艳. 代理成本与公司自愿性披露[J]. 经济研究，2010 (10)：143-155.

[146] 马连福，赵颖. 上市公司社会责任信息披露影响因素研究[J]. 证券市场导报，2007(3)：4-9.

[147] 潘琰. 公司报告模式再造：基于 XBRL 与 Web 服务的柔性报告模式[J]. 会计研究，2007，(5)：80-87.

[148] 潘琰，林琳. 网络财务报告的基础：XBRL 分类账[J]. 财经论丛，2006，121(1)：50-55.

[149] 潘琰，林炎滨.XBRL 财务报告质量体系构建之思考[J]. 福州大学学报(哲学社会科学版)，2012，26(5)：37-45.

[150] 彭涛，张力.基于本体和 XML 的数据交换研究[J]. 计算机工程，2006，32(1)：90-92.

[151] 任刚，吴忠生. 关于 XBRL 财务报告数据质量控制的思考[J]. 中国注册会计师，2018(2)：106-107.

[152] 沈颖玲.会计全球化的技术视角：利用 XBRL 构建国际财务报告准则分类体系[J].会计研究，2004(4)：35-40.

[153] 盛亚. 技术创新扩散与新产品营销[M]. 北京：中国发展出版社，2002：35-52.

[154] 舒尔茨. 人力资本投资[M]. 北京：商务印书馆，1990.

[155] 斯通曼. 技术变革的经济分析[M]. 北京：机械工业出版社，1989.

[156] 谭克. 中国上市公司资本结构行业差异的实证研究[J]. 产业经济研究，2005(3)：23-29.

[157] 唐晓波，熊杰. 基于本体的企业知识集成模型[J]. 情报科学，2010 (9)：1304-1308.

[158] 田高良，封华，司毅. 审计视角下 XBRL 财务报告在我国 A 股上市公司的实施效果研究[J]. 西安交通大学学报(社会科学版)，2017(1)：45-54.

[159] 王洪伟. 基于本体的元数据模型的建立研究[D]. 上海交通大学，2004.

[160] 王惠芳，原改省. 上市公司年度报告自愿性信息披露实证研究：来自 524 家深市上市公司的证据[J]. 华东经济管理，2006，20(2)：127-130.

[161] 王佳.XBRL 财务报告的数据质量控制研究：以英国 XBRL 项目为例[D].上海国家会计学院，2018.

[162] 王立彦，曾建光. 国内现行 XBRL 标准的囚徒困境及其解决之道[J]. 证券市场导报，2012 (12)：51-54.

[163] 汪炜，蒋高峰. 信息披露、透明度与资本成本[J]. 经济研究，2004(7)：107-114.

[164] 王文礼，黄敏，应唯，等. 分类标准 FRTA 校验的分析研究[J]. 会计研究，2011(4)：3-7.

[165] 王鑫鑫. CNMARC 与 Dublin Core 的转换研究[J]. 情报科学，2003，21(12)：1283-1285.

[166] 王雄元. 自愿性信息披露：信息租金与管制[J]. 会计研究，2005(4)：27-31.

[167] 王学民. 应用多元分析[M].上海：上海财经大学出版社，2009.

[168] 徐博艺，谢诚，蔡鸿明.领域本体方法在数据仓库元数据管理中的应用研究[J]. 计算机应用研究，2010，27(11)：4162-4164.

[169] 杨眉，范慧慧，李芳，等.化学工业领域 DDC 与 CLC 类目映射关系分析[J]. 图书情报工作，2012，56(17)：93-97.

[170] 吴忠生.XBRL 财务报告与会计账簿研究：标准改进与数据集成[D]. 上海交通大学，2014.

[171] 吴忠生，刘勤.市场竞争、政府行为与 XBRL 技术扩散[J]，会计研究，2015(8)：19-23.

[172] 吴忠生，刘勤. 国际 XBRL 应用经验及对我国推进 XBRL 事业的启示[J]. 管理现代化，2016，36(2)：53-55.

[173] 吴忠生，张天西，陈志德，等. 基于领域本体的 XBRL 财务报告转换研究[J]. 计算机应用研究，2013，30(12)：3643-3646.

[174] 吴忠生，张天西，周嵩安. 中国 XBRL 财务报告分类标准行业扩展研究：基于沪市上市公司 2011 年 XBRL 实例的统计分析[J]. 证券市场导报，2013，236(11)：14-19.

[175] 鲜于波，梅琳. 主体异质性、小世界网络与间接网络效应下的标准扩散：基于 agent 计算建模的研究[J]. 管理评论，2009，21(3)：65-72.

[176] 徐玖平，廖志高.技术创新扩散速度模型[J].管理学报，2004，3：330-340.

[177] 杨周南，朱建国，刘锋，等.XBRL 分类标准认证的理论基础和方法学体系研究[J]. 会计研究，2010(11)：10-15.

[178] 姚靠华，洪昀.XBRL 的本体论基础研究[J]. 财务与会计，2009(3)：54-55.

[179] 姚芊，毕克新. 制造业工艺创新扩散博弈研究[J]. 经济管理，2011(6)：155-160.

[180] 叶少波. 政府统计数据质量评估方法及其应用研究[D]. 湖南大学，2011.

[181] 应唯，王丁，黄敏，等.XBRL 财务报告分类标准的架构模型研究[J]. 会计研究，2013(8)：3-9.

[182] 曾建光，伍利娜，谌家兰，等. XBRL、代理成本与绩效水平：基于中国开放式基金市场的证据[J]. 会计研究，2013(11)：88-94.

[183] 张天西等. 网络财务报告：论 XBRL 的理论框架及技术[M]. 上海：复旦大学出版社，2006.

[184] 张天西. 网络财务报告：XBRL 标准的理论基础研究[J]. 会计研究，2006(9)：56-63.

[185] 张天西等.XBRL 财务报告：理论、规范及应用[M]. 北京：经济科学出版社，2010.

[186] 张天西，高锦萍.XBRL 对审计的影响研究[J]. 当代财经，2007(6)：100-104.

[187] 张天西，黄长胤，吴忠生.XBRL 中的财务信息元素的粒度研究[J]. 会计之友，2011(21)：22-30.

[188] 赵聪.XBRL 财务报告分类标准质量评价[D]. 上海交通大学，2011.

[189] 赵现明，张天西. 基于 XBRL 标准的年报信息含量研究[J]. 经济与管理研究，2010(2)：102-107.

[190] 赵现明，张天西，孙晓东. 基于 XBRL 的财务信息标准博弈分析[J]. 管理学报，2011，8(2)：273-277.

[191] 赵新刚，闫耀民，郭树东. 企业产品创新的扩散与采纳者的行为决策模式研究[J]. 中国管理科学，2006，14(5)：98-103.

[192] 赵英吉.XBRL 分类标准制定模式的选择：来自美国 US GAAP 模式的启示[J]. 会计之

友，2010 (26)：122-124.

[193] 郑磊. 开放政府数据研究:概念辨析、关键因素及其互动关系[J]. 中国行政管理，2015，365(11):13-18.

[194] 朱李鸣. 我国技术扩散导引机制初步考察[J]. 科技管理研究，1988(3)：35-37.

[195] 周安美，于德介，李蓉，等. 异构信息融合在风电设备状态多准则评价中的应用[J]. 计算机应用研究，2013，30(4)：1090-1094.

[196] 庄明来，汪元华. 企业业务报告新模式：REA 与 XBRLGL 协同[J]. 现代管理科学，2011(12)：23-26.